**Fuerza y energía**

# CIENCIAS
# interactivas

PEARSON

Boston, Massachusetts
Chandler, Arizona
Glenview, Illinois
Upper Saddle River, New Jersey

# AUTORES

## ¡Eres el autor!

A medida que escribas en este libro de Ciencias, dejarás un registro de tus respuestas y descubrimientos personales, de modo que este libro será único para ti. Por eso eres uno de los principales autores de este libro.

✎ **En el espacio que sigue, escribe tu nombre y el nombre de tu escuela, ciudad y estado. Luego, escribe una autobiografía breve que incluya tus intereses y tus logros.**

TU NOMBRE _____

ESCUELA _____

CIUDAD, ESTADO _____

AUTOBIOGRAFÍA _____

_____

_____

_____

_____

_____

_____

_____

_____

Tu foto

Acknowledgments appear on pages 246–247, which constitute an extension of this copyright page.

ISBN-13: 978-0-13-363858-5
ISBN-10: 0-13-363858-8
10  17

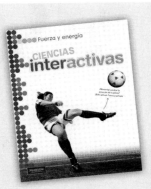

**EN LA PORTADA**
**En movimiento**
¿Sabías que usas los principios de la física cada vez que practicas un deporte? Para controlar el movimiento de un objeto, debes aplicar fuerza. La fuerza te permite cambiar la velocidad o la dirección de un objeto, como esta pelota de fútbol. De este modo, logras que se dirija adonde tú quieres.

# Autores del programa

### DON BUCKLEY, M.Sc.
*Director de Tecnología de la información y las comunicaciones, The School at Columbia University, Nueva York, Nueva York*
Durante casi dos décadas, Don Buckley ha estado a la vanguardia de la tecnología educativa para los grados K a 12. Fundador de Tecnólogos de Escuelas Independientes de la ciudad de Nueva York (NYCIST) y presidente de la conferencia anual de TI de la Asociación de Escuelas Independientes de Nueva York desde hace tiempo, Buckley ha enseñado a estudiantes de dos continentes y ha creado sistemas de instrucción multimedia y basados en Internet para escuelas de todo el mundo.

### ZIPPORAH MILLER, M.A.Ed.
*Directora ejecutiva adjunta de programas y conferencias para profesionales, Asociación Nacional de Maestros de Ciencias (NSTA), Arlington, Virginia*
Directora ejecutiva adjunta de programas y conferencias para profesionales de la NSTA, Zipporah Miller es ex supervisora de Ciencias para los grados K a 12 y coordinadora de Ciencias, Tecnología, Ingeniería y Matemáticas del Distrito de Escuelas Públicas del Condado de Prince George, Maryland. Es consultora educativa de Ciencias y ha supervisado el desarrollo del plan de estudios y la capacitación de más de 150 coordinadores de Ciencias del distrito.

### MICHAEL J. PADILLA, Ph.D.
*Decano adjunto y director, Escuela de educación Eugene P. Moore, Clemson University, Clemson, Carolina del Sur*
Ex maestro de escuela media y líder en la enseñanza de Ciencias en la escuela media, el doctor Michael Padilla se ha desempeñado como presidente de la Asociación Nacional de Maestros de Ciencias y como redactor de los Estándares Nacionales para la Enseñanza de Ciencias. Actualmente es profesor de Ciencias en Clemson University. Como autor principal de la serie *Science Explorer*, el doctor Padilla ha inspirado al equipo a desarrollar un programa que promueva la indagación en los estudiantes y cubra las necesidades de los estudiantes de hoy.

### KATHRYN THORNTON, Ph.D.
*Profesora y decana adjunta, Escuela de Ingeniería y Ciencias aplicadas, University of Virginia, Charlottesville, Virginia*
Seleccionada por la NASA en mayo de 1984, la doctora Kathryn Thornton es veterana de cuatro vuelos espaciales. Tiene en su haber más de 975 horas en el espacio, incluidas más de 21 horas de actividades extravehiculares. Como autora de la serie *Scott Foresman Science*, el entusiasmo que Thornton siente por las ciencias ha inspirado a maestros de todo el mundo.

### MICHAEL E. WYSESSION, Ph.D.
*Profesor adjunto de Ciencias planetarias y Ciencias de la Tierra, Washington University, St. Louis, Missouri*
Autor de más de 50 publicaciones científicas, el doctor Wysession ganó las prestigiosas becas de Packard Foundation y Presidential Faculty por su investigación en geofísica. El doctor Wysession es un experto en la estructura interna de la Tierra y ha realizado mapeos de varias regiones de la Tierra mediante la tomografía sísmica. Es conocido en todo el mundo por su trabajo en la enseñanza y difusión de la geociencia.

# Autor de Diseño Pedagógico

### GRANT WIGGINS, Ed.D.
*Presidente, Authentic Education, Hopewell, Nueva Jersey*
El doctor Wiggins es co-autor de *Understanding by Design, 2nd Edition* (ASCD 2005). Su enfoque de diseño pedagógico provee a los maestros con un método dsiciplinado de pensamiento para desarrollar el currículo, la evaluación y la instrucción, que transforma la enseñanza de cubrir contenido a asegurar la comprensión.

UNDERSTANDING BY DESIGN® and UbD® are trademarks of ASCD, and are used under license.

# Autor de *Planet Diary*

### JACK HANKIN
*Maestro de Ciencias y Matemáticas, The Hilldale School, Dale City, California Fundador del sitio web Planet Diary*
Jack Hankin es el creador y escritor de *Planet Diary*, un sitio web de actualidad científica. Le apasiona divulgar noticias sobre ciencia y fomentar la conciencia acerca del medio ambiente. Dictó talleres de *Planet Diary* en la NSTA y otros cursos de capacitación para docentes de escuelas medias y superiores.

# Consultor de ELL

### JIM CUMMINS, Ph.D.
*Profesor y titular del Canada Research, Departamento de plan de estudios, enseñanza y aprendizaje de University of Toronto.*
El doctor Cummins se centra en la lectoescritura en escuelas multilingües y el rol de la tecnología para estimular el aprendizaje entre planes de estudios. *Ciencias interactivas* incorpora principios fundamentales basados en la investigación para integrar la lengua con la enseñanza de contenidos académicos, según su marco educativo.

# Consultor de Lectura

### HARVEY DANIELS, Ph.D.
*Profesor de educación secundaria, University of New Mexico, Albuquerque, Nuevo México*
El doctor Daniels es consultor internacional para escuelas, distritos y organismos educativos. Es autor y co-autor de 13 libros acerca de la lengua, lectoescritura y educación. Sus trabajos más recientes son *Comprehension and Collaboration: Inquiry Circles in Action* y *Subjects Matter: Every Teacher's Guide to Content-Area Reading*.

# REVISORES

## Escritores colaboradores

**Edward Aguado, Ph.D.**
Profesor, Departamento de Geografía
San Diego State University
San Diego, California

**Elizabeth Coolidge-Stolz, M.D.**
Escritora médica
North Reading, Massachusetts

**Donald L. Cronkite, Ph.D.**
Profesor de Biología
Hope College
Holland, Michigan

**Jan Jenner, Ph.D.**
Escritora de Ciencias
Talladega, Alabama

**Linda Cronin Jones, Ph.D.**
Profesora adjunta de Ciencias y Educación ambiental
University of Florida
Gainesville, Florida

**T. Griffith Jones, Ph.D.**
Profesor clínico adjunto de Educación en Ciencias
College of Education
University of Florida
Gainesville, Florida

**Andrew C. Kemp, Ph.D.**
Maestro
Jefferson County Public Schools
Louisville, Kentucky

**Matthew Stoneking, Ph.D.**
Profesor adjunto de Física
Lawrence University
Appleton, Wisconsin

**R. Bruce Ward, Ed.D.**
Investigador principal adjunto
Departamento de Educación en Ciencias
Harvard-Smithsonian Center for Astrophysics
Cambridge, Massachusetts

## Revisores de contenido

**Paul D. Beale, Ph.D.**
Departamento de Física
University of Colorado at Boulder
Boulder, Colorado

**Jeff R. Bodart, Ph.D.**
Profesor de Ciencias físicas
Chipola College
Marianna, Florida

**Joy Branlund, Ph.D.**
Departamento de Ciencias de la Tierra
Southwestern Illinois College
Granite City, Illinois

**Marguerite Brickman, Ph.D.**
División de Ciencias biológicas
University of Georgia
Athens, Georgia

**Bonnie J. Brunkhorst, Ph.D.**
Educación en Ciencias y Ciencias geológicas
California State University
San Bernardino, California

**Michael Castellani, Ph.D.**
Departamento de Química
Marshall University
Huntington, West Virginia

**Charles C. Curtis, Ph.D.**
Profesor investigador adjunto de Física
University of Arizona
Tucson, Arizona

**Diane I. Doser, Ph.D.**
Departamento de Ciencias geológicas
University of Texas
El Paso, Texas

**Rick Duhrkopf, Ph.D.**
Departamento de Biología
Baylor University
Waco, Texas

**Alice K. Hankla, Ph.D.**
The Galloway School
Atlanta, Georgia

**Mark Henriksen, Ph.D.**
Departamento de Física
University of Maryland
Baltimore, Maryland

**Chad Hershock, Ph.D.**
Centro para la Investigación del Aprendizaje y la Enseñanza
University of Michigan
Ann Arbor, Michigan

**Jeremiah N. Jarrett, Ph.D.**
Departamento de Biología
Central Connecticut State University
New Britain, Connecticut

**Scott L. Kight, Ph.D.**
Departamento de Biología
Montclair State University
Montclair, Nueva Jersey

**Jennifer O. Liang, Ph.D.**
Departamento de Biología
University of Minnesota–Duluth
Duluth, Minnesota

**Candace Lutzow-Felling, Ph.D.**
Directora de Educación
The State Arboretum of Virginia
University of Virginia
Boyce, Virginia

**Cortney V. Martin, Ph.D.**
Virginia Polytechnic Institute
Blacksburg, Virginia

**Joseph F. McCullough, Ph.D.**
Presidente del Programa de Física
Cabrillo College
Aptos, California

**Heather Mernitz, Ph.D.**
Departamento de Ciencias físicas
Alverno College
Milwaukee, Wisconsin

**Sadredin C. Moosavi, Ph.D.**
Departamento de Ciencias de la Tierra y Ciencias ambientales
Tulane University
Nueva Orleans, Luisiana

**David L. Reid, Ph.D.**
Departamento de Biología
Blackburn College
Carlinville, Illinois

**Scott M. Rochette, Ph.D.**
Departamento de Ciencias de la Tierra
SUNY College at Brockport
Brockport, Nueva York

**Karyn L. Rogers, Ph.D.**
Departamento de Ciencias geológicas
University of Missouri
Columbia, Missouri

**Laurence Rosenhein, Ph.D.**
Departamento de Química
Indiana State University
Terre Haute, Indiana

**Sara Seager, Ph.D.**
Departamento de Ciencias planetarias y Física
Massachusetts Institute of Technology
Cambridge, Massachusetts

**Tom Shoberg, Ph.D.**
Missouri University of Science and Technology
Rolla, Missouri

**Patricia Simmons, Ph.D.**
North Carolina State University
Raleigh, Carolina del Norte

**William H. Steinecker, Ph.D.**
Investigador académico
Miami University
Oxford, Ohio

**Paul R. Stoddard, Ph.D.**
Departamento de Geología y Geociencias ambientales
Northern Illinois University
DeKalb, Illinois

**John R. Villarreal, Ph.D.**
Departamento de Química
The University of Texas–Pan American
Edinburg, Texas

**John R. Wagner, Ph.D.**
Departamento de Geología
Clemson University
Clemson, Carolina del Sur

**Jerry Waldvogel, Ph.D.**
Departamento de Ciencias biológicas
Clemson University
Clemson, Carolina del Sur

**Donna L. Witter, Ph.D.**
Departamento de Geología
Kent State University
Kent, Ohio

**Edward J. Zalisko, Ph.D.**
Departamento de Biología
Blackburn College
Carlinville, Illinois

**Museum of Science®**

Agradecemos especialmente al *Museum of Science* (Museo de Ciencias) de Boston, Massachusetts, y a Ioannis Miaoulis, presidente y director del museo, su contribución como consultores de los elementos de tecnología y diseño de este programa.

# CONTENIDO

**Zona de laboratorio**

Entra en la Zona de laboratorio
para hacer una indagación
interactiva.

**Investigación de laboratorio
del capítulo:**
• Indagación dirigida: Parar en seco
• Indagación abierta: Parar en seco

**Indagación preliminar:** ¿Qué es el
movimiento? • ¿Qué tan rápido y qué tan
lejos? • ¿Podrías apurarte?

**Actividades rápidas de laboratorio:**
• Identificar el movimiento • Velocidad
• Gráficas de movimiento • Describir la
aceleración • Hacer una gráfica de
la aceleración

---

**my science online .com**

**Visita MyScienceOnline.com para
interactuar con el contenido del
capítulo en inglés.
Palabra clave:** *Motion*

**UNTAMED SCIENCE**
• *The Adventures of Velocity Girl*

**PLANET DIARY**
• *Motion*

**INTERACTIVE ART**
• *Speed and Acceleration*

**INTERACTIVE ART**
• *Graphing Motion*

**ART IN MOTION**
• *Relative Motion*

**VIRTUAL LAB**
• *How Can You Measure Acceleration?*

**Zona de laboratorio**

Entra en la Zona de laboratorio para hacer una indagación interactiva.

**Investigación de laboratorio del capítulo:**
• Indagación dirigida: Zapatillas pegajosas
• Indagación abierta: Zapatillas pegajosas

**Indagación preliminar:** • ¿La fuerza está contigo? • Observar la fricción • ¿Qué cambia al movimiento? • ¿Cuánta fuerza puedes hacer con una pajilla? • ¿Qué hace que un objeto se mueva en círculos?

**Actividades rápidas de laboratorio:**
• ¿Qué es la fuerza? • Un modelo de las fuerzas desequilibradas • Calcular • Dar vueltas y vueltas • La Segunda ley de Newton • Interpretar ilustraciones • Autos de choque • ¿Cuál llega primero? • Orbitar la Tierra

**my science** online.com

Visita MyScienceOnline.com para interactuar con el contenido del capítulo en inglés.
**Palabra clave:** *Forces*

**> UNTAMED SCIENCE**
• *Sir Isaac Visits the Circus*

**> PLANET DIARY**
• *Forces*

**> INTERACTIVE ART**
• *Balanced and Unbalanced Forces*
• *Conservation of Momentum*

**> ART IN MOTION**
• *Types of Friction*

**> VIRTUAL LAB**
• *Investigating Newton's Laws of Motion*

# CONTENIDO

 **Zona de laboratorio®** Entra en la Zona de laboratorio para hacer una indagación interactiva.

△ **Investigación de laboratorio del capítulo:**
• Indagación dirigida: La clave está en el ángulo
• Indagación abierta: La clave está en el ángulo

△ **Indagación preliminar:** • Tirar en ángulo • ¿Es una máquina? • Planos inclinados y palancas • Máquinas que rotan

△ **Actividades rápidas de laboratorio:**
• ¿Qué es el trabajo? • Investigar la potencia • Cuesta arriba • Ventaja mecánica • Fricción y eficiencia • Hacer modelos de palancas • Cómo construir poleas • Máquinas de la cocina

**my science online.com**

Visita MyScienceOnline.com para interactuar con el contenido del capítulo en inglés.
**Palabra clave:** *Work and Machines*

▷ **UNTAMED SCIENCE**
• *Remodeling Stonehenge*

▷ **PLANET DIARY**
• *Work and Machines*

▷ **INTERACTIVE ART**
• *Types of Pulleys* • *Work*

▷ **ART IN MOTION**
• *Levers*

▷ **REAL-WORLD INQUIRY**
• *Bicycle Racing and Efficiency*

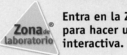 Entra en la Zona de laboratorio para hacer una indagación interactiva.

△ **Investigación de laboratorio del capítulo:**
• Indagación dirigida: ¿Puedes sentir la potencia?
• Indagación abierta: ¿Puedes sentir la potencia?

△ **Indagación preliminar:** ¿Qué tan alto rebota una pelota? • ¿Cómo alumbra una linterna? • ¿Qué haría saltar a un naipe?

△ **Actividades rápidas de laboratorio:**
• Masa, velocidad y energía cinética
• Determinar la energía mecánica • Fuentes de energía • Pajillas que vuelan • Ley de conservación de la energía

**my science** online.com

Visita MyScienceOnline.com para interactuar con el contenido del capítulo en inglés.
**Palabra clave:** *Energy*

> **UNTAMED SCIENCE**
• *The Potential for Fun*

> **PLANET DIARY**
• *Energy*

> **ART IN MOTION**
• *Kinetic and Potential Energy*

> **INTERACTIVE ART**
• *Types of Energy*

> **INTERACTIVE ART**
• *Energy Transformations*

> **VIRTUAL LAB**
• *Exploring Potential and Kinetic Energy*

# CONTENIDO

**Zona de laboratorio** Entra en la Zona de laboratorio para hacer una indagación interactiva.

**Investigación de laboratorio del capítulo:**
• Indagación dirigida: Construye tu propio termómetro
• Indagación abierta: Construye tu propio termómetro

**Indagación preliminar:** ¿Qué temperatura tiene el agua? • ¿Qué significa aumentar la temperatura? • Propiedades térmicas

**Actividades rápidas de laboratorio:**
• La temperatura y la energía térmica
• Corrientes de convección • Globos helados

**my science** online.com

Visita MyScienceOnline.com para interactuar con el contenido del capítulo en inglés.
**Palabra clave:** *Thermal Energy and Heat*

> **UNTAMED SCIENCE**
• *Why Is This Inner Tube So Hot?*

> **PLANET DIARY**
• *Thermal Energy and Heat*

> **INTERACTIVE ART**
• *Heat Transfer*

> **ART IN MOTION**
• *Temperature and Thermal Energy*
• *Conductors and Insulators*

> **VIRTUAL LAB**
• *Temperature or Heat? What's the Difference?*

# Electricidad

CAPÍTULO **6**

**Entra en la Zona de laboratorio para hacer una indagación interactiva.**

**Investigación de laboratorio del capítulo:**
• Indagación dirigida: Cómo construir una linterna
• Indagación abierta: Cómo construir una linterna

**Indagación preliminar:** • ¿Puedes mover una lata sin tocarla? • ¿Cómo podemos medir la corriente? • ¿Las luces siguen brillando? • ¿Cómo puedes hacer que una bombilla ilumine más?

**Actividades rápidas de laboratorio:**
• Sacar conclusiones • Vuelan chispas • Generar corriente eléctrica • Conductores y aislantes • Un modelo de la diferencia de potencial • La ley de Ohm • Calcular el consumo de energía eléctrica • Cómo evitar descargas eléctricas y cortocircuitos

**my science online.com**

**Visita MyScienceOnline.com para interactuar con el contenido del capítulo en inglés.**
**Palabra clave:** *Electricity*

> **PLANET DIARY**
• *Electricity*

> **INTERACTIVE ART**
• *Series and Parallel Circuits* • *Current Flow*

> **ART IN MOTION**
• *Static Charge*

> **VIRTUAL LAB**
• *Discovering Ohm's Law*

> **REAL-WORLD INQUIRY**
• *Energy Conservation*

# CONTENIDO

**Zona de laboratorio**

**Entra en la Zona de laboratorio para hacer una indagación interactiva.**

**Investigación de laboratorio del capítulo:**
• Indagación dirigida: Detectar monedas falsas
• Indagación abierta: Detectar monedas falsas

**Indagación preliminar:** Imanes naturales
• Predecir el campo • Electromagnetismo
• ¿Cuál es la relación entre la electricidad, los imanes y el movimiento? • Corriente eléctrica sin pilas

**Actividades rápidas de laboratorio:**
• Polos magnéticos • Vueltas en círculos
• El campo magnético de la Tierra • La corriente y el magnetismo • Campos magnéticos a partir de la corriente eléctrica
• Electroimanes • ¿Puede un imán mover un conductor de alambre? • ¿Cómo funciona un galvanómetro? • Las partes de un motor eléctrico • Inducir una corriente eléctrica
• ¿Cómo funcionan los generadores?
• ¿Cómo funcionan los transformadores?

**my science online .com**

Visita MyScienceOnline.com para interactuar con el contenido del capítulo en inglés.
Palabra clave: *Magnetism and Electromagnetism*

**> PLANET DIARY**
• *Magnetism and Electromagnetism*

**> INTERACTIVE ART**
• *Magnetic Fields* • *Motors and Generators*

**> ART IN MOTION**
• *Maglev Train*

**> REAL-WORLD INQUIRY**
• *Exploring Electromagnetism*

**Serie de videos: Aventuras en capítulos**

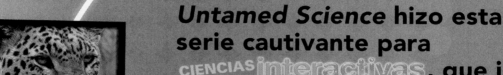

**Untamed Science hizo esta serie cautivante para** CIENCIAS interactivas**, que incluye un video exclusivo, con subtítulos en español, para cada capítulo del programa.**

*Incluye videos como*

### The Adventures of Velocity Girl
**Capítulo 1** El equipo de *Untamed Science* te explica cómo una montaña rusa demuestra los conceptos del movimiento.

### Sir Isaac Visits the Circus
**Capítulo 2** El equipo te presenta a actores de circo y sus piruetas para entender las leyes básicas del movimiento.

### Remodeling Stonehenge
**Capítulo 3** Únete al equipo y a una gran palanca que los ayudará a levantar pesos pesados.

### The Potential for Fun
**Capítulo 4** El equipo explora las transformaciones de energía que ocurren cuando practicas *snowboarding*.

### Why Is This Inner Tube So Hot?
**Capítulo 5** El equipo aprende a calentar objetos y ¡a mantener la cabeza fría!

### Shining Some Light on Lightning
**Capítulo 6** Un físico le enseña al equipo sobre los rayos y la electricidad.

### Magnetism: What's the Attraction?
**Capítulo 7** Aprende a levitar en un tren de levitación magnética.

# CIENCIAS interactivas

## Puedes escribir en el libro. Es tuyo.

**¿CÓMO TENEMOS LUZ GRACIAS AL VIENTO?**

**PREGUNTA PRINCIPAL** ¿Cuáles son algunas de las fuentes de energía de la Tierra?

Este hombre está reparando un aerogenerador en un parque eólico de Texas. La mayoría de los aerogeneradores están al menos a 30 metros del suelo, donde los vientos son rápidos. La velocidad del viento y la longitud de las paletas determinan la mejor manera de aprovechar el viento y transformarlo en energía. **Desarrolla hipótesis** ¿Por qué crees que se trabaja para aumentar la energía que se obtiene del viento?

> **UNTAMED SCIENCE** Mira el video de **Untamed Science** para aprender más sobre los recursos energéticos.

174 Recursos energéticos

## PREGUNTA PRINCIPAL ?

## ¡Participa!

Al comienzo de cada capítulo verás dos preguntas: una Pregunta para participar y la Pregunta principal. Con la Pregunta principal de cada capítulo empezarás a pensar en las Grandes ideas de la ciencia. ¡Busca el símbolo de la Pregunta principal a lo largo del capítulo!

**Untamed Science**

Sigue al equipo de los videos de *Untamed Science* mientras viaja por el mundo explorando las Grandes ideas de la ciencia.

**Interactúa con tu libro.**

**Interactúa con la indagación.**

**Interactúa en línea.**

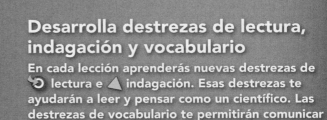

# Desarrolla destrezas de lectura, indagación y vocabulario

En cada lección aprenderás nuevas destrezas de 🔄 lectura e ◣ indagación. Esas destrezas te ayudarán a leer y pensar como un científico. Las destrezas de vocabulario te permitirán comunicar ideas de manera efectiva y descubrir el significado de las palabras.

# ¡Conéctate!

Busca las opciones de tecnología de MyScienceOnline.com. En MyScienceOnline.com puedes sumergirte en un mundo virtual sorprendente, obtener práctica adicional en inglés e incluso participar de un *blog* sobre temas científicos de la actualidad.

## DESCUBRE LA PREGUNTA PRINCIPAL

## Explora los conceptos clave.

Cada lección comienza con una serie de preguntas sobre conceptos clave. Las actividades interactivas de cada lección te ayudarán a entender esos conceptos y a descubrir la Pregunta principal.

## mi DiaRio DEL planeTa

Al comienzo de cada lección, Mi diario del planeta te presentará sucesos increíbles, personas importantes y descubrimientos significativos de la ciencia, o te ayudará a aclarar conceptos erróneos comunes en el mundo de la ciencia.

**Desertificación** Si se agotan un área que alguna vez fue fért transformación de un área fért conoce como **desertificación**.

Una causa de la desertifica un período en el que llueve me de sequía, las cosechas fracasar expuesto se vuela con facilidad y ovino en las praderas y la tala producir desertificación.

La desertificación es un pro es posible sembrar cultivos ni p las personas pueden sufrir ham muy serio en África central. M zonas rurales a las ciudades po

## ¡aplícalo

La desertificación afecta a muchas áreas del mundo.

❶ Nombra ¿En qué continent se encuentra el desierto más grande?

❷ Interpreta mapas ¿En qué de los Estados Unidos hay may riesgo de desertificación?

❸ Infiere ¿La desertificación un desierto? Explica tu respuest apoyar tu respuesta.

❹ DESAFÍO Si un área se e se podrían tomar para limitar e

---

### Detalle de la lección (página del libro mostrada)

LECCIÓN
**2 Fricción y gravedad**

DESCUBRE LA PREGUNTA PRINCIPAL
- ¿Qué factores afectan la fricción?
- ¿Qué factores afectan la gravedad?

**mi DiaRio DEL planeTa** PROFESIONES

**Atletas del espacio**
¿Alguna vez has visto imágenes de astronautas jugando al golf en la Luna o jugando a atrapar una pelota en una estación espacial? Las pelotas de golf y de béisbol pueden flotar o volar lejos en el espacio, donde las fuerzas gravitatorias son más débiles que en la Tierra. ¡Imagínate cómo serían los deportes profesionales en condiciones de gravedad reducida!

No hará falta que imagines esta situación mucho tiempo más. Al menos una compañía se especializa en vuelos de avión que simulan un medio ambiente de gravedad reducida. Similares a los vuelos del entrenamiento de NASA que los astronautas usan cuando se preparan para ir al espacio, estos vuelos permiten a los pasajeros volar por la cabina. En medio ambientes con gravedad reducida, los atletas pueden realizar saltos o acrobacias que serían imposibles en la Tierra. A medida que avance la tecnología, se podrían construir estadios permanentes en el espacio para toda una nueva generación de atletas.

Comunica ideas Comenta estas preguntas con un compañero y luego escribe tus respuestas en los espacios que siguen.

1. Los deportes pueden ser más divertidos en condiciones de gravedad reducida. ¿Qué trabajos podrían ser más difíciles o menos divertidos en el espacio? ¿Por qué?

2. ¿Qué tipos de deportes consideras que podrían resultar más divertidos en el espacio? ¿Por qué?

Consulta *Planet Diary* para aprender más en inglés sobre las fuerzas cotidianas.

Zona laboratorio Haz la Indagación preliminar Observar la fricción.

26 Fuerzas

my science · Friction · PLANET DIARY · ART IN MOTION

**Vocabulario**
- fricción · fricción de deslizamiento · fricción estática
- fricción de fluido · fricción de rodamiento · gravedad
- masa · peso

**Destrezas**
- Lectura: Identifica la evidencia de apoyo
- Indagación: Diseña experimentos

## ¿Qué factores afectan la fricción?

Si deslizas un libro sobre una mesa, la superficie del libro roza, o se frota, contra la superficie de la mesa. Se denomina **fricción** a la fuerza que dos superficies ejercen una sobre la otra al frotarse.

**Dos factores que afectan la fuerza de la fricción son los tipos de superficies en contacto y la intensidad con que se presionan mutuamente esas superficies.** El jugador de fútbol americano de la ilustración 1 está empujando un trineo para practicar bloqueos. Si el entrenador quisiera dificultarle la tarea, podría cambiar la superficie del trineo. Si cubriera la parte inferior del aparato con goma aumentaría la fricción y resultaría más difícil de mover. En general, las superficies lisas generan menos fricción que las superficies ásperas.

¿Qué pasaría si el jugador usara un trineo más pesado? Le resultaría más difícil mover el aparato porque éste ejercería mayor presión contra el suelo. Del mismo modo, si te frotas las manos con energía, hay más fricción que si las frotas suavemente. La fricción es mayor cuando las superficies se rozan con más intensidad entre sí.

La fricción actúa en la dirección opuesta a la dirección del movimiento del cuerpo. Sin fricción, un cuerpo en movimiento no se detendrá hasta chocar con otro.

Vocabulario Palabras de origen latino *Fricción* proviene del latín *fricare*. Según la definición de fricción, ¿qué piensas que significa *fricare*?
○ arder
○ frotar
○ derretirse

ILUSTRACIÓN 1
ART IN MOTION **Fricción y diferentes superficies**
La intensidad de la fricción depende de los tipos de superficies en contacto. Sigue la secuencia Clasifica las superficies anteriores de la más fácil (1) a la más difícil (3), según el grado de dificultad que tendría empujar sobre ellas un trineo. (Todas las superficies son planas). ¿Qué revela esta clasificación sobre la cantidad de fricción que hay sobre estas superficies?

132 Recursos: tierra, aire y agu

---

## Explica lo que sabes.

Busca el símbolo del lápiz. Cuando lo veas, será momento de interactuar con tu libro y demostrar lo que has aprendido.

## ¡aplícalo!

Desarrolla tus conocimientos con las actividades de Aplícalo. Ésta es tu oportunidad de poner en práctica lo que aprendiste y aplicar esas destrezas a situaciones nuevas.

## Zona de laboratorio

Cuando veas el triángulo de la Zona de laboratorio, es hora de hacer una indagación de laboratorio interactiva. En cada lección, tendrás la oportunidad de hacer una actividad de indagación interactiva que te ayudará a reforzar la comprensión del tema principal.

...s nutrientes del suelo de
...ierte en un desierto. La
...condiciones desérticas se

...or ejemplo, una **sequía** es
...en un lugar. En períodos
...n de las plantas, el suelo
...sivo del ganado vacuno
...eña también pueden

...áreas desertificadas, no
...lo. Como consecuencia,
...tificación es un problema
...as se trasladan de las
...n vivir de la tierra.

**Clave**

- Desierto existente
- Área de alto riesgo
- Área de riesgo moderado

...ólo en áreas donde ya existe
...círculo un área del mapa para

...desertificación, ¿qué medidas
...ectos?

### Recuperación de la tierra

Afortunadamente, es posible reemplazar la tierra dañada por la erosión o la minería. El proceso que consiste en restaurar un área de tierra y llevarla a un estado más productivo se denomina **recuperación de la tierra**. Además de recuperar la tierra para la agricultura, este proceso puede recuperar hábitats para la vida silvestre. Hoy en día, en todo el mundo, se están llevando adelante muchos tipos diferentes de proyectos de recuperación de la tierra. De todos modos, suele ser más difícil y más caro restaurar la tierra y el suelo dañados que proteger esos recursos desde un primer momento. En algunos casos, es probable que la tierra nunca vuelva a su estado original.

ILUSTRACIÓN 4 ·····

**Recuperación de la tierra**
Estas fotografías muestran un área de terreno antes y después de la explotación minera.

✎ **Comunica ideas** Debajo de las fotografías, escribe una historia sobre lo que sucedió con la tierra.

 Haz la Actividad rápida de laboratorio *Hacer mod...* *la conse...*

### 🔖 Evalúa tu comprensión

**1a. Repasa** El subsuelo tiene (menos/más) materia vegetal y animal que el suelo superior.

**b. Explica** ¿Qué puede suceder con el suelo si se sacan las plantas?

**c. Aplica conceptos**
que podrían imp...
recuperación...

**¿comprendiste?** ·····

○ **¡Comprendí!** Ahora sé que la administración del suelo es importan... p...

○ **Necesito más ayuda con** _____

Consulta **MY SCIENCE COACH** en línea para obtener ayuda en inglés sobre este tema.

## ¿comprendiste?

### Evalúa tu progreso.

Después de responder la pregunta de ¿Comprendiste?, reflexiona sobre tu progreso. ¿Comprendiste el tema o necesitas un poco de ayuda? Recuerda: puedes consultar **MY SCIENCE COACH** para más información en inglés.

# Explora la Pregunta principal.

En un momento del capítulo, tendrás la oportunidad de poner en práctica todo lo que aprendiste para indagar más sobre la Pregunta principal.

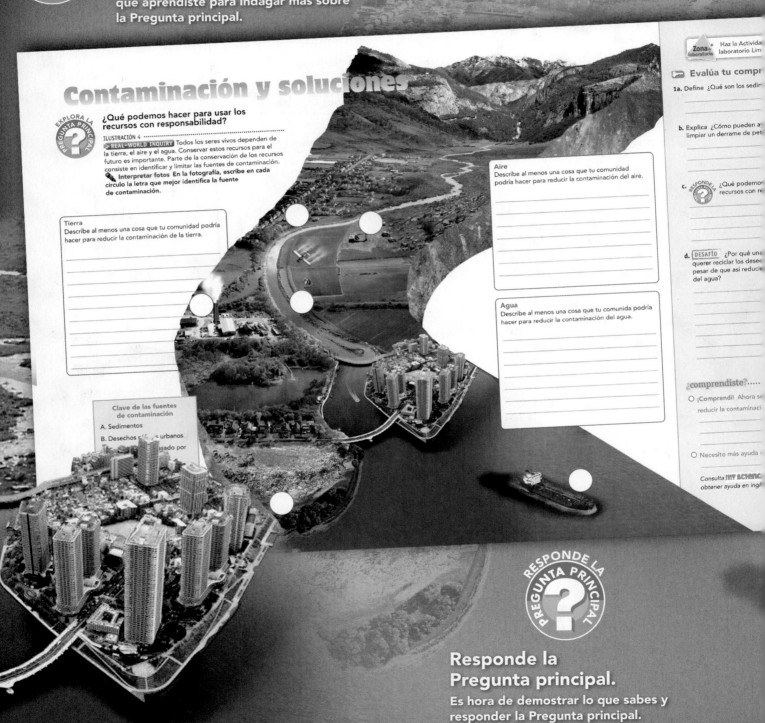

## Contaminación y soluciones

**EXPLORA LA PREGUNTA PRINCIPAL**

**¿Qué podemos hacer para usar los recursos con responsabilidad?**

ILUSTRACIÓN 4 ············································
**REAL–WORLD INQUIRY** Todos los seres vivos dependen de la tierra, el aire y el agua. Conservar estos recursos para el futuro es importante. Parte de la conservación de los recursos consiste en identificar y limitar las fuentes de contaminación.

✏️ **Interpretar fotos** En la fotografía, escribe en cada círculo la letra que mejor identifica la fuente de contaminación.

**Tierra**
Describe al menos una cosa que tu comunidad podría hacer para reducir la contaminación de la tierra.
_____
_____
_____
_____
_____

**Aire**
Describe al menos una cosa que tu comunidad podría hacer para reducir la contaminación del aire.
_____
_____
_____
_____
_____

**Agua**
Describe al menos una cosa que tu comunida podría hacer para reducir la contaminación del agua.
_____
_____
_____
_____

**Clave de las fuentes de contaminación**

A. Sedimentos

B. Desechos sólidos urbanos

... ...asado por

**Zona laboratorio** ▲ Haz la Actividad laboratorio Lim...

🗒️ **Evalúa tu compr...**

**1a. Define** ¿Qué son los sedi...
_____

**b. Explica** ¿Cómo pueden a... limpiar un derrame de pet...

**c. RESPONDE LA** ¿Qué podemo... recursos con r...

**d.** DESAFÍO ¿Por qué una... querer reciclar los dese... pesar de que así reduci... del agua?

**¿comprendiste?.....**

○ ¡Comprendí! Ahora s... reducir la contaminaci...

○ Necesito más ayuda...

Consulta **MY SCIENC...** obtener ayuda en ingl...

## Responde la Pregunta principal.

Es hora de demostrar lo que sabes y responder la Pregunta principal.

## Repasa lo que has aprendido.

**Usa la Guía de estudio del capítulo para repasar
la Pregunta principal y prepararte para el examen.**

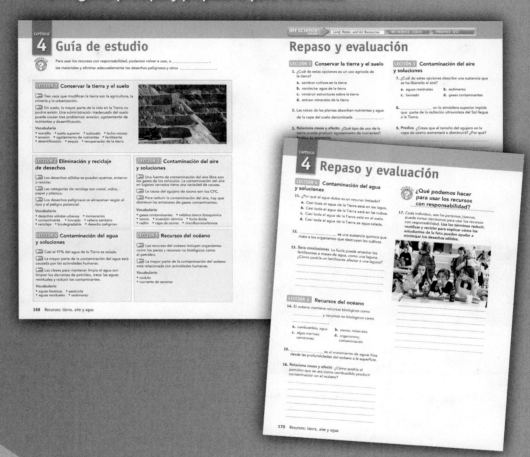

## Practica para
## los exámenes.

**Aplica la Pregunta principal y haz un
examen de práctica en el formato
de examen estandarizado.**

159

# INTERACTÚA... CON TU LIBRO...

**Visita <u>MyScienceOnline.com</u> y sumérgete en un mundo virtual sorprendente.**

## THE BIG QUESTION

Cada capítulo en línea comienza con una Pregunta principal. Tu misión es descubrir el significado de esa Pregunta principal a medida que se desarrolla cada lección de Ciencias.

## VOCAB FLASH CARDS

Practica el vocabulario del capítulo con las tarjetas de vocabulario interactivas. Cada tarjeta tiene una imagen, definiciones en español y en inglés, y un espacio para que escribas tus notas.

## INTERACTIVE ART

En MyScienceOnline.com, muchas de las hermosas imágenes de tu libro se vuelven interactivas para que puedas ampliar tus conocimientos.

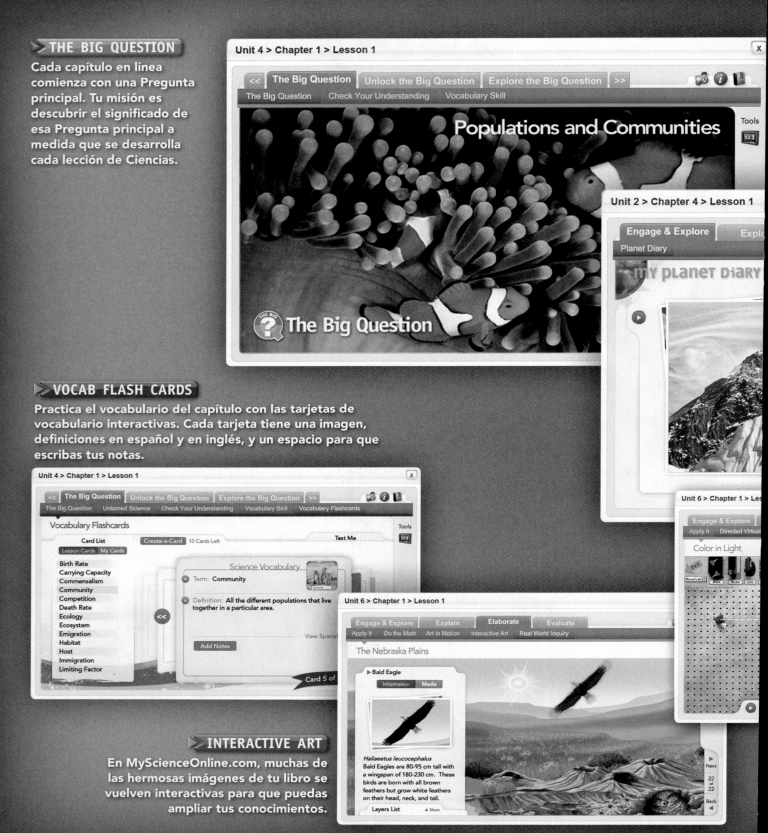

# CONÉCTATE

**my science** online.com → | Populations and Communities | > PLANET DIARY | > LAB ZONE | > VIRTUAL LAB |

[C] [+] ⊕ http://www.myscienceonline.com/

## > PLANET DIARY

Consulta *My Planet Diary* en línea para hallar más información y actividades en inglés relacionadas con el tema de la lección.

**erest**

**Still Growing!** Mount Everest in the Himalayas is the highest mountain on Earth. Climbers who reach the peak stand 8,850 meters above sea level. You might think that mountains never change. But forces inside Earth push Mount Everest at least several millimeters higher each year. Over time, Earth's forces slowly but constantly lift, stretch, bend, and break Earth's crust in dramatic ways!

> Planet Diary  Go to Planet Diary to learn more about forces in the Earth's crust.

## > VIRTUAL LAB

Obtén más práctica en estos laboratorios virtuales realistas. Manipula las variables en pantalla y pon a prueba tus hipótesis.

## Busca tu capítulo

**1** Visita www.myscienceonline.com.

**2** Ingresa tu nombre de usuario y contraseña.

**3** Haz clic en tu programa y selecciona el capítulo.

## Búsqueda de palabras clave

**1** Visita www.myscienceonline.com.

**2** Ingresa tu nombre de usuario y contraseña.

**3** Haz clic en tu programa y selecciona *Search* (Buscar).

**4** Escribe en el casillero de búsqueda la palabra clave en inglés (que aparece en tu libro).

## Contenido adicional disponible en línea

> **UNTAMED SCIENCE** Sigue las aventuras de estos jóvenes científicos en sus sorprendentes *blogs* con videos en línea mientras viajan por el mundo en busca de respuestas a las Preguntas principales de la ciencia.

> **MY SCIENCE COACH** ¿Necesitas más ayuda? *My Science Coach* es tu compañero de estudio personal en línea. *My Science Coach* es una oportunidad para obtener más práctica en inglés con los conceptos clave de Ciencias. Te permite elegir varias herramientas distintas que te orientarán en cada lección de Ciencias.

> **MY READING WEB** ¿Necesitas más ayuda con las lecturas de un tema de Ciencias en particular? En *My Reading Web* encontrarás una variedad de selecciones en inglés adaptadas a tu nivel de lectura específico.

¿Alguna vez has resuelto un rompecabezas? Generalmente, los rompecabezas tienen un tema que sirve de guía para agrupar las piezas según lo que tienen en común. Pero el rompecabezas no queda resuelto hasta que se colocan todas las piezas. Estudiar Ciencias es como resolver un rompecabezas. Las grandes ideas de la ciencia son como temas de un rompecabezas. Para entender las grandes ideas, los científicos hacen preguntas. Las respuestas a esas preguntas son como las piezas de un rompecabezas. Cada capítulo de este libro plantea una pregunta principal para que pienses en una gran idea de la ciencia. A medida que respondas estas preguntas principales, estarás más cerca de comprender la gran idea.

✎ **Antes de leer cada capítulo, escribe qué sabes y qué más te gustaría saber sobre el tema.**

**Al golpear la pelota de fútbol con la cabeza, esta deportista cambia la dirección de la pelota.**

GRANIDEA
## Una fuerza neta hace que el movimiento de un objeto cambie.

¿Qué sabes sobre la manera en que la fuerza de un objeto puede afectar el movimiento de otro objeto?
✎ **¿Qué más te gustaría saber?**

_____
_____
_____
_____
_____

Preguntas principales

❓ **¿Cómo podemos describir el movimiento de los objetos?** Capítulo 1

❓ **¿Cómo reaccionan a las fuerzas los objetos?** Capítulo 2

✎ **Después de leer los capítulos, escribe lo que has aprendido sobre la Gran idea.**

_____
_____
_____
_____

# La energía puede tomar diferentes formas, pero siempre se conserva.

¿Qué sabes sobre lo que sucede con la masa y la energía de una vela mientras se quema?  **¿Qué más te gustaría saber?**

_____

_____

_____

_____

_____

_____

_____

Preguntas principales

❓ **¿Cómo facilitan el trabajo las máquinas?**
Capítulo 3

    ❓ **¿Cómo se conserva la energía en una transformación?** Capítulo 4

    ❓ **¿Cómo se transfiere el calor de un cuerpo a otro?** Capítulo 5

❓ **¿Cómo funciona un circuito eléctrico?** Capítulo 6

❓ **¿Cuál es la relación entre la electricidad y el magnetismo?** Capítulo 7

🖊 **Después de leer los capítulos, escribe lo que has aprendido sobre la Gran idea.**

_____

_____

_____

_____

_____

_____

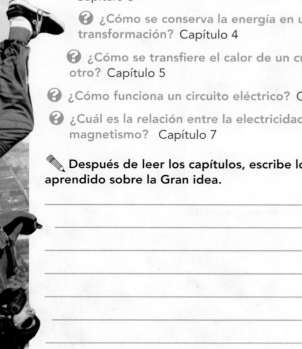

**Mientras caen, estos paracaidistas no pierden energía, sino que la energía toma diferentes formas.**

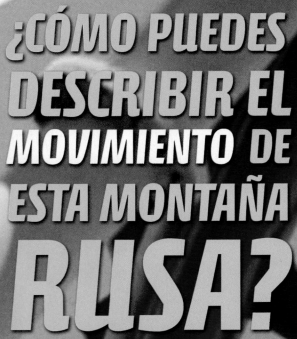

# ¿CÓMO PUEDES DESCRIBIR EL MOVIMIENTO DE ESTA MONTAÑA RUSA?

## ¿Cómo podemos describir el movimiento de los objetos?

Primero hay un lento y largo ascenso por una cuesta empinada. Luego, un brusco descenso en picada. Tu cuerpo se despega del asiento por un momento. La montaña rusa da una vuelta completa y quedas ¡cabeza abajo! Subes y bajas, más rápido, más lento, hasta que te detienes. ¡Qué alivio!

**Clasifica** ¿Qué tipos de movimiento ocurren en una vuelta en montaña rusa?

_____

_____

_____

_____

_____

_____

_____

**> UNTAMED SCIENCE** Mira el video de **Untamed Science** para aprender más sobre el movimiento.

# Movimiento

## Verifica tu comprensión

**1. Preparación** Lee el párrafo siguiente y luego responde la pregunta.

Jenny está mirando televisión. De pronto, aparece en la pantalla una advertencia del Servicio Meteorológico Nacional. Una tormenta avanza en **dirección** a ella. En ese **instante,** Jenny ve el resplandor de un rayo en el cielo. Jenny espera que la tormenta termine a **tiempo** para su partido de fútbol.

**Dirección** es la línea a lo largo de la cual algo se mueve.

**Instante** es un punto o espacio muy breve en el tiempo.

**Tiempo** es el período de duración entre dos sucesos.

• ¿Qué podría pasar si la tormenta cambiara de dirección?

_____

_____

**> MY READING WEB** Si tuviste dificultades para responder la pregunta anterior, visita *My Reading Web* y escribe *Motion.*

## Destreza de vocabulario

**Palabras académicas de uso frecuente** Conocer estas palabras académicas te ayudará a convertirte en un mejor lector de todas las áreas temáticas. Busca estas palabras mientras lees el capítulo.

| Palabra | Definición | Ejemplo |
|---------|-----------|---------|
| **sistema** | (s.) una manera establecida de hacer algo | Las personas usan *sistemas* distintos para organizar sus colecciones de música. |
| **ecuación** | (s.) un enunciado de igualdad entre dos cantidades que se expresa con el signo (=) | La *ecuación* para calcular el área de un círculo es $A = \pi \times r^2$. |
| **concluir** | (v.) decidir a través del razonamiento | Después de estudiar la evidencia, *concluyeron* que todos deberían usar casco para andar en bicicleta. |

**2. Verificación rápida** Elige la palabra de la tabla que mejor complete la oración.

• Después de esperar 20 minutos, _____ que su amigo no iba a llegar.

movimiento

rapidez

velocidad

aceleración

# Vistazo al capítulo

### LECCIÓN 1

- movimiento
- punto de referencia
- Sistema Internacional de Unidades (SI)
- distancia

↻ **Compara y contrasta**

△ **Mide**

### LECCIÓN 2

- rapidez
- velocidad media
- velocidad instantánea
- velocidad
- pendiente

↻ **Identifica la evidencia de apoyo**

△ **Calcula**

### LECCIÓN 3

- aceleración

↻ **Identifica la idea principal**

△ **Haz una gráfica**

> **VOCAB FLASH CARDS** Para obtener más ayuda con el vocabulario, visita *Vocab Flash Cards* y escribe *Motion.*

# 1 Describir el movimiento

 🔑 ¿Cuándo está en movimiento un objeto?

## mi DiaRio DeL planeta          VOCES DE LA HISTORIA

### Nicolás Copérnico

¿Por qué alguien pensaría que la Tierra gira alrededor del Sol? Después de todo, en un día despejado puedes ver cómo el Sol cruza el cielo. Pero el astrónomo polaco Nicolás Copérnico advirtió que un objeto que gira alrededor de ti de izquierda a derecha se ve igual que un objeto que está quieto mientras tú rotas de derecha a izquierda. En su libro *Sobre las revoluciones de las esferas celestes*, escribió:

> *Todo cambio aparente con respecto a la posición se debe al movimiento del objeto observado, o del observador o, de hecho, a un cambio desigual en ambos.*

Este libro se publicó en 1543. Era el resumen de más de 30 años de estudios de Copérnico sobre el sistema solar.

**Escribe tu respuesta a la pregunta siguiente.**
Durante miles de años, muchas personas creyeron que la Tierra era el centro del universo. Nombra una razón posible para que pensaran de esta manera.

_____

_____

_____

_____

_____

> **PLANET DIARY** Consulta *Planet Diary* para aprender más en inglés sobre el movimiento.

 **Zona de laboratorio** Haz la Indagación preliminar *¿Qué es el movimiento?*

## ¿Cuándo está en movimiento un objeto?

No es fácil determinar si un objeto está en movimiento. Probablemente, estés sentado mientras lees este libro. ¿Te estás moviendo? Tus ojos pestañean y tu pecho se mueve hacia arriba y abajo. Pero tal vez tú responderías que no te mueves. Un objeto está en **movimiento** si su posición cambia con respecto a otro objeto. Como tu posición relativa a la silla donde estás no cambia, podrías decir que no estás en movimiento.

## Vocabulario

- movimiento
- punto de referencia
- Sistema Internacional de Unidades (SI)
- distancia

## Destrezas

Lectura: Compara y contrasta

Indagación: Mide

**Puntos de referencia** Para determinar si te estás moviendo, usas tu silla como punto de referencia. Un **punto de referencia** es un lugar o un objeto que se usa como medio de comparación para determinar si un objeto está en movimiento. 🔑 **Un objeto está en movimiento si cambia su posición con respecto a un punto de referencia.** Los objetos que están quietos con respecto a la Tierra, como un edificio, un árbol o un cartel, son buenos puntos de referencia.

Quizá ya sepas qué ocurre si tu punto de referencia se mueve con respecto a la Tierra. ¿Alguna vez has estado en un autobús escolar estacionado junto a otro autobús? De pronto, piensas que tu autobús se mueve hacia atrás pero, cuando miras por la ventanilla hacia un punto fijo, te das cuenta de que tu autobús no se ha movido en absoluto: ¡el otro autobús se mueve hacia delante! Tu autobús parecía moverse hacia atrás porque habías usado el otro vehículo como punto de referencia.

# ¿sabías que...?

Debido a la rotación de la Tierra, las estrellas parecen cruzar el cielo en arcos circulares. Sólo la Estrella Polar permanece en una posición fija. Desde la antigüedad, los navegantes han usado la Estrella Polar para orientarse.

ILUSTRACIÓN 1 ..........................................

> **ART IN MOTION** **Punto de referencia**

La foto de arriba se tomó poco antes que la foto de más abajo.

✏️ **Responde las preguntas siguientes.**

1. **Interpreta fotos** ¿Se movió el automóvil donde está el niño o el automóvil del fondo? Explica tu respuesta.

_____

_____

_____

_____

2. **Identifica** ¿Qué objetos de la foto son buenos puntos de referencia?

_____

_____

_____

**Movimiento relativo** Si usas tu silla como punto de referencia mientras te sientas y lees, no te estás moviendo. Si eliges otro objeto como punto de referencia, puede ser que te estés moviendo.

Imagínate que usas el Sol como punto de referencia en lugar de la silla. Si comparas tu posición con la del Sol, te mueves bastante rápido porque tanto tú como la silla están en la Tierra, que rota alrededor del Sol. La Tierra se mueve alrededor del Sol con una rapidez aproximada de 30 kilómetros por segundo. Entonces tú y todo lo que está sobre la Tierra se mueven con la misma rapidez. Con esa rapidez, podrías viajar de la ciudad de Nueva York a Los Ángeles en aproximadamente ¡dos minutos! Respecto del Sol, tanto tú como la silla están en movimiento. Pero como te mueves junto con la Tierra, no parece que te estuvieras moviendo.

**Compara y contrasta**
Un árbol está (quieto/en movimiento) con respecto a la Tierra. Un árbol está (quieto/en movimiento) con respecto al Sol.

# ¡aplícalo!

Las personas de la fotografía están dando vueltas en un carrusel.

**❶ Interpreta fotos** ¿Las personas se mueven una con respecto a la otra? ¿Se mueven en relación con los objetos que están en el suelo? Explica tu respuesta.

_____

_____

_____

_____

_____

_____

_____

**❷ Explica** ¿Por qué es importante el punto de referencia que eliges cuando describes el movimiento de las personas?

_____

_____

_____

_____

_____

_____

**Medir la distancia** Para describir el movimiento íntegramente, debes utilizar unidades de medida. Los científicos usan un sistema de medidas denominado **Sistema Internacional de Unidades** o, en francés, *Système International* (SI). La **distancia** es la medida del espacio entre dos puntos. La unidad del SI para medir la distancia, o longitud, es el metro (m). La distancia desde el suelo hasta el pomo de una puerta es aproximadamente 1 metro.

Los científicos usan otras unidades para medir distancias menores o mayores que un metro. Por ejemplo, el ancho de la araña de la **ilustración 2** puede medirse en centímetros (cm). El prefijo *centi-* significa "un centésimo". Un centímetro equivale a un centésimo de un metro; entonces, en un metro, hay 100 centímetros. Para longitudes más pequeñas que un centímetro, se usa el milímetro (mm). El prefijo *mili-* significa "un milésimo"; por lo tanto, en un metro, hay 1,000 milímetros. Las distancias mayores a un metro pueden medirse en kilómetros (km). El prefijo *kilo-* significa "mil"; entonces, en un kilómetro, hay 1,000 metros. Una línea recta entre San Francisco y Boston mediría aproximadamente 4,300 kilómetros.

ILUSTRACIÓN 2 ······················

**Medir la distancia**
La unidad que usas para medir distancias depende del tamaño de la distancia.

✏️ **Responde las preguntas siguientes.**

1. **Repasa** Completa estas conversiones comunes de longitud.

   1 m = _____ mm

   1 m = _____ cm

   1 km =_____ m

2. **Mide** ¿Qué distancia hay, en centímetros, entre los puntos A y B de la araña? _____

3. **DESAFÍO** ¿Cuántas arañas como ésta entrarían, una al lado de la otra, en una distancia de 1 metro?

   _____

   _____

**A**                    **B**

**Zona de laboratorio** Haz la Actividad rápida de laboratorio *Identificar el movimiento.*

---

🔑 **Evalúa tu comprensión**

**1a. Repasa** _____ es un lugar o un objeto que se usa como medio de comparación para determinar si algo está en movimiento.

**b. Explica** ¿Por qué es importante saber si tu punto de referencia se mueve?

_____

_____

_____

_____

_____

**¿comprendiste?**

○ **¡Comprendí!** Ahora sé que un objeto está en movimiento si _____

_____

_____

_____

_____

○ **Necesito más ayuda con** _____

*Consulta* MY SCIENCE 🔵 COACH *en línea para obtener ayuda en inglés sobre este tema.*

# Rapidez y velocidad

DESCUBRE LA PREGUNTA PRINCIPAL

🔑 **¿Cómo se calcula la rapidez?**

🔑 **¿Cómo se describe la velocidad?**

🔑 **¿Cómo se representa el movimiento?**

## mi Diario del planeta

**BLOG**

**Enviado por: Mallory**

**Ubicación: Fountain Valley, California**

Una vez mi hermana me convenció de que fuera a patinar con ella. Odio patinar pero, contra mi buen criterio, acepté ir. Sé patinar, pero no muy rápido. En la pista, había algunos de esos patinadores veloces que a mí me gusta llamar "patinadores asesinos". Los patinadores asesinos andaban demasiado rápido. Es probable que fueran a 20 millas por hora y en la misma dirección que yo. Pasaban como una flecha, casi rozándome.

Lo peor era cuando me quedaba atascada detrás de un grupo de patinadores o de una pareja. Iban tan lento que tenía que acelerar y pasarlos por un costado.

**Comunica ideas** Responde las preguntas. Comenta tus respuestas con un compañero.

1. ¿Todos los patinadores de la pista se mueven con la misma rapidez? Explica tu respuesta.

_____

_____

_____

2. Describe un deporte o una actividad en la que la rapidez sea importante.

_____

_____

_____

_____

▶ **PLANET DIARY** Consulta *Planet Diary* para aprender más en inglés sobre rapidez y velocidad.

**Zona de laboratorio** Haz la Indagación preliminar *¿Qué tan rápido y qué tan lejos?*

**Vocabulario**
- rapidez • velocidad media
- velocidad instantánea
- velocidad • pendiente

**Destrezas**
Lectura: Identifica la evidencia de apoyo
Indagación: Calcula

# ¿Cómo se calcula la rapidez?

Probablemente, describas el movimiento de un avión como veloz y el de un caracol como lento. Al usar estas palabras, estás describiendo la rapidez del objeto. La **rapidez** de un objeto es la distancia que recorre por unidad de tiempo. La rapidez es un tipo de tasa. Una tasa indica la cantidad de algo que ocurre o cambia en una unidad de tiempo.

### La ecuación de la rapidez  **Para calcular la rapidez de un objeto, divide la distancia que recorre entre la cantidad de tiempo que demora en recorrer esa distancia.** Esta relación puede escribirse en forma de ecuación.

$$\text{Rapidez} = \frac{\text{Distancia}}{\text{Tiempo}}$$

La ecuación de rapidez contiene una unidad de distancia dividida entre una unidad de tiempo. Si mides la distancia en metros y el tiempo en segundos, la unidad del SI para la rapidez es metros por segundo, o m/s (la barra se lee "por"). Por ejemplo, un avión en altitud de crucero podría volar a una rapidez constante de 260 m/s. Esto significa que el avión recorrerá una distancia de 260 metros en 1 segundo. La rapidez de un caracol es aproximadamente 1 mm/s. Esto significa que un caracol avanzará una distancia de 1 milímetro en 1 segundo. La rapidez del avión es mucho mayor que la del caracol, porque el avión recorre una distancia mucho mayor que el caracol en la misma cantidad de tiempo.

**Vocabulario** Palabras académicas de uso frecuente Completa la oración siguiente. La relación entre rapidez, distancia y tiempo puede escribirse en forma de

_____

## ¡aplícalo!

La ciclista del diagrama se mueve a una rapidez constante de 10 m/s.

**1** Identifica Dibuja flechas en la escala para marcar qué tan lejos llegará la ciclista después de 1, 2, 3, 3.5 y 4 segundos.

**2** [DESAFÍO] ¿Cuánto tardará la ciclista en recorrer 400 metros?

10          20          30          40

**Distancia (m)**

## Velocidad media

Los triatletas A y B compiten en un triatlón. Las primeras dos etapas de la carrera son natación y ciclismo.

✎ **Calcula** Usa la información de los recuadros que siguen para calcular la velocidad media de cada triatleta durante las etapas de natación y ciclismo de la carrera.

## Velocidad media

Cuando un avión se encuentra en altitud de crucero, puede volar a una rapidez constante durante muchas horas. Pero la rapidez de la mayoría de los objetos que se mueven no es constante. En una carrera conocida como triatlón, los competidores (o triatletas) primero nadan, luego hacen ciclismo y finalmente corren. La rapidez de los triatletas varía durante la carrera. Se mueven más lento cuando nadan, van un poco más rápido cuando corren y aún más rápido cuando hacen ciclismo.

Aunque los triatletas no se mueven a una rapidez constante, tienen una velocidad media en toda la carrera. Para calcular la **velocidad media**, divide la distancia total recorrida entre el tiempo total empleado. Por ejemplo, imagínate que un triatleta nada una distancia de 3 kilómetros en 1 hora. Luego, recorre en bicicleta una distancia de 50 kilómetros en 3 horas. Finalmente, corre una distancia de 12 kilómetros en 1 hora. La velocidad media del triatleta es la distancia total dividida entre el tiempo total.

$$\text{Distancia total} = 3 \text{ km} + 50 \text{ km} + 12 \text{ km} = 65 \text{ km}$$

$$\text{Tiempo total} = 1 \text{ h} + 3 \text{ h} + 1 \text{ h} = 5 \text{ h}$$

$$\text{Velocidad media} = \frac{65 \text{ km}}{5 \text{ h}} = 13 \text{ km/h}$$

La velocidad media del triatleta es 13 kilómetros por hora.

**Etapa 1** *Natación*

Distancia total: 3.0 km
Tiempo total del triatleta A: 0.8 h
Tiempo total del triatleta B: 1.0 h

**Velocidad media del triatleta A =**

**Velocidad media del triatleta B =**

**Etapa 2** *Ciclismo*

Distancia total: 50.0 km
Tiempo total del triatleta A: 3.0 h
Tiempo total del triatleta B: 2.5 h

**Velocidad media del triatleta A =**

**Velocidad media del triatleta B =**

**Velocidad instantánea** Imagínate que el triatleta B pasa al triatleta A durante la etapa de ciclismo. En ese momento, el triatleta B tiene una velocidad instantánea mayor que la del triatleta A. La **velocidad instantánea** es la velocidad a la que se mueve un objeto en un instante del tiempo dado. No debes confundir la velocidad instantánea con la velocidad media. El triatleta que gana la carrera es aquél que logra la mejor velocidad media, no el de mayor velocidad instantánea.

# ¡aplícalo!

Los triatletas corren en la tercera y última etapa del triatlón.

❶ **Calcula** Usa la información de las tres etapas para calcular la velocidad media de cada triatleta.

**Etapa 3** *Carrera*

Distancia total: 12.0 km
Tiempo total del triatleta A: 1.2 h
Tiempo total del triatleta B: 1.0 h

| | |
|---|---|
| Distancia total = | |
| Tiempo total del triatleta A = | |
| Velocidad media del triatleta A = | |
| Tiempo total del triatleta B = | |
| Velocidad media del triatleta B = | |

❷ **Identifica** ¿Qué triatleta termina primero? _____

**Zona de laboratorio** Haz la Investigación de laboratorio *Parar en seco.*

## 🔑 Evalúa tu comprensión

**1a. Identifica** La velocidad (instantánea/media) es la velocidad de un objeto en un instante del tiempo. La velocidad (instantánea/media) es la velocidad de un objeto durante un período de tiempo más largo.

**b. Aplica conceptos** El velocímetro de un automóvil mide la velocidad _____ del automóvil.

### ¿comprendiste?

○ **¡Comprendí!** Ahora sé que, para calcular la velocidad de un objeto, necesito _____

_____

○ Necesito más ayuda con _____

*Consulta* MY SCIENCE 🅢 COACH *en línea para obtener ayuda en inglés sobre este tema.*

# ¿Cómo se describe la velocidad?

Conocer la rapidez a la que algo se mueve no dice todo acerca de su movimiento. Para describir el movimiento de un objeto, también necesitas saber su dirección. Por ejemplo, imagínate que escuchas que una tormenta eléctrica avanza a una rapidez de 25 km/h. ¿Deberías prepararte para la tormenta? Depende de la dirección del movimiento de la tormenta. Debido a que en los Estados Unidos las tormentas suelen desplazarse de oeste a este, probablemente no tengas que preocuparte si vives al oeste de la tormenta, pero es probable que necesites buscar refugio si vives al este de ella.

🔑 **Cuando conoces la rapidez y la dirección del movimiento de un objeto, puedes saber su velocidad.** La rapidez en una dirección dada se denomina **velocidad**. Conoces la velocidad de la tormenta cuando sabes que se mueve a 25 km/h hacia el este.

A veces, describir la velocidad de los objetos en movimiento puede tener gran importancia. Por ejemplo, los controladores de tránsito aéreo deben hacer un seguimiento detallado de las velocidades de los aviones bajo su control. Estas velocidades cambian a medida que los aviones se mueven en la altura o en la pista. Un error en la determinación de la velocidad, ya sea en cuanto a la rapidez o a la dirección, podría provocar una colisión.

La velocidad también es importante para los pilotos de avión. Por ejemplo, los pilotos acrobáticos de la **ilustración 2** aprovechan espectacularmente el control que tienen sobre la velocidad de sus aviones. Los pilotos acrobáticos usan este control para permanecer en formación cerrada mientras realizan maniobras elegantes con gran rapidez.

✏️ **Identifica la evidencia de apoyo** Subraya la razón por la que la velocidad es importante para los controladores de tránsito aéreo.

ILUSTRACIÓN 2

**Velocidad**
Estos pilotos acrobáticos están dando un espectáculo aéreo.

✏️ **Explica** ¿Por qué es importante la velocidad y no sólo la rapidez para estos pilotos?

_____

_____

_____

_____

_____

_____

_____

_____

# ¿Vas a algún lado?

Casa

Parque de béisbol

## ¿Cómo podemos describir el movimiento de los objetos?

ILUSTRACIÓN 3 ··············································

Mario planea ir en bicicleta desde su casa hasta el parque de béisbol. Busca la ruta en Internet. El mapa muestra la ruta que seguirá. En el mapa, 1 cm = 100 m.

1. **Mide** Usa una regla métrica para determinar qué distancia debe recorrer Mario hacia el oeste y hacia el sur para llegar al parque.

   _____

2. **Calcula** Imagínate que Mario se va a encontrar con un amigo en el parque al mediodía. Si sale de su casa a las 11:55 a.m., ¿cuál debe ser su velocidad media para llegar a tiempo? Expresa tu respuesta en m/s.

   _____
   _____
   _____
   _____
   _____

**Zona de laboratorio** Haz la Actividad rápida de laboratorio *Velocidad*.

## 🔑 Evalúa tu comprensión

2. **RESPONDE LA PREGUNTA PRINCIPAL** ¿Cómo podemos describir el movimiento de los objetos?

   _____
   _____
   _____
   _____

### ¿comprendiste?

○ **¡Comprendí!** Ahora sé que la velocidad de un

objeto es _____

   _____

○ Necesito más ayuda con _____

   Consulta **MY SCIENCE COACH** en línea para obtener ayuda en inglés sobre este tema.

# ¿Cómo se representa el movimiento?

La **ilustración 4** y la **ilustración 5** son gráficas de movimiento expresado en distancia-tiempo. 🔑 **El movimiento de un objeto se representa en una gráfica lineal que muestra la distancia en relación con el tiempo.** El tiempo se marca en el eje horizontal, o eje de las *x*. La distancia se marca en el eje vertical, o eje de las *y*. Cada punto de la línea representa la distancia que ha recorrido un objeto durante un período de tiempo. El valor de *x* de cada punto es el tiempo y el valor de *y* es la distancia.

La inclinación de una línea se denomina **pendiente** e indica cuán rápido cambia una variable con respecto a la otra. Es decir, la pendiente indica la tasa de cambio. Como la rapidez es la tasa a la que la distancia cambia en relación con el tiempo, la pendiente de una gráfica distancia-tiempo representa la rapidez. Cuanto más pronunciada es la inclinación de la pendiente, mayor es la rapidez. Una inclinación constante representa una rapidez constante.

## Calcular la pendiente

Para calcular la pendiente de una línea, debes dividir la elevación entre el avance. La elevación es la diferencia vertical entre dos puntos cualesquiera de la línea. El avance es la diferencia horizontal entre los mismos dos puntos.

$$\text{Pendiente} = \frac{\text{Elevación}}{\text{Avance}}$$

En la **ilustración 4,** la elevación es 400 metros y el avance es 2 minutos. Para hallar la pendiente, debes dividir 400 metros entre 2 minutos. La pendiente es 200 metros por minuto.

ILUSTRACIÓN 4 ·······························

▷ **INTERACTIVE ART**

## Rapidez constante

La gráfica muestra el movimiento de una corredora.

✎ **Usa la gráfica para responder las preguntas.**

1. **Lee gráficas** ¿Cuál es la rapidez de la corredora?

   _____

2. **Predice** En la misma gráfica, dibuja una línea que represente el movimiento de una corredora que se mueve a una rapidez constante de 100 m/min.

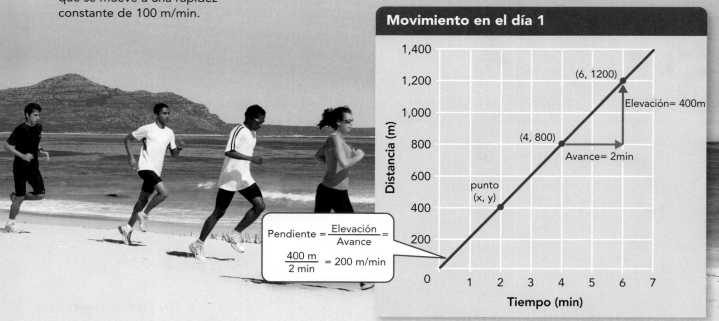

**Movimiento en el día 1**

(6, 1200)

Elevación= 400m

(4, 800)

Avance= 2min

punto (x, y)

$$\text{Pendiente} = \frac{\text{Elevación}}{\text{Avance}} =$$
$$\frac{400 \text{ m}}{2 \text{ min}} = 200 \text{ m/min}$$

Distancia (m)

Tiempo (min)

**Distintas pendientes** La mayoría de los objetos que se mueven no lo hacen a una rapidez constante. Por ejemplo, la gráfica de la **ilustración 5** muestra el movimiento de una corredora en su segundo día de entrenamiento. La línea se divide en tres segmentos. La pendiente de cada segmento es diferente. A partir de la inclinación de la pendiente, puedes saber que la corredora trotó más rápido durante el tercer segmento. La línea horizontal del segundo segmento muestra que la distancia de la corredora no cambió en absoluto. La corredora estaba descansando durante el segundo segmento.

ILUSTRACIÓN 5

**Variación de la rapidez**
La gráfica muestra cómo varía la rapidez de una corredora durante su segundo día de entrenamiento.

✎ **Lee gráficas** Halla la elevación, el avance y la pendiente para cada uno de los segmentos de la gráfica. Escribe las respuestas en los recuadros siguientes.

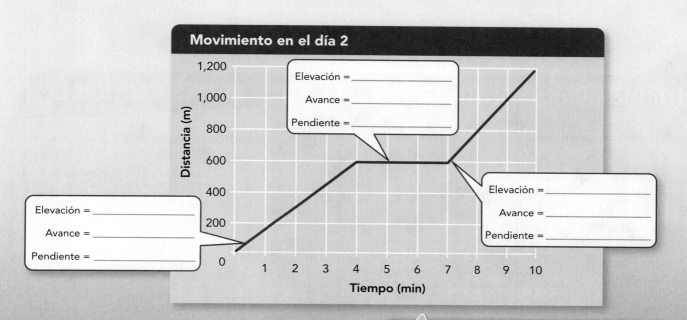

**Movimiento en el día 2**

Elevación = _____ Avance = _____ Pendiente = _____

Elevación = _____ Avance = _____ Pendiente = _____

Elevación = _____ Avance = _____ Pendiente = _____

**Zona de laboratorio** Haz la Actividad rápida de laboratorio *Gráficas de movimiento.*

## 🔑 Evalúa tu comprensión

**3a. Identifica** _____ de una gráfica distancia-tiempo muestra la rapidez de un objeto en movimiento.

**b. Calcula** La elevación de una línea en una gráfica distancia-tiempo es 900 m y el avance es 3 min. ¿Cuál es la pendiente de la línea?

**c. Aplica conceptos** ¿Es posible que una gráfica distancia-tiempo sea una línea vertical? Explica tu respuesta.

**¿comprendiste?**

○ **¡Comprendí!** Ahora sé que, para representar el movimiento de un objeto en una gráfica lineal, debo _____

○ **Necesito más ayuda con** _____

*Consulta* **my science COACH** *en línea para obtener ayuda en inglés sobre este tema.*

15

# Aceleración

🔑 ¿Qué es la aceleración?

🔑 ¿Cómo se representa la aceleración?

## mi Diario Del planeta

### Araña saltarina

Una araña pequeña, de menos de 2 centímetros de longitud, encuentra un insecto. La araña se agazapa y avanza lentamente. Luego levanta sus patas delanteras, salta y aterriza ¡justo sobre su víctima!

Increíblemente, una araña saltarina puede saltar entre 10 y 40 veces la longitud de su cuerpo. Para capturar a su presa desde tan lejos, debe estimar con precisión su velocidad inicial. Una vez que salta, la fuerza de gravedad controla su movimiento y hace que siga una trayectoria curva. Su velocidad cambia en cada punto de la trayectoria hasta que aterriza sobre su presa.

## DATO CURIOSO

**Escribe tu respuesta a la pregunta.**

Piensa en un deporte o una actividad cuyo objetivo sea dar en un blanco desde una distancia lejana. ¿Cuáles son algunos de los desafíos?

_____

_____

_____

_____

_____

 **PLANET DIARY** Consulta *Planet Diary* para aprender más en inglés sobre la aceleración.

 **Zona de laboratorio** Haz la Indagación preliminar *¿Podrías apurarte?*

## ¿Qué es la aceleración?

Imagínate que viajas en automóvil y éste se detiene en un semáforo. Cuando la luz cambia a verde, el conductor pisa el acelerador. El auto arranca y aumenta la velocidad, o acelera. En el lenguaje cotidiano, "aceleración" significa "el proceso de moverse cada vez más rápido".

La aceleración tiene una definición más precisa en la ciencia. Los científicos definen la **aceleración** como el ritmo al que cambia la velocidad. Recuerda que la velocidad describe tanto la rapidez como la dirección de un objeto. Un cambio en la velocidad puede implicar un cambio en la rapidez, en la dirección o en ambos. 🔑 **En ciencia, la aceleración se refiere a un aumento de la rapidez, una disminución de la rapidez o un cambio de dirección.**

## Vocabulario
- aceleración

## Destrezas
- Lectura: Identifica la idea principal
- Indagación: Haz una gráfica

### Variación de la rapidez

Un objeto acelera cada vez que cambia su rapidez. Un automóvil acelera cuando comienza a moverse después de estar detenido o cuando aumenta la rapidez para pasar a otro automóvil. Las personas también pueden acelerar. Por ejemplo, aceleras cuando desciendes por una colina en bicicleta.

Así como los objetos incrementan su rapidez, también la disminuyen. Este cambio, en general, se denomina desaceleración o aceleración negativa. Un automóvil desacelera cuando llega a una luz roja. Un esquiador acuático desacelera a medida que el bote disminuye su rapidez.

### Variación de la dirección

Incluso un objeto que viaja a una rapidez constante puede estar acelerando. Recuerda que la aceleración puede ser tanto un cambio de rapidez como de dirección. Por lo tanto, un automóvil acelera cuando toma una curva suave o cambia de carril. Los corredores aceleran cuando doblan en las curvas de la pista. Una pelota de softball acelera cuando cambia de dirección al ser golpeada.

Muchos objetos cambian de dirección constantemente sin modificar su rapidez. El ejemplo más simple de este tipo de movimiento es el movimiento circular, o movimiento alrededor de un círculo. Por ejemplo, los asientos de la rueda de la fortuna de un parque de diversiones aceleran porque se mueven en un círculo.

**Identifica la idea principal**
Subraya la idea principal de la sección Variación de la rapidez.

ILUSTRACIÓN 1
#### Aceleración
Durante un partido de fútbol, la pelota puede mostrar tres tipos de aceleración: aumento de la rapidez, disminución de la rapidez y cambio de dirección.

**Interpreta fotos** Rotula los tipos de aceleración que ocurren en cada una de las fotos.

0 m/s    8 m/s         16 m/s              24 m/s

ILUSTRACIÓN 2 ·····························

**Aceleración**

El avión está acelerando a una tasa de 8 m/s².

✎ **Predice** Determina la rapidez del avión después de 4.0 s y 5.0 s. Escribe tus respuestas en los recuadros que están al lado de cada avión.

**Calcular la aceleración** La aceleración describe el ritmo al que cambia la velocidad. Si un objeto no está cambiando de dirección, puedes describir su aceleración como el ritmo al que cambia su rapidez. Para averiguar la aceleración de un objeto que se mueve en línea recta, debes calcular el cambio de su rapidez por unidad de tiempo. Esto se resume en la ecuación que sigue.

$$\text{Aceleración} = \frac{\text{Rapidez final} - \text{Rapidez inicial}}{\text{Tiempo}}$$

Si la rapidez se mide en metros por segundo (m/s) y el tiempo se mide en segundos, la unidad del SI de la aceleración es metros por segundo por segundo, o m/s². Imagínate que la rapidez se mide en kilómetros por hora y el tiempo se mide en horas. Entonces, la unidad de la aceleración será kilómetros por hora por hora, o km/h². 

Para comprender la aceleración, imagínate un pequeño avión que se desplaza por una pista. La **ilustración 2** muestra la rapidez del avión por cada segundo transcurrido durante los tres primeros segundos de su aceleración. Para calcular la aceleración del avión, primero debes restar la rapidez inicial de 0 m/s de su rapidez final de 24 m/s. Luego, divide el cambio en la rapidez entre el tiempo, 3 segundos.

$$\text{Aceleración} = \frac{24 \text{ m/s} - 0 \text{ m/s}}{3 \text{ s}}$$

$$\text{Aceleración} = 8 \text{ m/s}^2$$

El avión acelera a una tasa de 8 m/s². Esto significa que la rapidez del avión se incrementa 8 m/s por segundo. Observa en la **ilustración 2** que, después de cada segundo de trayectoria, la rapidez del avión es 8 m/s mayor que en el segundo anterior.

ILUSTRACIÓN 3 ·························

**Desaceleración**

Un avión aterriza sobre la pista a una velocidad de 70 m/s. Desacelera a un ritmo de −5 m/s².

✎ **Predice** Determina la rapidez del avión en cada segundo de su desaceleración. Escribe tus respuestas en la tabla de la derecha.

| Tiempo (s) | 1 | 2 | 3 | 4 |
|---|---|---|---|---|
| Rapidez (m/s) | | | | |

**Rapidez =**

**Rapidez =**

# ¡Usa las matemáticas!

Las grandes aceleraciones son parte de la emoción en muchos de los juegos de los parques de diversiones. Los problemas que siguen se basan en juegos de parques de diversiones reales.

**1 Calcula** Un tipo de juego consiste en un descenso de 3 segundos. Durante ese tiempo, la aceleración del juego cambia de una rapidez de 0 m/s a una de 30 m/s. ¿Cuál es la aceleración media del juego?

Rapidez inicial = _____ Rapidez final = _____ Tiempo = _____
Aceleración media =

**2 Calcula** Una montaña rusa acelera de 4 m/s a 22 m/s en 3 segundos. ¿Cuál es la aceleración media del juego?

Rapidez inicial = _____ Rapidez final = _____ Tiempo = _____
Aceleración media =

**Zona de laboratorio** Haz la Actividad rápida de laboratorio
*Describir la aceleración.*

## 🔑 Evalúa tu comprensión

**1a. Define** El ritmo al que cambia la velocidad

se denomina _____

**b. Infiere** Una pelota de softball tiene una aceleración (positiva/negativa) cuando se la lanza. Una pelota de softball tiene una aceleración (positiva/negativa) cuando la atrapan.

**c. Explica** Una niña patina alrededor del perímetro de una pista de hielo circular a una rapidez constante de 2 m/s. ¿Está acelerando? Explica tu respuesta.

_____

_____

## ¿comprendiste?

○ **¡Comprendí!** Ahora sé que, en ciencia, la

aceleración se refiere a _____

_____

_____

_____

_____

○ **Necesito más ayuda con** _____

*Consulta* **MY SCIENCE** Ⓢ **COACH** *en línea para obtener ayuda en inglés sobre este tema.*

# ¿Cómo se representa la aceleración?

Imagínate que bajas una colina empinada en bicicleta. En la cima, tu rapidez es 0 m/s. Cuando comienzas el descenso, tu rapidez aumenta. Cada segundo, te mueves más rápido y recorres una distancia mayor que en el segundo anterior. Durante los cinco segundos que te toma descender la colina, eres un objeto en aceleración. 🔑 **Puedes usar tanto una gráfica rapidez-tiempo como una gráfica distancia-tiempo para analizar el movimiento de un objeto en aceleración.**

ILUSTRACIÓN 4 ·······································

**▷ VIRTUAL LAB** Gráfica rapidez-tiempo

La tabla muestra cómo cambia tu rapidez durante cada segundo del descenso en bicicleta.

✏️ **Usa los datos para responder las preguntas.**

| Tiempo (s) | Rapidez (m/s) |
|:---:|:---:|
| 0 | 0 |
| 1 | 2 |
| 2 | 4 |
| 3 | 6 |
| 4 | 8 |
| 5 | 10 |

1. ⬙ **Haz una gráfica** Usa estos datos para dibujar una gráfica lineal. Marca el tiempo en el eje horizontal y la rapidez en el eje vertical. Pon un título a la gráfica.

2. **Calcula** ¿Cuál es la pendiente de la gráfica?

## Analizar una gráfica rapidez-tiempo

Observa la gráfica rapidez-tiempo que hiciste en la **ilustración 4.** ¿Qué puedes aprender acerca de tu movimiento si analizas esta gráfica? En primer lugar, como la línea se inclina hacia arriba, la gráfica muestra que tu rapidez fue en aumento. Además, como la línea es recta, puedes decir que tu aceleración fue constante. Una línea recta con inclinación hacia arriba en una gráfica rapidez-tiempo indica que el objeto está acelerando a un ritmo constante. Tu aceleración es la pendiente de la línea.

ILUSTRACIÓN 5 ⋯⋯⋯⋯⋯⋯⋯⋯⋯⋯⋯⋯⋯⋯⋯⋯⋯

> INTERACTIVE ART **Gráfica distancia-tiempo**

La tabla muestra cómo cambia tu distancia durante cada segundo del descenso en bicicleta.

✎ **Usa los datos para responder las preguntas.**

| Tiempo (s) | Distancia (m) |
|------------|---------------|
| 0 | 0 |
| 1 | 1 |
| 2 | 4 |
| 3 | 9 |
| 4 | 16 |
| 5 | 25 |

1. **Haz una gráfica** Usa estos datos para crear una gráfica lineal. Marca el tiempo en el eje horizontal y la distancia en el eje vertical. Pon un título a la gráfica.

2. DESAFÍO ¿Cómo cambia la distancia con el tiempo?

_____

_____

_____

_____

**Analizar una gráfica distancia-tiempo**

Observa la gráfica distancia-tiempo que creaste en la **ilustración 5**. La línea curva indica que, durante cada segundo, avanzaste una distancia mayor que en el segundo anterior. Por ejemplo, durante el tercer segundo, avanzaste una distancia mayor que durante el primer segundo.

La línea curva de la **ilustración 5** indica también que, durante cada segundo, tu rapidez fue mayor que en el segundo anterior. Recuerda que la pendiente en una gráfica distancia-tiempo representa la rapidez de un objeto. De segundo a segundo, la pendiente de la línea de la **ilustración 5** se vuelve más pronunciada. Como la pendiente va en aumento, se puede concluir que lo mismo ocurrió con tu rapidez. Estabas acelerando.

**Zona de laboratorio** Haz la Actividad rápida de laboratorio *Hacer una gráfica de la aceleración.*

🔑 **Evalúa tu comprensión**

¿comprendiste?⋯⋯⋯⋯⋯⋯⋯⋯⋯⋯⋯⋯⋯⋯⋯⋯⋯⋯⋯⋯⋯⋯⋯⋯⋯⋯⋯⋯⋯⋯⋯⋯⋯⋯

○ **¡Comprendí!** Ahora sé que los dos tipos de gráficas que se pueden usar para analizar el movimiento de un objeto en aceleración son _____

_____

○ Necesito más ayuda con _____

*Consulta* my science ⑤ coach *en línea para obtener ayuda en inglés sobre este tema.*

# 1 Guía de estudio

¿Qué término da más información sobre el movimiento de un objeto: rapidez o velocidad? ¿Por qué?

---

## LECCIÓN 1  Describir el movimiento

🔑 Un objeto está en movimiento si cambia su posición respecto a un punto de referencia.

**Vocabulario**
- movimiento
- punto de referencia
- Sistema Internacional de Unidades (SI)
- distancia

## LECCIÓN 2  Rapidez y velocidad

🔑 Para calcular la rapidez de un objeto, divide la distancia que recorre el objeto por la cantidad de tiempo que demora en hacer ese recorrido.

🔑 Cuando conoces la rapidez y la dirección del movimiento de un objeto, puedes saber su velocidad.

🔑 Puedes representar el movimiento de un objeto en una gráfica lineal que muestre la distancia con relación al tiempo.

**Vocabulario**
- rapidez  • velocidad media
- velocidad instantánea  • velocidad  • pendiente

## LECCIÓN 3  Aceleración

🔑 En ciencia, la aceleración se refiere a un aumento de la rapidez, una disminución de la rapidez o un cambio de dirección.

🔑 Puedes usar tanto una gráfica rapidez-tiempo como una gráfica distancia-tiempo para analizar el movimiento de un objeto en aceleración.

**Vocabulario**
- aceleración

# Repaso y evaluación

**Describir el movimiento**

**1.** ¿Cuál es la unidad de distancia del SI?

    **a.** pie         **b.** metro

    **c.** milla       **d.** kilómetro

**2.** Un cambio de posición con respecto a un punto de referencia se denomina _____

**3. Clasifica** Imagínate que estás en un tren. Menciona algunos objetos que puedan ser buenos puntos de referencia para determinar si el tren se mueve o no.

_____

Usa la ilustración para responder las preguntas 4 y 5.

**4. Compara y contrasta** Imagínate que estás parado en la acera. Describe la dirección de tu movimiento en relación con el automóvil y el avión.

_____

_____

_____

**5. Compara y contrasta** Imagínate que viajas en el avión. Describe la dirección de tu movimiento en relación con la persona que está parada en la acera y el automóvil.

_____

_____

_____

_____

**Rapidez y velocidad**

**6.** ¿Qué cantidad puedes calcular si sabes que un automóvil recorre 30 kilómetros en 20 minutos?

    **a.** velocidad media     **b.** dirección

    **c.** velocidad           **d.** velocidad instantánea

**7.** En una gráfica distancia-tiempo, la pendiente de la línea indica _____ de un objeto.

La gráfica muestra el movimiento de un automóvil a control remoto. Usa la gráfica para responder las preguntas 8 y 9.

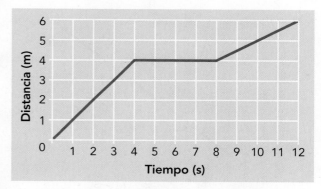

**8. Lee gráficas** ¿Durante qué período de tiempo el automóvil se movía más rápido?

_____

**9. Calcula** ¿Cuál fue la rapidez del automóvil durante los primeros cuatro segundos?

_____

_____

**10. Aplica conceptos** Una familia sale a dar un paseo en automóvil. Viajan durante una hora a 80 km/h y, luego, 2 horas a 40 km/h. Calcula su velocidad media durante el viaje.

_____

_____

_____

_____

_____

# Repaso y evaluación

**Aceleración**

**11.** El ritmo al que cambia la velocidad se denomina

    **a.** aceleración.        **b.** dirección.

    **c.** rapidez.         **d.** velocidad.

**12.** Para calcular la aceleración de un objeto que se mueve en línea recta, puedes dividir

_____ entre el tiempo.

La gráfica siguiente muestra la rapidez de un esquiador que desciende de una montaña durante varios segundos. Usa la gráfica para responder la pregunta 13.

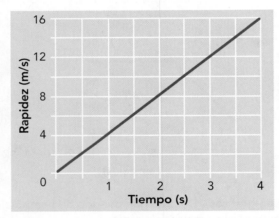

**13. Lee gráficas** ¿Cuál es la aceleración del esquiador?

_____

_____

_____

**14. ¡matemáticas!** Una pelota cae de una ventana y tarda 2 segundos en tocar el suelo. Empieza desde una posición de reposo y alcanza una rapidez final de 20 m/s. ¿Cuál es la aceleración de la pelota?

_____

_____

_____

_____

**15. Escríbelo** Describe cómo acelera un jugador de béisbol mientras recorre las bases después de anotar un jonrón.

 **¿Cómo podemos describir el movimiento de los objetos?**

**16.** La gráfica distancia-tiempo muestra la información de dos corredores en una carrera de 50 metros. Describe el movimiento de los corredores lo más detalladamente que puedas. ¿Cuál de los dos ganó la carrera? ¿Cómo lo sabes? Imagínate que la gráfica muestra el movimiento de los corredores hasta que se detienen. Describe de qué manera mostraría ese cambio la gráfica.

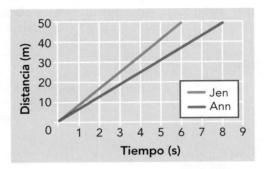

_____

_____

_____

_____

_____

_____

_____

_____

_____

_____

_____

_____

_____

_____

_____

_____

_____

_____

_____

# Preparación para exámenes estandarizados

## Selección múltiple

**Encierra en un círculo la letra de la mejor respuesta.**

**1.** La gráfica que sigue muestra el movimiento de un corredor.

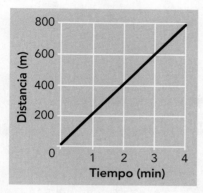

¿Qué podría hacer el corredor para que la pendiente de la línea ascienda?

A  dejar de correr

B  disminuir la rapidez

C  mantener la misma rapidez

D  aumentar la rapidez

**2.** Miembros del Club de Atletismo de Fairview correrán una carrera de 5 kilómetros. ¿Cuál es la distancia de la carrera en metros?

A  0.5 m

B  50 m

C  500 m

D  5000 m

**3.** ¿Qué condición es necesaria para que un objeto sea un buen punto de referencia?

A  El objeto se mueve a una rapidez constante.

B  El objeto está acelerando.

C  El objeto está fijo respecto del movimiento que intentas describir.

D  El objeto es grande.

**4.** Dos objetos que se desplazan a la misma rapidez tienen velocidades distintas si

A  comienzan a moverse en momentos diferentes.

B  recorren distancias diferentes.

C  tienen diferente masa.

D  se mueven en direcciones diferentes.

**5.** Viajas en automóvil con tu familia hacia la playa. Avanzan 200 kilómetros las primeras dos horas. Durante la hora siguiente, hacen una parada para almorzar y sólo avanzan 25 kilómetros. ¿Cuál es la velocidad media?

A  60 km/h

B  75 km/h

C  100 km/h

D  225 km/h

## Respuesta elaborada

**Usa la gráfica para responder la pregunta 6. Escribe tu respuesta en una hoja aparte.**

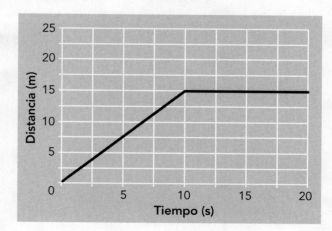

**6.** La gráfica de arriba representa el movimiento de una persona. Describe el movimiento.

La tecnología y la historia

# CARRERA POR LA RAPIDEZ

▲ Andy Green y el *Thrust SSC* de propulsión a chorro

Tan pronto como la gente comenzó a conducir automóviles, hubo quien los usó para correr carreras. Desde entonces, no han cesado los intentos de ir cada vez más rápido.

Entonces, ¿qué tan rápido podemos ir? El récord oficial de rapidez sobre tierra lo consiguió un hombre llamado Andy Green en Blackroad, Nevada, en 1997. Green y su vehículo, el *Thrust SSC*, alcanzaron una rapidez de 1,288 km/h. ¡Más rápido que la velocidad del sonido! De hecho, el *Thrust SSC* produjo un estampido sónico. Un estampido sónico se parece mucho a una explosión. Los truenos son estampidos sónicos naturales.

¿Cómo hizo el *Thrust SSC* para ir tan rápido? Usó dos turborreactores. La experiencia previa de Green como piloto de aviones de combate le resultó muy útil para conducir este automóvil.

**Haz una gráfica** Existen muchos otros récords de rapidez. Para empezar, investiga los récords de rapidez de vehículos terrestres con ruedas y los récords de rapidez de ferrocarriles. Haz una gráfica que compare todos los récords de rapidez que encuentres. Comparte los resultados con tus compañeros de clase.

# ¡ALTO!

Si alguna vez viste una película sobre pilotos de aviones con motor a reacción o corredores de carreras, probablemente hayas oído hablar de "fuerza G". ¿Pero qué significa? La fuerza G es una unidad informal de medida que se usa en la aeronáutica e ingeniería espacial. Una fuerza G es la aceleración media provocada por la gravedad sobre la superficie terrestre. Sentimos una fuerza G (1G) todo el tiempo.

En las décadas de 1940 y 1950, el coronel John Paul Stapp experimentó mucho más que 1G. En el lugar que hoy se conoce como la Base Edwards de la Fuerza Aérea, el coronel Stapp se amarró a un artefacto que los científicos denominaron el "desacelerador humano". Éste era un trineo cohete impulsado que arrojaba a los voluntarios hacia adelante y los detenía violentamente en un punto de la pista. En una de sus pruebas, el coronel Stapp se sometió a ¡46G! Su trabajo ayudó a desarrollar muchos elementos, desde los cinturones de seguridad hasta los arneses que usan los astronautas.

**Compártelo** Investiga qué ocurre cuando las personas experimentan fuerzas G extremas. Averigua qué síntomas físicos pueden sentir y cómo se pueden prevenir. Diseña un folleto de seguridad que describa tus conclusiones.

# ¿POR QUÉ ESTA ACRÓBATA NO CAERÁ DE CABEZA?

## ¿Cómo reaccionan a las fuerzas los objetos?

Esta adolescente forma parte de un circo itinerante de jóvenes que actúa en Nueva Inglaterra. Como es miembro de un circo, puede realizar acrobacias, como dar volteretas o balancearse en un trapecio. En general, estas proezas parecen desafiar la gravedad y ser peligrosas, pero los trapecistas saben cómo hacer para caer de manera segura.

**Desarrolla hipótesis** ¿Cómo cae de pie esta atleta?

_____

_____

_____

_____

_____

_____

> **UNTAMED SCIENCE** Mira el video de **Untamed Science** para aprender más sobre las fuerzas.

# 2 Para comenzar

## Verifica tu comprensión

**1. Preparación** Lee el párrafo siguiente y luego responde la pregunta.

El tablero de mandos de un automóvil muestra la **rapidez** para que sepas cuán rápido estás yendo. Como esta lectura no cambia al girar, desconoces la **velocidad** del vehículo. Si el automóvil mostrara el cambio en la velocidad, podrías calcular su **aceleración**.

> La **rapidez** es la distancia que viaja un objeto por unidad de tiempo.
>
> La **velocidad** es la rapidez en una dirección dada.
>
> La **aceleración** es el ritmo al que cambia la velocidad con el tiempo.

- ¿Cuáles son las tres maneras de acelerar (cambiar la velocidad)?

_____

_____

> **MY READING WEB** Si tuviste dificultades para responder la pregunta anterior, visita **My Reading Web** y escribe **Forces**.

## Destreza de vocabulario

**Palabras de origen latino** Muchas palabras científicas en español provienen del latín. Por ejemplo, la palabra *solar*, que significa "del sol", proviene del latín *sol*.

| Palabra latina | Significado de la palabra latina | Ejemplo |
|---|---|---|
| *fortis* | fuerte | fuerza, (s.) empuje o atracción que se ejerce sobre un cuerpo |
| *iners* | inactividad | inercia, (s.) tendencia de un cuerpo de resistirse a cambios de movimiento |
| *centrum* | centro | fuerza centrípeta, (s.) fuerza que hace que un objeto se mueva circularmente |

**2. Verificación rápida** Elige la palabra que mejor completa la oración.

- _____ siempre apunta hacia el centro de un círculo.

fuerza

ZOOLÓGICO

fricción

gravedad

inercia

# Vistazo al capítulo

### LECCIÓN 1
- fuerza
- newton
- fuerza neta

  ↻ **Relaciona el texto y los elementos visuales**

  △ **Haz modelos**

### LECCIÓN 2
- fricción
- fricción de deslizamiento
- fricción estática
- fricción de fluido
- fricción de rodamiento
- gravedad
- masa
- peso

  ↻ **Identifica la evidencia de apoyo**

  △ **Diseña experimentos**

### LECCIÓN 3
- inercia

  ↻ **Pregunta**

  △ **Infiere**

### LECCIÓN 4
- momento
- principio de la conservación del momento

  ↻ **Identifica la idea principal**

  △ **Calcula**

### LECCIÓN 5
- caída libre
- satélite
- fuerza centrípeta

  ↻ **Relaciona causa y efecto**

  △ **Crea tablas de datos**

▷ **VOCAB FLASH CARDS** Para obtener más ayuda con el vocabulario, visita *Vocab Flash Cards* y escribe *Forces*.

31

# La naturaleza de la fuerza

DESCUBRE LA PREGUNTA PRINCIPAL

▣ ¿Cómo se describen las fuerzas?

▣ ¿Cómo afectan las fuerzas al movimiento?

## mi DiaRio DeL pLaneTa                    CONCEPTOS ERRÓNEOS

### Obligado a cambiar

**Concepto erróneo:** Cualquier objeto puesto en movimiento reducirá la velocidad por sí solo.

**Hecho:** Se necesita una fuerza para cambiar el estado de movimiento de un objeto.

Una pelota de fútbol está en reposo. Te acercas, la pateas y vuela hasta el otro lado del campo. Finalmente, disminuye la velocidad hasta detenerse. Aplicaste una fuerza para que comenzara a moverse y luego se detuvo sola, ¿correcto?

¡No! Las fuerzas generan todos los cambios de movimiento. Así como aplicaste una fuerza a la pelota para sacarla de su estado de reposo, el suelo aplicó una fuerza para disminuir su velocidad hasta detenerla. Si el suelo no le aplicara una fuerza, la pelota seguiría rodando constantemente sin disminuir la velocidad ni detenerse.

**Responde las preguntas siguientes.**

1. Da un ejemplo de una fuerza que aplicas para disminuir la velocidad de algo.

_____

_____

2. ¿Dónde sería posible patear una pelota de fútbol y que no redujera nunca su velocidad?

_____

_____

_____

▷ PLANET DIARY Consulta *Planet Diary* para aprender más en inglés sobre las fuerzas.

Zona de laboratorio   Haz la Indagación preliminar *¿La fuerza está contigo?*

**Vocabulario**
- fuerza
- newton
- fuerza neta

**Destrezas**

↻ Lectura: Relaciona el texto y los elementos visuales

△ Indagación: Haz modelos

# ¿Cómo se describen las fuerzas?

En ciencias, la palabra *fuerza* tiene un significado simple y específico. Una **fuerza** es un empuje o atracción. Cuando un cuerpo empuja o atrae a otro cuerpo, el primero ejerce una fuerza sobre el segundo. Ejerces una fuerza sobre la tecla de una computadora cuando la presionas. Ejerces una fuerza sobre una silla cuando la alejas de una mesa.

🔑 **Al igual que la velocidad y la aceleración, una fuerza se describe por su intensidad y por la dirección en la que actúa.** La fuerza que empleas para empujar hacia la izquierda es distinta de la que empleas para empujar hacia la derecha. La dirección e intensidad de una fuerza se pueden representar con una flecha. La punta de la flecha señala la dirección de la fuerza, como muestra la **ilustración 1**. La longitud de la flecha indica la intensidad de la fuerza: cuanto más larga es la flecha, más grande es la fuerza. La intensidad de una fuerza se mide con la unidad del SI denominada **newton** (N), en honor al científico Sir Isaac Newton.

ILUSTRACIÓN 1 ·······

## Cómo describir las fuerzas

Las fuerzas actúan sobre ti siempre que tu movimiento cambia. En las fotografías de la derecha, dos hombres están festejando una victoria olímpica. Las fuerzas hacen que se atraigan entre sí para abrazarse, se inclinen y se caigan en la piscina.

✎ **Identifica** En el recuadro de cada fotografía, traza una flecha que represente la fuerza que actúa sobre la persona de la derecha. La primera está hecha como ejemplo.

Zona de laboratorio ▶ Haz la Actividad rápida de laboratorio ¿Qué es la fuerza?

## 🔑 Evalúa tu comprensión

¿comprendiste? ·······

○ ¡Comprendí! Ahora sé que las fuerzas se describen según _____

_____

○ Necesito más ayuda con _____

Consulta MY SCIENCE ⓢ COACH en línea para obtener ayuda en inglés sobre este tema.

> **INTERACTIVE ART** Fuerza neta

El cambio en el movimiento de un objeto se determina por la fuerza neta que actúa sobre él.

✏️ **Haz modelos** **En los recuadros siguientes calcula la fuerza neta para cada situación y traza una flecha para representarla.**

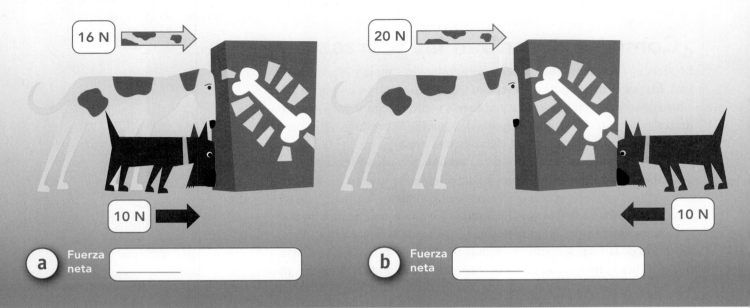

**a** Fuerza neta _____

**b** Fuerza neta _____

## ¿Cómo afectan las fuerzas al movimiento?

A menudo más de una fuerza actúa sobre un cuerpo al mismo tiempo. La combinación de todas las fuerzas que actúan sobre un cuerpo se denomina **fuerza neta.** La fuerza neta determina si un cuerpo acelerará y cómo acelerará.

Para hallar la fuerza neta de un cuerpo, puedes sumar las intensidades de todas las fuerzas individuales que actúan sobre él. Observa la **ilustración 2a**. El perro grande empuja la caja con una fuerza de 16 N hacia la derecha. El perro pequeño empuja la caja con una fuerza de 10 N hacia la derecha. La fuerza neta sobre la caja es la suma de esas fuerzas. La caja se acelerará hacia la derecha. En este caso, existe una fuerza neta distinta de cero. 🔑 **Una fuerza neta distinta de cero produce un cambio en el movimiento de un cuerpo.**

¿Qué sucede si las fuerzas ejercidas sobre un objeto no actúan en la misma dirección? En la **ilustración 2b**, el perro grande empuja con una fuerza de 20 N. El pequeño continúa empujando con una fuerza de 10 N, pero ahora lo hacen en dirección opuesta. Cuando las fuerzas sobre un cuerpo actúan en direcciones opuestas, la intensidad de la fuerza neta se obtiene restando la intensidad de la fuerza menor de la intensidad de la fuerza mayor. Puedes seguir pensando esto como la *suma* de las fuerzas si consideras que todas las fuerzas que actúan hacia la derecha son positivas y todas las fuerzas hacia la izquierda son negativas. La caja se acelerará hacia la derecha. Cuando las fuerzas actúan en direcciones opuestas, la fuerza neta tiene la misma dirección que la fuerza mayor.

🔁 **Relaciona el texto y los elementos visuales** Usa la información del texto para determinar la fuerza neta de estas dos flechas de fuerza.

Encierra en un círculo la fuerza neta.

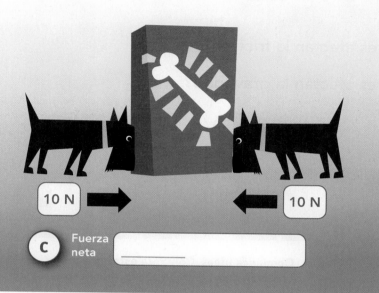

**C** Fuerza neta _____

Usa lo que sabes sobre la fuerza neta para describir el movimiento de la caja en la **ilustración 2c.** Imagina que la caja comienza en reposo.

_____
_____
_____
_____

## ¡aplícalo!

**1** Tiras de la correa de tu perro hacia la derecha con una fuerza de 12 N. Tu perro tira hacia la izquierda con una fuerza de 6 N. Dibuja esta situación en el espacio que sigue. Incluye las flechas de las fuerzas rotuladas.

**2** ¿Cuál es la fuerza neta sobre la correa? Calcúlala. Dibújala y rotúlala en el espacio anterior.

_____

 **Zona** de **laboratorio** Haz la Actividad rápida de laboratorio *Un modelo de las fuerzas desequilibradas.*

## 🔑 Evalúa tu comprensión

**1a. Calcula** Empujas un escritorio con una fuerza de 120 N hacia la derecha. Tu amiga empuja el mismo objeto con una fuerza de 90 N hacia la izquierda. ¿Cuál es la fuerza neta que ejercen sobre el mueble?

_____
_____

**b. Predice** Tu amiga aumenta la fuerza sobre el escritorio en 30 N. No cambia la dirección del empuje. ¿Qué sucede con la fuerza neta sobre el escritorio? ¿Se acelerará el escritorio?

_____
_____

## ¿comprendiste? ......................................................

○ **¡Comprendí!** Ahora sé que los cambios en el movimiento se producen a causa de _____
_____

○ **Necesito más ayuda con** _____

*Consulta* **my science** 💬 **coach** *en línea para obtener ayuda en inglés sobre este tema.*

# Fricción y gravedad

DESCUBRE LA PREGUNTA PRINCIPAL

🔑 ¿Qué factores afectan la fricción?

🔑 ¿Qué factores afectan la gravedad?

## mi DiaRio DeL pLaneta

**PROFESIONES**

### Atletas del espacio

¿Alguna vez has visto imágenes de astronautas jugando al golf en la Luna o jugando a atrapar una pelota en una estación espacial? Las pelotas de golf y de béisbol pueden flotar o volar lejos en el espacio, donde las fuerzas gravitatorias son más débiles que en la Tierra. ¡Imagínate cómo serían los deportes profesionales en condiciones de gravedad reducida!

No hará falta que imagines esta situación mucho tiempo más. Al menos una compañía se especializa en vuelos de avión que simulan un medio ambiente de gravedad reducida. Similares a los vuelos de entrenamiento de NASA que los astronautas usan cuando se preparan para ir al espacio, estos vuelos permiten a los pasajeros volar por la cabina. En medio ambientes con gravedad reducida, los atletas pueden realizar saltos o acrobacias que serían imposibles en la Tierra. A medida que avance la tecnología, se podrían construir estadios permanentes en el espacio para toda una nueva generación de atletas.

**Comunica ideas** Comenta estas preguntas con un compañero y luego escribe tus respuestas en los espacios que siguen.

1. Los deportes pueden ser más divertidos en condiciones de gravedad reducida. ¿Qué trabajos podrían ser más difíciles o menos divertidos en el espacio? ¿Por qué?

_____

_____

_____

2. ¿Qué tipos de deportes consideras que podrían resultar más divertidos en el espacio? ¿Por qué?

_____

_____

▶ PLANET DIARY Consulta *Planet Diary* para aprender más en inglés sobre las fuerzas cotidianas.

Zona de laboratorio Haz la Indagación preliminar *Observar la fricción.*

## Vocabulario

- fricción • fricción de deslizamiento • fricción estática
- fricción de fluido • fricción de rodamiento • gravedad
- masa • peso

## Destrezas

Lectura: Identifica la evidencia de apoyo

Indagación: Diseña experimentos

# ¿Qué factores afectan la fricción?

Si deslizas un libro sobre una mesa, la superficie del libro roza, o se frota, contra la superficie de la mesa. Se denomina **fricción** a la fuerza que dos superficies ejercen una sobre la otra al frotarse.

**Dos factores que afectan la fuerza de la fricción son los tipos de superficies en contacto y la intensidad con que se presionan mutuamente esas superficies.** El jugador de fútbol americano de la **ilustración 1** está empujando un trineo para practicar bloqueos. Si el entrenador quisiera dificultarle la tarea, podría cambiar la superficie del trineo. Si cubriera la parte inferior del aparato con goma aumentaría la fricción y resultaría más difícil de mover. En general, las superficies lisas generan menos fricción que las superficies ásperas.

¿Qué pasaría si el jugador usara un trineo más pesado? Le resultaría más difícil mover el aparato porque éste ejercería mayor presión contra el suelo. Del mismo modo, si te frotas las manos con energía, hay más fricción que si las frotas suavemente. La fricción es mayor cuando las superficies se rozan con más intensidad entre sí.

La fricción actúa en la dirección opuesta a la dirección del movimiento del cuerpo. Sin fricción, un cuerpo en movimiento no se detendrá hasta chocar con otro.

**Vocabulario** Palabras de origen latino *Fricción* proviene del latín *fricare*. Según la definición de fricción, ¿qué piensas que significa *fricare*?

○ arder
○ frotar
○ derretirse

ILUSTRACIÓN 1 ......................................................

**> ART IN MOTION** **Fricción y diferentes superficies**

La intensidad de la fricción depende de los tipos de superficies en contacto. ✎ **Sigue la secuencia** Clasifica las superficies anteriores de la más fácil (1) a la más difícil (3), según el grado de dificultad que tendría empujar sobre ellas un trineo. (Todas las superficies son planas). ¿Qué revela esta clasificación sobre la cantidad de fricción que hay sobre estas superficies?

_____

_____

### Fricción de deslizamiento

La **fricción de deslizamiento** ocurre cuando dos superficies sólidas se deslizan una sobre la otra y hace que los objetos en movimiento disminuyan la velocidad hasta detenerse. Sin esta fricción, un pingüino que se desliza por una colina no pararía hasta chocar contra un muro.

✏️ **Clasifica** Rotula cinco ejemplos de fricción de deslizamiento y compara tus ejemplos con un compañero.

La fricción actúa en sentido opuesto a la dirección del movimiento.

Dirección del movimiento →

← Fricción

### Fricción estática

La **fricción estática** actúa sobre los cuerpos que no están en movimiento. Imagínate que intentas empujar un sofá hasta el otro lado de la habitación. Si no empujas lo suficiente, el sofá no se moverá. La fuerza que impide que se mueva se denomina fricción estática. Una vez que empujas con la suficiente fuerza como para vencer la fricción estática, el sofá comienza a moverse y no hay más fricción estática. Sin embargo, hay fricción de deslizamiento.

✏️ **Clasifica** Rotula cinco ejemplos de fricción estática y compara tus ejemplos con un compañero.

Traza una flecha para representar la fuerza friccional que se ejerce.

OOLÓGICO

GRULLA

LEÓN

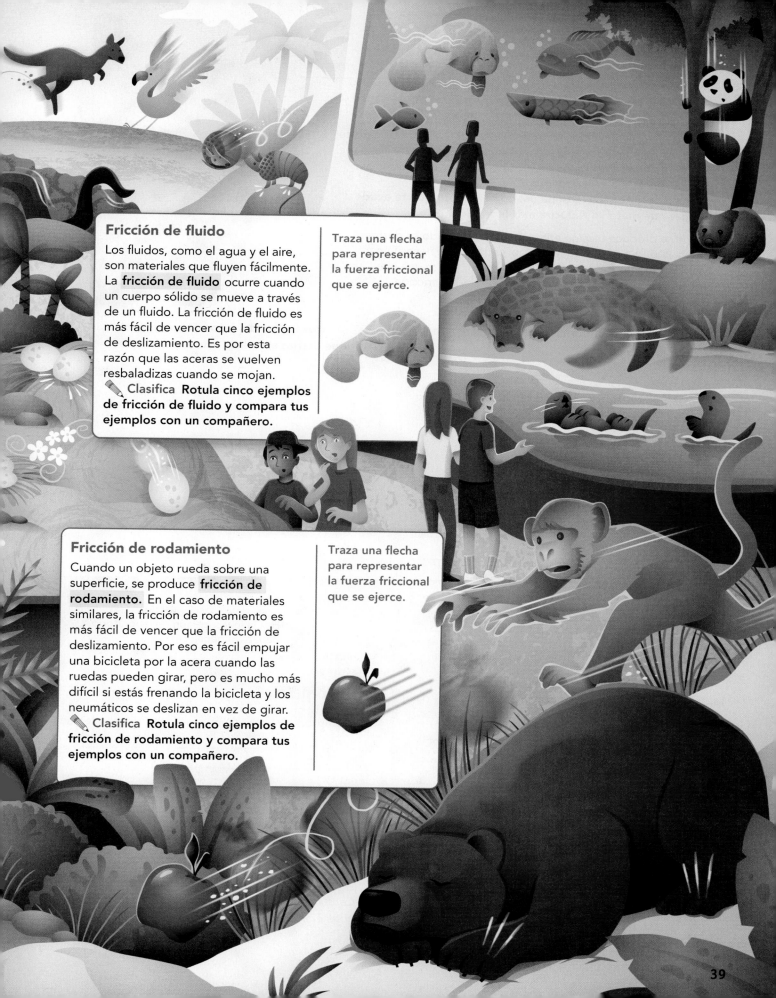

## Fricción de fluido

Los fluidos, como el agua y el aire, son materiales que fluyen fácilmente. La **fricción de fluido** ocurre cuando un cuerpo sólido se mueve a través de un fluido. La fricción de fluido es más fácil de vencer que la fricción de deslizamiento. Es por esta razón que las aceras se vuelven resbaladizas cuando se mojan.

✏️ Clasifica **Rotula cinco ejemplos de fricción de fluido y compara tus ejemplos con un compañero.**

Traza una flecha para representar la fuerza friccional que se ejerce.

## Fricción de rodamiento

Cuando un objeto rueda sobre una superficie, se produce **fricción de rodamiento.** En el caso de materiales similares, la fricción de rodamiento es más fácil de vencer que la fricción de deslizamiento. Por eso es fácil empujar una bicicleta por la acera cuando las ruedas pueden girar, pero es mucho más difícil si estás frenando la bicicleta y los neumáticos se deslizan en vez de girar.

✏️ Clasifica **Rotula cinco ejemplos de fricción de rodamiento y compara tus ejemplos con un compañero.**

Traza una flecha para representar la fuerza friccional que se ejerce.

# ¡aplícalo!

Tu familia se muda y no sabe muy bien cuál es la mejor manera de reducir la fricción al mover los muebles. Tienes una balanza de resorte, bloques de madera para representar los muebles y papel de lija, papel de aluminio, canicas y aceite de oliva como posibles superficies por donde deslizar los muebles.

△ **Diseña experimentos** Diseña una experimento que te ayude a determinar qué material reducirá más la fricción.

Sabes que se produce fricción entre superficies cuando se deslizan una contra la otra. Si mides la fuerza aplicada que se necesita para empujar algo sobre una superficie, sabes que la fuerza que ejercerías (aumentaría/disminuiría) a medida que aumentara la fricción.

**PASO ①** **Mide** ¿Cómo determinarías la fuerza aplicada en este experimento?

_____
_____
_____

**PASO ②** **Controla las variables** ¿Qué variables deberías controlar para mantener exactos tus resultados?

_____
_____
_____

**PASO ③** **Crea tablas de datos** Dibuja la tabla de datos que usarías al realizar este experimento.

---

**Zona de laboratorio** Haz la Investigación de laboratorio *Zapatillas pegajosas*.

## 🔑 Evalúa tu comprensión

**1a. Haz una lista** Nombra cuatro tipos de fricción y da un ejemplo de cada uno.

_____
_____
_____
_____
_____

**b. Clasifica** ¿Qué tipos de fricción se producen entre los neumáticos de tu bicicleta y el suelo cuando vas andando sobre cemento, pasas por un charco y frenas?

_____

### ¿comprendiste?

○ **¡Comprendí!** Ahora sé que los factores que afectan la fricción son _____
_____
_____
_____
_____

○ **Necesito más ayuda con** _____

Consulta **MY SCIENCE** 🔵 **COACH** *en línea para obtener ayuda en inglés sobre este tema.*

# ¿Qué factores afectan la gravedad?

Una paracaidista se sorprendería si saltara de un avión y no cayera. Estamos tan acostumbrados a que los objetos caigan que tal vez no hayamos pensado por qué caen. Una persona que sí lo hizo fue Sir Isaac Newton. Él llegó a la conclusión de que una fuerza actúa para atraer a los cuerpos hacia el centro de la Tierra. La **gravedad** es una fuerza que atrae a los cuerpos entre sí.

## Gravitación universal

Newton se dio cuenta de que la gravedad actuaba en cualquier lugar del universo, no sólo en la Tierra. Es la fuerza que hace que los paracaidistas de la **ilustración 2** caigan al suelo. Es la fuerza que mantiene a la Luna en órbita alrededor de la Tierra. Es la fuerza que mantiene a todos los planetas de nuestro sistema solar en órbita alrededor del Sol.

Lo que Newton comprendió se denomina ley de gravitación universal. La ley de gravitación universal establece que la fuerza de gravedad actúa entre todos los cuerpos del universo que tienen masa. Esto significa que dos cuerpos en el universo que tienen masa se atraen entre sí. En tu caso, estás atraído no sólo por la Tierra sino por la Luna, los demás planetas del sistema solar y todos los cuerpos que te rodean. Tu también atraes hacia ti a la Tierra y los objetos a tu alrededor. Sin embargo, no notas la atracción entre objetos pequeños porque estas fuerzas son extremadamente pequeñas en comparación con la fuerza de atracción de la Tierra.

ILUSTRACIÓN 2 ·······

### Observar la gravedad

Newton publicó su trabajo sobre la gravedad en 1687.

✎ **Observa** ¿Qué observaciones podrías hacer hoy en día que te llevarían a las mismas conclusiones sobre la gravedad? Escribe tus ideas en los espacios que siguen.

_____

_____

_____

_____

_____

_____

## Factores que afectan la gravedad

Existe una fuerza gravitatoria entre dos cuerpos cualesquiera del universo. Sin embargo, no ves tu lápiz volar hacia la pared de la manera en que lo ves caer hacia la Tierra. Eso se debe a que la fuerza gravitatoria entre algunos cuerpos es más fuerte que la fuerza entre otros. Solamente se observan los efectos de las fuerzas gravitatorias más intensas. **Dos factores afectan la atracción gravitatoria entre los cuerpos: la masa y la distancia.** La **masa** es una medida de la cantidad de materia que hay en un cuerpo. La unidad de masa del SI es el kilogramo.

Cuanta más masa tenga un cuerpo, mayor será la fuerza gravitatoria entre ese cuerpo y otros cuerpos. La fuerza gravitatoria de la Tierra sobre cuerpos cercanos es fuerte porque la masa de la Tierra es grande. Los planetas más grandes de la **ilustración 3** interactúan con una fuerza gravitatoria mayor que los planetas más pequeños. La fuerza gravitatoria también depende de la distancia entre los centros de los cuerpos. A medida que aumenta la distancia, la fuerza gravitatoria disminuye. Es por eso que la Tierra puede ejercer una fuerza visible sobre un lápiz en tu habitación y no sobre un lápiz en la Luna.

🔍 **Identifica la evidencia de apoyo** Subraya los factores que determinan la intensidad de la fuerza gravitatoria entre dos cuerpos.

ILUSTRACIÓN 3 ·······························

## Atracción gravitatoria

La atracción gravitatoria depende de dos factores: la masa y la distancia. Imagínate que hubiera un sistema solar que se viera así.

✏️ **Interpreta diagramas** Consulta el diagrama siguiente para comparar la fuerza gravitatoria entre los diferentes planetas y su sol. Imagina que todos los planetas son del mismo material, por lo que los de mayor tamaño tienen más masa.

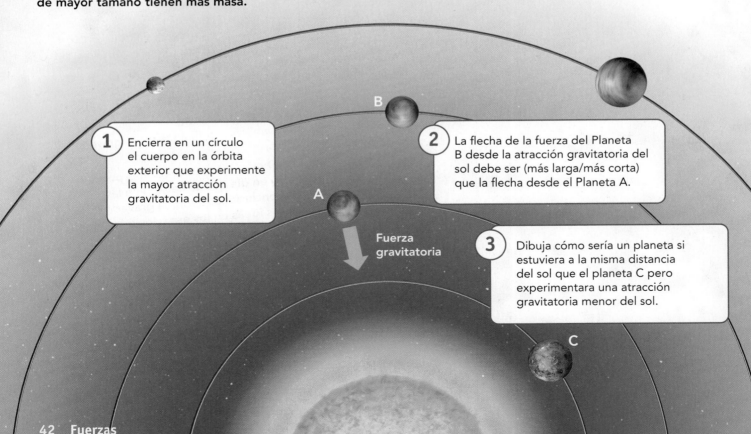

1 Encierra en un círculo el cuerpo en la órbita exterior que experimente la mayor atracción gravitatoria del sol.

2 La flecha de la fuerza del Planeta B desde la atracción gravitatoria del sol debe ser (más larga/más corta) que la flecha desde el Planeta A.

3 Dibuja cómo sería un planeta si estuviera a la misma distancia del sol que el planeta C pero experimentara una atracción gravitatoria menor del sol.

B

A

Fuerza gravitatoria

C

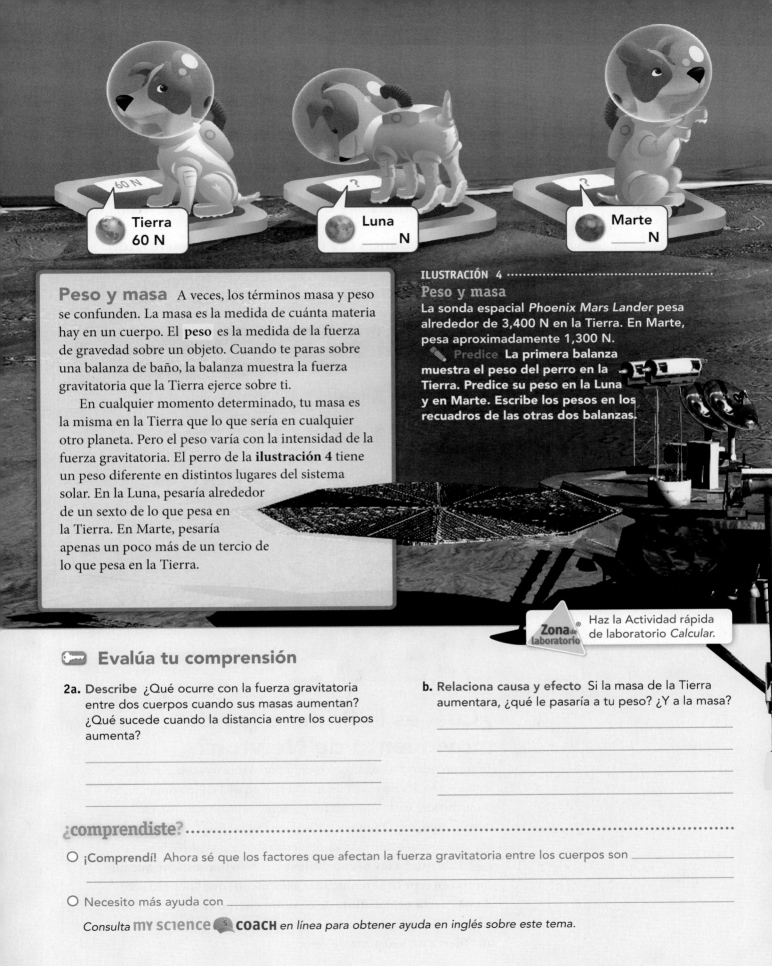

**Tierra**
60 N

**Luna**
_____ N

**Marte**
_____ N

**Peso y masa** A veces, los términos masa y peso se confunden. La masa es la medida de cuánta materia hay en un cuerpo. El **peso** es la medida de la fuerza de gravedad sobre un objeto. Cuando te paras sobre una balanza de baño, la balanza muestra la fuerza gravitatoria que la Tierra ejerce sobre ti.

En cualquier momento determinado, tu masa es la misma en la Tierra que lo que sería en cualquier otro planeta. Pero el peso varía con la intensidad de la fuerza gravitatoria. El perro de la **ilustración 4** tiene un peso diferente en distintos lugares del sistema solar. En la Luna, pesaría alrededor de un sexto de lo que pesa en la Tierra. En Marte, pesaría apenas un poco más de un tercio de lo que pesa en la Tierra.

**ILUSTRACIÓN 4** ··························

**Peso y masa**
La sonda espacial *Phoenix Mars Lander* pesa alrededor de 3,400 N en la Tierra. En Marte, pesa aproximadamente 1,300 N.

✎ **Predice** La primera balanza muestra el peso del perro en la Tierra. Predice su peso en la Luna y en Marte. Escribe los pesos en los recuadros de las otras dos balanzas.

**Zona** de **laboratorio** Haz la Actividad rápida de laboratorio *Calcular*.

🔑 **Evalúa tu comprensión**

**2a. Describe** ¿Qué ocurre con la fuerza gravitatoria entre dos cuerpos cuando sus masas aumentan? ¿Qué sucede cuando la distancia entre los cuerpos aumenta?

_____

_____

_____

**b. Relaciona causa y efecto** Si la masa de la Tierra aumentara, ¿qué le pasaría a tu peso? ¿Y a la masa?

_____

_____

_____

**¿comprendiste?** ·······································································

○ **¡Comprendí!** Ahora sé que los factores que afectan la fuerza gravitatoria entre los cuerpos son _____

_____

○ Necesito más ayuda con _____

Consulta MY SCIENCE COACH en línea para obtener ayuda en inglés sobre este tema.

# Leyes de movimiento de Newton

DESCUBRE LA PREGUNTA PRINCIPAL

- ¿Cuál es la Primera ley de movimiento de Newton?
- ¿Cuál es la Segunda ley de movimiento de Newton?
- ¿Cuál es la Tercera ley de movimiento de Newton?

## mi Diario Del planeta

### La fuerza de un caballo

"Si un caballo arrastra una piedra atada a una cuerda, el caballo (por así decirlo) será también arrastrado hacia atrás...".

—Sir Isaac Newton

Durante cientos de años, los científicos han usado ejemplos de la vida diaria para explicar sus ideas. La cita pertenece a *Principios matemáticos de la filosofía natural* de Newton, publicado por primera vez en la década de 1680. Newton usó este libro para sentar las bases de sus leyes de movimiento. Estas tres leyes simples describen gran parte del movimiento que te rodea y hoy en día continúan siendo objeto de estudio.

## VOCES DE LA HISTORIA

**Responde la pregunta siguiente.**

¿Qué descubrimientos científicos actuales podrían enseñarse en la escuela dentro de cientos de años?

_____

_____

_____

_____

> PLANET DIARY Consulta *Planet Diary* para aprender más en inglés sobre Newton.

**Zona de laboratorio** Haz la Indagación preliminar *¿Qué cambia al movimiento?*

## ¿Cuál es la Primera ley de movimiento de Newton?

Te sorprenderías si una roca rodara por sí sola o si una gota de lluvia se frenara en el aire. Si un cuerpo no está en movimiento, no se moverá hasta que una fuerza actúe sobre él y, si está en movimiento, seguirá moviéndose a una velocidad constante hasta que una fuerza actúe para cambiar su rapidez o su dirección.

 **La Primera ley de movimiento de Newton sostiene que un cuerpo en reposo se mantendrá así a menos que se ejerza sobre él una fuerza neta distinta de cero. Un cuerpo en movimiento a velocidad constante se mantendrá así a menos que se ejerza sobre él una fuerza neta distinta de cero.**

## Vocabulario
• inercia

## Destrezas
 Lectura: Pregunta
 Indagación: Infiere

**Inercia** Todos los cuerpos, en movimiento o no, resisten los cambios de movimiento. La resistencia a los cambios de movimiento se denomina **inercia.** La Primera ley de movimiento de Newton se conoce también como ley de inercia. La inercia explica muchas situaciones comunes, incluso por qué te mueves hacia delante en tu asiento cuando el automóvil en el que te encuentras se detiene de repente. Sigues moviéndote hacia delante debido a la inercia. Se necesita una fuerza, como la atracción de un cinturón de seguridad, para atraerte hacia atrás. Por esta misma razón, las montañas rusas como la de la **ilustración 1** cuentan con barras de seguridad.

## La inercia depende de la masa
Algunos cuerpos tienen más inercia que otros. Imagínate que debes mover una mochila vacía y una mochila llena. Cuanto mayor sea la masa de un cuerpo, mayor será su inercia y mayor será la fuerza necesaria para cambiar su movimiento. La mochila llena es más difícil de mover que la vacía porque tiene más masa y, por lo tanto, más inercia.

ILUSTRACIÓN 1 ·········
### Inercia
Una montaña rusa es difícil de detener porque tiene mucha inercia. **Infiere  Usa la Primera ley de movimiento de Newton para explicar por qué te sacudes cada vez que una montaña rusa pasa por una cuesta o un giro.**

_____
_____
_____
_____
_____
_____

 **Zona de laboratorio** Haz la Actividad rápida de laboratorio *Dar vueltas y vueltas.*

## Evalúa tu comprensión

**¿comprendiste?** ·····································

○ **¡Comprendí!** Ahora sé que la Primera ley de movimiento de Newton establece que _____
_____

○ Necesito más ayuda con _____

*Consulta* **MY SCIENCE COACH** *en línea para obtener ayuda en inglés sobre este tema.*

# ¿Cuál es la Segunda ley de movimiento de Newton?

¿Qué es más difícil de empujar: un carrito de las compras lleno o uno vacío? ¿Quién puede generar una aceleración mayor sobre un carrito de las compras: un niño pequeño o un adulto?

**Cambios en la fuerza y la masa** Imagínate que aumentas la fuerza que ejerces sobre un carrito sin variar su masa. La aceleración del carrito también aumentará. Tu carrito también acelerará más si algo se cae. Esto reduce la masa del carrito y tú sigues empujando con la misma fuerza. La aceleración del trineo de la **ilustración 2** cambiará según la masa de las personas que lo ocupen y la fuerza que apliquen los perros. Newton se dio cuenta de estas relaciones y encontró una manera de representarlas matemáticamente.

**Determinar la aceleración** 🔑 **La Segunda ley de movimiento de Newton establece que la aceleración de un cuerpo depende de su masa y de la fuerza neta que actúa sobre él.** Esta relación se puede expresar de la manera siguiente.

$$\text{Aceleración} = \frac{\text{Fuerza neta}}{\text{Masa}}$$

Esta fórmula se puede modificar para mostrar cuánta fuerza se debe aplicar sobre un cuerpo para que acelere a un ritmo determinado.

$$\text{Fuerza neta} = \text{Masa} \times \text{Aceleración}$$

ILUSTRACIÓN 2 ·······················

**Segunda ley de Newton**
Imagínate que cuatro perros tiran de un trineo que lleva a dos personas.

✎ **Explica** Usa palabras y completa las imágenes para mostrar cómo puedes cambiar la disposición de los perros/de las personas para cambiar la aceleración del trineo.

| ¿Cómo podrías aumentar la aceleración del trineo? |
| --- |
| _____ |
| _____ |
| _____ |
| _____ |

| ¿Cómo podrías disminuir la aceleración del trineo? |
| --- |
| _____ |
| _____ |
| _____ |
| _____ |

La aceleración se mide en metros por segundo por segundo (m/s²). La masa se mide en kilogramos (kg). La Segunda ley de Newton muestra que la fuerza se mide en kilogramos por metros por segundo por segundo (kg·m/s²). Esta unidad también se conoce como newton (N), que es la unidad de fuerza del SI. Un newton es la fuerza necesaria para dar a una masa de 1 kg una aceleración de 1 m/s².

# ¡Usa las matemáticas!

Cada año, en distintas ciudades del mundo, distintos equipos crean automóviles, los empujan sobre plataformas y esperan que vuelen. Desafortunadamente, los automóviles siempre aceleran y terminan cayendo al agua.

**1** **Calcula** Si una fuerza neta de 100 N actúa sobre un automóvil que pesa 50 kg, ¿cuál será la aceleración del automóvil?

_____

**2** Después de que el mismo automóvil abandona la plataforma, la gravedad lo hace acelerar hacia abajo a una velocidad de 9.8 m/s². ¿Cuál es la fuerza gravitatoria sobre el vehículo?

_____

Zona de laboratorio®  Haz la Actividad rápida de laboratorio *La Segunda ley de Newton.*

## Evalúa tu comprensión

**1a. Repasa** ¿Qué ecuación te permite calcular la fuerza que actúa sobre un cuerpo?

_____

**b. Calcula** ¿Cuál es la fuerza neta de una patineta de 2 kg que acelera a una velocidad de 2 m/s²?

_____

**c. Predice** Si la masa de la patineta se duplicara, pero la fuerza neta permaneciera constante, ¿qué le sucedería a la aceleración de la patineta?

_____

_____

## ¿comprendiste? ......................................................................

○ **¡Comprendí!** Ahora sé que la Segunda ley de movimiento de Newton describe la relación _____

_____

○ Necesito más ayuda con _____

Consulta MY SCIENCE ⬤s COACH *en línea para obtener ayuda en inglés sobre este tema.*

Fuerza de reacción    Fuerza de acción

ILUSTRACIÓN 3 ·······························

**Los pares acción-reacción**
Una nadadora se mueve porque el agua
la empuja hacia delante cuando ella empuja
el agua hacia atrás.

🖊 **Interpreta diagramas** Dibuja flechas para
mostrar las fuerzas de acción y reacción entre
la gimnasta y la barra de equilibrio. Dibuja tu
propio ejemplo en el espacio en blanco.

## ¿Cuál es la Tercera ley de movimiento de Newton?

Si te apoyaras contra una pared y, a su vez, la pared no ejerciera una
fuerza hacia ti, te caerías. La fuerza que ejerce la pared es igual en
intensidad y opuesta en dirección a la fuerza que ejerces sobre la pared.
🔑 **La Tercera ley de movimiento de Newton establece que si un
cuerpo ejerce una fuerza sobre otro, entonces el segundo ejerce una
fuerza de igual intensidad en la dirección opuesta al primer cuerpo.**
Otra forma de expresar la Tercera ley de Newton es que para cada acción
existe una reacción igual, pero opuesta.

**Los pares acción-reacción** Los pares de fuerzas de acción
y reacción están presentes a tu alrededor. Cuando caminas, empujas el
suelo hacia atrás con los pies. Piensa en esto como una fuerza de acción.
(No importa a qué fuerza se denomina fuerza de "acción" y a cuál se
denomina fuerza de "reacción"). A su vez, el suelo empuja tus pies hacia
delante con una fuerza igual y opuesta. Ésta es la fuerza de reacción.
¡Puedes caminar porque el suelo te empuja hacia delante! Del mismo
modo, la nadadora de la **ilustración 3** avanza ejerciendo una fuerza de
acción en el agua con sus manos. El agua empuja las manos con una
fuerza de reacción igual que impulsa su cuerpo hacia delante.

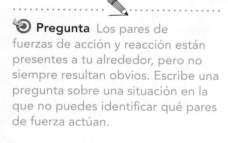

🖊 **Pregunta** Los pares de
fuerzas de acción y reacción están
presentes a tu alrededor, pero no
siempre resultan obvios. Escribe una
pregunta sobre una situación en la
que no puedes identificar qué pares
de fuerza actúan.

_____

_____

_____

_____

_____

**Cómo detectar el movimiento** Si dejas caer tu bolígrafo, la gravedad lo atrae hacia abajo. Según la Tercera ley de Newton, el bolígrafo atrae la Tierra hacia arriba con una fuerza de reacción igual y opuesta. Ves caer el bolígrafo. *No* ves que la Tierra se acelere en dirección al bolígrafo. Recuerda la Segunda ley de Newton. Si aumenta la masa y la fuerza permanece igual, la aceleración disminuye. La misma fuerza actúa sobre la Tierra y sobre tu bolígrafo. Como la Tierra tiene una masa tan grande, su aceleración es tan pequeña que no la percibes.

## ¿Las fuerzas de acción-reacción se cancelan?

Aprendiste que dos fuerzas iguales que actúan en direcciones opuestas sobre un cuerpo se cancelan entre sí y no producen un cambio en el movimiento. Entonces, ¿por qué las fuerzas de acción y de reacción del movimiento en la Tercera ley de Newton no se cancelan?

Las fuerzas de acción y de reacción no se cancelan porque actúan sobre cuerpos distintos. La nadadora de la **ilustración 3** ejerce una fuerza de acción hacia atrás sobre el agua. El agua ejerce una fuerza de reacción igual, pero opuesta hacia delante sobre sus manos. Las fuerzas de acción y de reacción actúan sobre cuerpos diferentes: la fuerza de acción actúa sobre el agua y la fuerza de reacción, sobre sus manos.

A diferencia de la nadadora y el agua, las jugadoras de vóleibol de la **ilustración 4** ejercen una fuerza sobre el mismo cuerpo: una pelota de vóleibol. Cada jugadora ejerce una fuerza sobre la pelota que es igual en intensidad, pero opuesta en dirección. Las fuerzas sobre la pelota están equilibradas. La pelota no se mueve hacia ninguna de las dos personas.

¿sabías
que...? ...........

La Tercera ley de movimiento de Newton explica por qué los cohetes aceleran en el espacio, aun cuando no hay agua ni aire para empujar. Dentro de los cohetes se produce gas. Cuando los cohetes empujan ese gas hacia atrás afuera del cohete, se produce una fuerza de reacción que lo empuja hacia delante.

Fuerzas sobre la mano

Fuerza sobre la pelota

Fuerza sobre la pelota

ILUSTRACIÓN 4 .....................

### Fuerzas de acción-reacción

Todas las fuerzas horizontales sobre la pelota de vóleibol se cancelan.

✏️ **Aplica conceptos** En la ilustración anterior de los perros, usa la Tercera ley de movimiento de Newton para trazar y rotular las flechas de las fuerzas faltantes para todos los cuerpos.

# ¿Qué hace que un insecto haga ¡paf!?

## ¿Cómo reaccionan a las fuerzas los objetos?

ILUSTRACIÓN 5

**VIRTUAL LAB** ¡Paf! Un insecto acaba de chocar contra el parabrisas de un automóvil que viene en dirección contraria. El golpe del automóvil al insecto debe haber sido mucho más fuerte que el del insecto al automóvil, ¿verdad? ✐ **Aplica conceptos** Usa las leyes de movimiento de Newton para dar sentido a la situación y responde las preguntas.

**A**

**El insecto**

Para que el insecto pueda volar, una fuerza debe empujarlo hacia delante. Identifica esta fuerza. ¿Cómo la produce el insecto? (*Pista:* Recuerda cómo se mueve la nadadora en el agua).

_____

_____

_____

_____

El insecto estaba en reposo, posado sobre un árbol, cuando vio el automóvil y decidió volar hacia él. Si el insecto tiene una masa de 0.05 kg y acelera a 2 m/s², ¿cuál es la fuerza neta sobre el insecto?

_____

10 - LG - SP

## B El automóvil

La conductora detesta matar insectos. Cuando vio venir a uno hacia el parabrisas, frenó de repente y deseó que el insecto se hubiera apartado del camino. (Lamentablemente, esto no ocurrió). Al frenar de repente, sintió que salía despedida hacia delante. Usa una de las leyes de Newton para explicar por qué.

_____
_____
_____
_____
_____

## C El golpe

Desafortunadamente, el insecto golpea el parabrisas con una fuerza de 1 N. Si consideras que ésta es la fuerza de acción, ¿cuál es la fuerza de reacción? ¿El automóvil golpea al insecto con una fuerza mayor que la que el insecto golpea al automóvil? Usa una de las leyes de Newton para explicar por qué.

_____
_____
_____
_____
_____

Compara nuevamente las fuerzas sobre el insecto y el automóvil. Usa otra de las leyes de Newton para explicar por qué el insecto choca contra el parabrisas y el automóvil sigue su marcha sin una disminución evidente de velocidad.

_____
_____
_____
_____

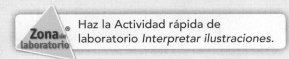

Zona de laboratorio Haz la Actividad rápida de laboratorio *Interpretar ilustraciones.*

## 🔑 Evalúa tu comprensión

**2a. Identifica** Un perro tira de la correa con una fuerza de 10 N hacia la izquierda, pero éste no se mueve. Identifica la fuerza de reacción.

_____
_____
_____

**b.** REPASA LA PREGUNTA PRINCIPAL Explica cómo reaccionan los objetos a las fuerzas por medio de las tres leyes de Newton.

_____
_____
_____
_____
_____
_____
_____
_____
_____
_____
_____
_____
_____
_____

## ¿comprendiste?.................................

○ **¡Comprendí!** Ahora sé que la Tercera ley de movimiento de Newton establece _____
_____
_____
_____

○ **Necesito más ayuda con** _____
_____
_____

Consulta MY SCIENCE COACH *en línea para obtener ayuda en inglés sobre este tema.*

# Momento

¿Qué es el momento de un cuerpo?

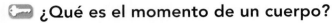

## mi DiaRio DeL pLaNeTa

## DATOS CURIOSOS

### La ciencia del hockey de mesa

¡Muy bien! ¡Acabas de marcar un gol! El disco está por entrar nuevamente en juego. ¿Cómo puedes sacar el disco de tu arco y enviarlo de regreso al arco de tu oponente? Uno de los factores a tener en cuenta es el momento. El momento es una cantidad física que tienen todos los cuerpos en movimiento. Si sabes acerca del momento, puedes predecir cómo actuará un cuerpo al chocar con otros objetos. Con sólo unos rápidos razonamientos científicos, ¡puedes hacer que el disco rebote sobre la mesa y termine en el arco de tu rival!

**Responde las preguntas siguientes.**

1. ¿Por qué sería mejor tratar de hacer rebotar un disco contra la pared en lugar de lanzarlo directo hacia el arco de tu rival?

_____

_____

_____

_____

2. ¿Dónde más podría ser útil saber cómo reaccionan los cuerpos después de chocar?

_____

_____

_____

**Zona** de **laboratorio** ® Haz la Indagación preliminar ¿Cuánta fuerza puedes hacer con una pajilla?

> **PLANET DIARY** Consulta *Planet Diary* para aprender más en inglés sobre el momento.

## Vocabulario

- momento
- principio de la conservación del momento

## Destrezas

- Lectura: Identifica la idea principal
- Indagación: Calcula

# ¿Qué es el momento de un cuerpo?

¿Qué es más difícil de detener: una bola de boliche o una canica? ¿Tu respuesta depende de la velocidad de los cuerpos? Todos los cuerpos en movimiento tienen lo que Newton denominó una "cantidad de movimiento". Hoy en día, lo denominamos momento. El **momento** es una característica de un cuerpo en movimiento que está relacionada con su masa y su velocidad. 🔑 **Para determinar el momento de un cuerpo en movimiento, se multiplica la masa del cuerpo por su velocidad.**

$$\text{Momento} = \text{Masa} \times \text{Velocidad}$$

Como la masa se mide en kilogramos y la velocidad en metros por segundo, la unidad de momento es kilogramos por metros por segundo (kg·m/s). Al igual que la velocidad, la aceleración y la fuerza, el momento se describe tanto por su dirección como por su intensidad. El momento de un cuerpo tiene la misma dirección que su velocidad.

Cuanto más momento tenga un cuerpo en movimiento, más difícil será detenerlo. Por ejemplo, una pelota de béisbol de 0.1 kg que se mueve a 40 m/s tiene un momento de 4 kg·m/s en la dirección en que se mueve.

$$\text{Momento} = 0.1 \text{ kg} \times 40 \text{ m/s}$$

$$\text{Momento} = 4 \text{ kg·m/s}$$

Pero un automóvil de 1,200 kg que se mueve con la misma velocidad que la pelota tiene un momento mucho mayor: 48,000 kg·m/s. La velocidad de un cuerpo también afecta la cantidad de momento que tiene. Por ejemplo, cuando un jugador de tenis profesional saca y le pega a una pelota de tenis, la pelota tiene un momento grande. Aunque la masa de la pelota sea pequeña, la pelota viaja a gran velocidad.

**Origen de las palabras** *Momento* proviene de la palabra latina *movere*. Según el significado de momento, ¿cuál de éstas es la definición de *movere*?

- ○ girar
- ○ moverse
- ○ sentarse

# ¡aplícalo!

**Calcula** En cada una de las preguntas siguientes, calcula la cantidad deseada.

**1** La leona tiene una masa de 180 kg y una velocidad de 16 m/s hacia la derecha. ¿Cuál es su momento?

_____

_____

_____

**2** El jabalí verrugoso tiene una masa de 100 kg. ¿Cuál debe ser la velocidad del jabalí para que tenga el mismo momento que la leona?

_____

_____

_____

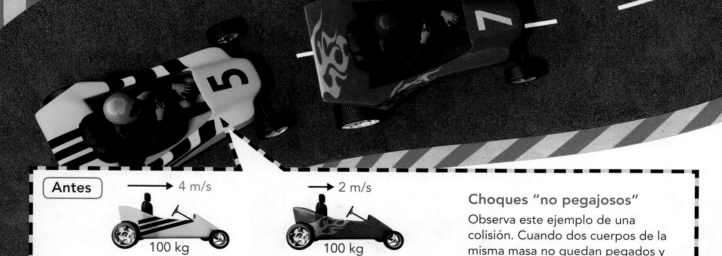

### Identifica la idea principal

Encierra en un círculo una oración que relacione la idea principal de esta sección con dos automóviles que chocan. Luego, subraya dos ejemplos de apoyo.

ILUSTRACIÓN 1 ·····································
**>INTERACTIVE ART** Conservación del momento

**Calcula** Completa las ecuaciones que describen el momento de cada choque. Identifica la dirección en cada caso.

## Conservación del momento

Imagínate que estás manejando un coche de *karting*. Si chocaras a otro coche que estaba en reposo y quedaras pegado a él, ¿qué crees que pasaría con tu momento? Antes de chocar, tu momento era sólo tu masa multiplicada por tu velocidad. ¿De qué manera la masa adicional cambió ese momento? En realidad, no la modificó en absoluto.

Una cantidad que se conserva es la misma antes y después de un suceso. El **principio de la conservación del momento** establece que, en ausencia de fuerzas externas como la fricción, la cantidad de momento total de los cuerpos que interactúan no cambia. La cantidad de momento que tienen dos automóviles es la misma antes y después de su interacción. **La cantidad de momento total de cualquier grupo de cuerpos permanece igual, o se conserva, a menos que fuerzas externas actúen sobre ellos.**

---

**Antes**    → 4 m/s

100 kg

Momento = 400 kg·m/s a la derecha

Momento total = _____ kg·m/s _____

→ 2 m/s

100 kg

Momento = 200 kg·m/s a la derecha

**Después**    → 2 m/s

Momento = _____ kg·m/s a la derecha

Momento total = _____ kg·m/s _____

→ 4 m/s

Momento = _____ kg·m/s a la derecha

### Choques "no pegajosos"

Observa este ejemplo de una colisión. Cuando dos cuerpos de la misma masa no quedan pegados y las fuerzas externas (como la fricción) no son significativas, los cuerpos sólo intercambian velocidades. El automóvil que va más rápido antes de la colisión terminará reduciendo la velocidad y el que va más lento terminará acelerando.

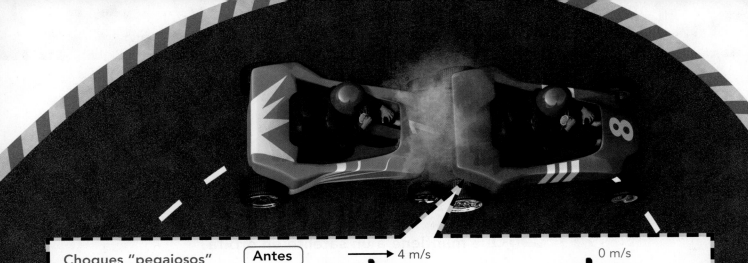

### Choques "pegajosos"

A veces, los cuerpos terminan pegados durante una colisión. Estos dos automóviles, que tienen la misma masa, quedaron unidos después del impacto. Como el automóvil verde estaba detenido y tenía un momento de cero, sólo el azul tenía algo de momento antes de chocar. Después de chocar y quedar pegados, los dos compartieron ese momento. La cantidad de momento total de ambos permaneció igual.

**Antes**     4 m/s     0 m/s

100 kg     100 kg

Momento = _____ kg·m/s a la derecha     Momento = _____ kg·m/s

Momento total = _____ kg·m/s _____

**Después**     ?

Masa total = _____

Momento total = _____ kg·m/s _____

¿Cuál debe ser la velocidad? _____

**Zona de laboratorio**    Haz la Actividad rápida de laboratorio *Autos de choque*.

## Evalúa tu comprensión

**1a. Explica** ¿Cómo es posible que una camioneta pesada en movimiento tenga el mismo momento que una motocicleta pequeña?

_____
_____
_____
_____
_____
_____

**b. Calcula** ¿Cuál es el momento de un automóvil de 750 kg que viaja a una velocidad de 25 m/s?

_____

**c. Infiere** El momento total de dos canicas antes de una colisión es de 0.06 kg·m/s. No actúan fuerzas externas sobre ellas. ¿Cuál es el momento total de las canicas después del choque?

_____
_____

¿comprendiste?...............................

○ **¡Comprendí!** Ahora sé que el momento se conserva a menos que _____

_____

○ Necesito más ayuda con _____

*Consulta* **my science COACH** *en línea para obtener ayuda en inglés sobre este tema.*

# Caída libre y movimiento circular

DESCUBRE LA PREGUNTA PRINCIPAL

🔑 **¿Qué es caída libre?**

🔑 **¿Qué mantiene a un satélite en órbita?**

## mi DiaRio DeL planeta    ESTADÍSTICAS CIENTÍFICAS

### Encontrarte a ti mismo

El Sistema de Posicionamiento Global (GPS, por sus siglas en inglés) es una "constelación" de satélites que orbitan a 10,600 millas por encima de la Tierra. El GPS hace posible que las personas localicen su ubicación geográfica por medio de receptores terrestres. Los primeros satélites GPS se pusieron en órbita en 1978. Se esperaba que operaran durante cinco años aproximadamente. Los satélites más nuevos tienen una vida útil esperada de entre siete y ocho años.

**Satélites GPS en órbita**

| Años | Número de satélites GPS lanzados | Número de satélites GPS en funcionamiento |
|------|------|------|
| 1978–1982 | 6 | 6 |
| 1983–1987 | 4 | 8 |
| 1988–1992 | 17 | 21 |
| 1993–1997 | 12 | 27 |
| 1998–2002 | 5 | 28 |
| 2003–2007 | 11 | 31 |

**Interpreta datos** Consulta la información de la tabla para responder las preguntas siguientes.

1. ¿Cuál es el total de satélites lanzados desde 1978 hasta 2007? ¿Cuántos seguían en funcionamiento en 2007?

_____

_____

_____

_____

2. ¿Cuántos satélites dejaron de funcionar entre 2003 y 2007?

_____

_____

_____

_____

> **PLANET DIARY** Consulta *Planet Diary* para aprender más en inglés sobre el GPS.

**Zona de laboratorio** Haz la Indagación preliminar *¿Qué hace que un objeto se mueva en círculos?*

## Vocabulario
- caída libre  • satélite
- fuerza centrípeta

## Destrezas
⟳ Lectura: Relaciona causa y efecto

△ Indagación: Crea tablas de datos

# ¿Qué es caída libre?

Cuando la única fuerza que actúa sobre un cuerpo es la gravedad, se dice que el cuerpo está en **caída libre.** La fuerza de la gravedad hace que el cuerpo acelere. **Caída libre es un movimiento en el que la gravedad genera la aceleración.** Cuando un objeto cae, existe fricción de fluido proveniente del aire que lo rodea. Esta fricción actúa en contra de la gravedad, reduciendo la aceleración de los cuerpos que caen. La fricción del aire aumenta a medida que un cuerpo cae. Si el cuerpo cae el tiempo suficiente, esa mayor fricción del aire reducirá su aceleración a cero. El cuerpo seguirá cayendo, pero lo hará a una velocidad constante.

Cerca de la superficie de la Tierra, la aceleración debida a la gravedad es de 9.8 m/s². Si no hubiera fricción del aire, un cuerpo que cae tendría una velocidad de 9.8 m/s después de un segundo y 19.6 m/s después de dos segundos. Como la fricción del aire reduce la aceleración, un cuerpo que cae hacia la Tierra durante un segundo tendrá una velocidad inferior a 9.8 m/s.

ILUSTRACIÓN 1 ···················

## Caída libre

La fotografía muestra cómo caen una pelota de tenis y un trozo de papel arrugado de diferentes masas durante una fracción de segundo. Si la única fuerza que actúa sobre ellos fuera la gravedad, caerían a la misma velocidad alineados de forma perfecta. Sin embargo, la fricción del aire también está presente. La fricción del aire tiene un efecto mayor en la aceleración del papel que en la aceleración de la pelota. Esto hace que la pelota de tenis caiga más rápido.

## ¡Usa las matemáticas!

✎ Crea tablas de datos

Imagínate que tuvieras una cámara sin aire que elimine la fuerza de la fricción del aire. Completa la tabla siguiente para un cuerpo que cae desde una posición de reposo. Recuerda la fórmula

Velocidad = Aceleración × Tiempo.

La aceleración debida a la gravedad es 9.8 m/s².

| Tiempo (s) | Velocidad (m/s) |
|---|---|
| 0 | _____ |
| 1 | _____ |
| 2 | _____ |
| 3 | _____ |
| 4 | _____ |

**Zona de laboratorio**  Haz la Actividad rápida de laboratorio ¿Cuál llega primero?

## ⟳ Evalúa tu comprensión

¿comprendiste? ···········································

○ ¡Comprendí! Ahora sé que la caída libre es _____

_____

○ Necesito más ayuda con _____

Consulta MY SCIENCE ⓢ COACH en línea para obtener ayuda en inglés sobre este tema.

# ¿Qué mantiene a un satélite en órbita?

Los cuerpos no siempre caen en línea recta. Si lanzas una pelota horizontalmente, ésta se alejará de ti mientras la gravedad la atrae hacia el suelo. Los movimientos horizontales y verticales actúan de manera independiente, y la pelota sigue una trayectoria curva hacia el suelo. Si lanzas la pelota más rápido, caerá aún más lejos. Cuanto más rápido lanzas un cuerpo, más lejos viajará antes de aterrizar.

**Movimiento de los satélites** Esto explica cómo los satélites, que son cuerpos que orbitan alrededor de otros cuerpos en el espacio, siguen una trayectoria curva alrededor de la Tierra. ¿Qué sucedería si estuvieras en una montaña alta y lanzaras una pelota tan rápido como quisieras? Cuanto más rápido la lanzaras, más lejos aterrizaría. Pero, a una cierta rapidez, la trayectoria curva de la pelota coincidiría con la superficie curva de la Tierra. Aunque la pelota siguiera cayendo debido a la gravedad, la superficie de la Tierra haría que la pelota describiera una curva al mismo ritmo. La pelota viajaría de manera circular alrededor de la Tierra como en la **ilustración 2.**

🔄 **Relaciona causa y efecto**
En la página siguiente, subraya el efecto que tiene una fuerza centrípeta sobre el movimiento de un cuerpo. Encierra en un círculo el efecto de detener una fuerza centrípeta.

ILUSTRACIÓN 2 ·······························

## Movimiento de los satélites

Un satélite lanzado desde la Tierra entra en órbita porque la curva de su trayectoria coincide con la superficie curva de la Tierra.

✏️ **Haz modelos** En la imagen de la derecha, traza flechas que representen la fuerza gravitatoria sobre la pelota en cada punto.

[DESAFÍO] Explica por qué la atmósfera de la Tierra evitaría que esta pelota de béisbol entrara en órbita. ¿Por qué esto no representa un problema para los satélites?

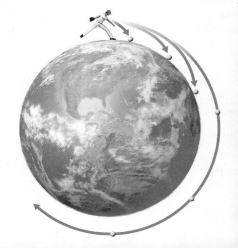

_____

_____

_____

🔑 **Los satélites que orbitan alrededor de la Tierra caen continuamente hacia la Tierra pero, como la Tierra es curva, se desplazan alrededor de ella.** En otras palabras, un satélite es un cuerpo que cae ¡pero que nunca llega a tocar el suelo! Se mueve alrededor de la Tierra en vez de moverse hacia ella. Una vez que entra en una órbita estable, no necesita combustible. Continúa moviéndose gracias a la inercia. Al mismo tiempo, la gravedad cambia constantemente la dirección del satélite. La mayoría de los satélites se lanzan a una velocidad aproximada de 7,900 m/s. ¡Eso representa más de 17,000 millas por hora!

## Fuerza centrípeta

Muchos satélites artificiales orbitan la Tierra con una trayectoria casi circular. Recuerda que un cuerpo que se mueve circularmente está acelerando porque cambia constantemente de dirección. Si un cuerpo acelera, una fuerza debe estar actuando sobre él. Una fuerza que hace que un objeto describa una trayectoria circular es una **fuerza centrípeta.** La palabra *centrípeta* significa "que se mueve hacia el centro". Las fuerzas centrípetas siempre apuntan hacia el centro del círculo donde se está moviendo un cuerpo. Si pudieras detener una fuerza centrípeta, la inercia haría que el cuerpo saliera volando en línea recta. Por ejemplo, el cordel de un yo-yo que gira circularmente proporciona una fuerza centrípeta. Si cortaras la cuerda, la fuerza centrípeta se detendría y el yo-yo saldría volando en línea recta.

## ¡aplícalo!

**Identifica** ¿Qué está creando la fuerza centrípeta en cada una de las situaciones siguientes?

❶ Una pelota atada a una cuerda gira alrededor de un mástil.

_____

❷ Marte orbita alrededor del Sol.

_____

❸ Un niño está parado en un carrusel.

_____

**Zona** de laboratorio  Haz la Actividad rápida de laboratorio *Orbitar la Tierra*.

## 🔑 Evalúa tu comprensión

**1a. Identifica** ¿Cuál es la fuerza que hace que los cuerpos se muevan circularmente?

_____

_____

**b. Predice** Si se pudiera detener la gravedad de la Tierra, ¿qué ocurriría con los satélites que se encuentran actualmente en órbita? Explica tu razonamiento.

_____

_____

_____

_____

_____

### ¿comprendiste?

○ **¡Comprendí!** Ahora sé que los satélites permanecen en órbita porque _____

_____

_____

_____

○ **Necesito más ayuda con** _____

*Consulta* my science 🅢 coach *en línea para obtener ayuda en inglés sobre este tema.*

# 2 Guía de estudio

REPASA LA PREGUNTA PRINCIPAL

Los cambios en el movimiento se producen a causa de _____. Las leyes de _____ describen estos cambios de movimiento.

---

## LECCIÓN 1 La naturaleza de la fuerza

🔑 Al igual que la velocidad y la aceleración, una fuerza se describe por su intensidad y por la dirección en la que actúa.

🔑 Una fuerza neta distinta de cero produce un cambio en el movimiento de un cuerpo.

**Vocabulario**
• fuerza  • newton
• fuerza neta

---

## LECCIÓN 2 Fricción y gravedad

🔑 Dos factores que afectan la fuerza de la fricción son los tipos de superficies en contacto y la intensidad con que se presionan mutuamente esas superficies.

🔑 Dos factores afectan la atracción gravitatoria entre los cuerpos: la masa y la distancia.

**Vocabulario**
• fricción  • fricción estática
• fricción de deslizamiento
• fricción de fluido
• fricción de rodamiento
• gravedad  • masa  • peso

---

## LECCIÓN 3 Leyes de movimiento de Newton

🔑 Los cuerpos en reposo se mantendrán en reposo y los cuerpos en movimiento a velocidad constante se mantendrán en movimiento a velocidad constante a menos que se ejerzan sobre ellos fuerzas netas distintas de cero.

🔑 La aceleración de un cuerpo depende de su masa y de la fuerza neta que actúa sobre él.

🔑 Si un cuerpo ejerce una fuerza sobre otro, entonces el segundo ejerce una fuerza de igual intensidad en la dirección opuesta al primer cuerpo.

**Vocabulario**
• inercia

---

## LECCIÓN 4 Momento

🔑 Para determinar el momento de un cuerpo en movimiento, se multiplica la masa del cuerpo por su velocidad.

🔑 La cantidad de momento total de cualquier grupo de cuerpos permanece igual, o se conserva, a menos que fuerzas externas actúen sobre ellos.

**Vocabulario**
• momento
• principio de la conservación del momento

---

## LECCIÓN 5 Caída libre y movimiento circular

🔑 Caída libre es un movimiento en el que la gravedad genera la aceleración.

🔑 Los satélites que orbitan alrededor de la Tierra caen continuamente hacia la Tierra pero, como la Tierra es curva, se desplazan alrededor de ella.

**Vocabulario**
• caída libre  • satélite  • fuerza centrípeta

# Repaso y evaluación

**LECCIÓN 1** **La naturaleza de la fuerza**

**1.** Cuando una fuerza neta distinta de cero actúa sobre un cuerpo, la fuerza

   **a.** cambia el movimiento del cuerpo.

   **b.** debe ser mayor que la fuerza de reacción.

   **c.** no cambia el movimiento del cuerpo.

   **d.** es igual al peso del cuerpo.

**2.** La unidad de fuerza del SI es _____

**3.** **Calcula** ¿Cuál es la fuerza neta sobre la caja? Asegúrate de especificar la dirección.

15 N

10 N

_____

**LECCIÓN 2** **Fricción y gravedad**

**4.** La fricción siempre actúa

   **a.** en la misma dirección que el movimiento.

   **b.** en la dirección opuesta a la dirección del movimiento.

   **c.** perpendicular a la dirección del movimiento.

   **d.** en un ángulo de 30° con respecto a la dirección del movimiento.

**5.** Los factores que afectan la fuerza gravitatoria entre

dos cuerpos son _____

**6.** **Haz una lista** ¿De qué dos maneras es posible aumentar la fuerza friccional entre dos cuerpos?

_____

_____

**7.** **Escríbelo** Diseña un juego para un parque de atracciones. Describe el juego y explica cómo afectarán a su diseño la fricción y la gravedad.

**LECCIÓN 3** **Leyes de movimiento de Newton**

**8.** ¿Qué ley de Newton también se denomina ley de inercia?

   **a.** Primera      **b.** Segunda

   **c.** Tercera      **d.** Cuarta

**9.** La Segunda ley de Newton establece que la fuerza

es igual a _____

**10.** **Interpreta diagramas** Observa el diagrama siguiente que muestra a dos estudiantes arrastrando una bolsa con equipo de vóleibol. La fuerza de fricción entre la bolsa y el suelo es de 4 N. ¿Cuál es la fuerza neta que actúa sobre la bolsa? ¿Cuál es la aceleración de la bolsa?

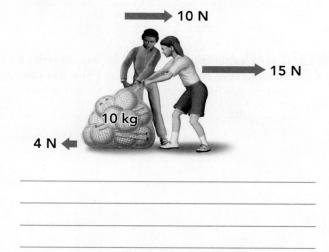

10 N

15 N

10 kg

4 N

_____

_____

_____

_____

**11.** **Aplica conceptos** Imagínate que eres un astronauta que camina por el espacio fuera de la estación espacial y que tu cinturón cohete se queda sin combustible. ¿Cómo puedes usar tu cinturón cohete vacío para regresar a la estación?

_____

_____

_____

_____

_____

### CAPÍTULO 2

# Repaso y evaluación

## LECCIÓN 4  Momento

**12.** El momento se calcula multiplicando

    **a.** la masa por la velocidad.

    **b.** el peso por la masa.

    **c.** la fuerza por la velocidad.

    **d.** la inercia por la fuerza.

**13.** La unidad de momento del SI es _____

**14. Explica** ¿Cómo pueden dos cuerpos de diferente masa tener el mismo momento?

_____

_____

_____

_____

_____

**15. Diseña experimentos** Diseña un experimento en el que muestres que, en un choque entre dos canicas, cuando hay fricción, el momento no se conserva.

_____

_____

_____

_____

_____

_____

_____

_____

_____

**16.** **Escríbelo**  Elige dos deportes. Explica de qué manera tus conocimientos sobre momento pueden ayudarte a predecir qué sucederá durante un partido cuando miras esos deportes por televisión.

## LECCIÓN 5  Caída libre y movimiento circular

**17.** Los satélites permanecen en órbita alrededor de la Tierra porque

    **a.** la fuerza gravitatoria de la Luna sobre ellos es igual a la de la Tierra.

    **b.** no actúan fuerzas sobre ellos.

    **c.** sus motores hacen que se muevan en círculo.

    **d.** a medida que caen, la curva de sus trayectorias coincide con la curva de la Tierra.

**18.** Las fuerzas centrípetas siempre apuntan _____

_____

**19. Calcula** Determina la velocidad de un cuerpo que comenzó en reposo y que ha estado en caída libre durante 10 segundos. Imagina que no hay resistencia del aire.

_____

## ¿Cómo reaccionan a las fuerzas los objetos?

**20.** Las fuerzas están presentes a tu alrededor. Describe un ejemplo de cada ley de movimiento de Newton que experimentas antes de ir a la escuela por la mañana.

_____

_____

_____

_____

_____

_____

_____

_____

_____

# Preparación para exámenes estandarizados

## Selección múltiple

**Encierra en un círculo la letra de la mejor respuesta.**

Fuerza  Fuerza    Movimiento

1. En el diagrama del globo anterior, ¿por qué las dos fuerzas no se cancelan entre sí?

   **A**  No son iguales.

   **B**  Ambas actúan sobre el aire.

   **C**  Ambas actúan sobre el globo.

   **D**  Actúan sobre diferentes objetos.

2. ¿Qué fuerza hace que sea menos probable que una persona se resbale en una acera seca que en una acera helada?

   **A**  gravedad

   **B**  fricción

   **C**  inercia

   **D**  momento

3. Un gato que pesa 5 kg acelera a una velocidad de 2 m/s². ¿Qué fuerza neta actúa sobre él?

   **A**  10 N

   **B**  7 N

   **C**  3 N

   **D**  2.5 N

4. Según la Primera ley de Newton, ¿qué sucederá con unos platos que están en reposo sobre un mantel cuando alguien tire del mantel debajo de ellos? (No tengas en cuenta fuerzas externas como la fricción).

   **A**  Se caerán al suelo.

   **B**  Acelerarán con el mantel.

   **C**  Resistirán el cambio en el movimiento y permanecerán en reposo.

   **D**  Acelerarán en la dirección contraria al mantel.

5. En un juego de "tira y afloja", tiras de la cuerda con una fuerza de 100 N a la derecha y tu amigo hace lo mismo, pero a la izquierda. ¿Cuál es la fuerza neta sobre la cuerda?

   **A**  200 N a la derecha

   **B**  200 N a la izquierda

   **C**  0 N

   **D**  100 N a la derecha

## Respuesta elaborada

**Usa tus conocimientos de ciencias para responder la pregunta 6. Escribe tu respuesta en una hoja aparte.**

6. Usa las tres leyes de movimiento de Newton para describir qué sucede cuando un automóvil que está en reposo es empujado por una plataforma y luego acelera hacia abajo.

La ciencia y la sociedad

# medidas de seguridad

¿Usaste el cinturón de seguridad la última vez que anduviste en automóvil? Un cinturón de seguridad es una medida diseñada para protegerte de posibles lesiones mientras viajas en un vehículo en movimiento, ya sea que frenes de repente para evitar chocar o que te detengas a causa de un choque.

Sin el cinturón de seguridad, la inercia podría hacer que el conductor y los pasajeros de un automóvil que frena de repente continuaran viajando hacia delante. Sin esta medida de seguridad, ¡un conductor de 75 kg que conduce a 50 km/h experimentaría una fuerza de 12,000 newtons en un choque! El cinturón de seguridad evita ese movimiento hacia adelante y mantiene seguros al conductor y a los pasajeros.

Hay muchos diseños diferentes de arneses y cinturones de seguridad. La mayoría de los cinturones de seguridad son arneses de tres puntos. Los arneses de cinco y siete puntos se usan en vehículos como automóviles de carrera y aviones de combate.

Debate Muchos estados tienen leyes que exigen a los conductores y a los pasajeros usar el cinturón de seguridad. Investiga las leyes sobre el uso del cinturón de seguridad en tu estado y participa en un debate de la clase sobre si los cinturones de seguridad son suficientemente fuertes.

Los pilotos de automóviles de carrera viajan a velocidades más altas que la mayoría de los conductores. Un arnés de cinco puntos brinda seguridad adicional frente a estas velocidades tan altas. ▼

# SUPERLUBRICIDAD

## ¿Dónde está la fricción?

Existe una sustancia que no se rige por las reglas de la fricción. Tal vez te sorprendería saber que es el grafito, el mismo material de tus lápices, y que tiene una cualidad denominada superlubricidad.

Cuando dos pedazos de grafito se deslizan uno sobre el otro, si las capas están dispuestas de manera adecuada, la fricción desaparece casi por completo. Esta propiedad hace que el grafito sea un lubricante seco excelente. A diferencia de los lubricantes a base de aceites y de agua (o silicona), el grafito no se humedece ni daña los materiales que lubrica.

Los científicos están estudiando el grafito porque, si bien pueden observar la superlubricidad, todavía no pueden describir realmente cómo funciona. Se están realizando estudios para descubrir los modelos de superlubricidad o cómo funciona en distintas situaciones.

**Compruébalo** Busca más información sobre el grafito y la superlubricidad. Diseña un experimento usando una mina (que contiene grafito) de tus lápices para probar la fricción del grafito cuando se desliza sobre otros materiales. Lleva un registro de tus resultados y presenta tus conclusiones en una serie de gráficas y tablas.

Imagen en color de una superficie de grafito observada con un microscopio de efecto túnel. El patrón hexagonal de la superficie de grafito está relacionado con la disposición de los átomos de carbono. ▼

El grafito es un tipo de carbono. Cuando el carbono se prepara correctamente, dos capas de grafito pueden deslizarse una sobre la otra casi sin generar fricción. ▶

# ¿CÓMO HACE UN MECÁNICO PARA LEVANTAR UN AUTOMÓVIL DE CARRERA?

## ¿Cómo facilitan el trabajo las máquinas?

Este automóvil de Fórmula 1 entra rápidamente en *boxes*, donde un grupo de mecánicos está listo para reemplazar sus neumáticos. Estos automóviles son pesados: tienen una masa de por lo menos 605 kg, incluido el conductor. El equipo de *boxes* no puede levantar el automóvil o cambiar los neumáticos a mano, por eso usa herramientas para hacer ese trabajo. Con las herramientas adecuadas, el equipo puede hacer que el automóvil vuelva a estar en carrera rápidamente.

**Desarrolla hipótesis** ¿Cómo hace un mecánico para levantar un automóvil de carrera pesado?

_____

_____

_____

_____

> **UNTAMED SCIENCE** Mira el video de *Untamed Science* para aprender más sobre el trabajo y las máquinas.

# Trabajo y máquinas

# 3 Para comenzar

## Verifica tu comprensión

**1. Preparación** Lee el párrafo siguiente y luego responde la pregunta.

Charles quiere mover su cama al otro lado de la habitación, pero el **peso** de la cama es demasiado grande para que pueda levantarla. Sin embargo, Charles es capaz de generar una **fuerza** suficiente para empujar la cama.

- ¿Qué fuerzas actúan sobre la cama a medida que Charles la empuja por el piso?

_____

_____

Una **fuerza** es un empuje o una atracción que se ejerce sobre un cuerpo.

El **peso** es una medida de la fuerza de gravedad que actúa sobre un objeto.

> **MY READING WEB** Si tuviste dificultades para responder la pregunta anterior, visita *My Reading Web* y escribe *Work and Machines*.

## Destreza de vocabulario

**Identificar significados múltiples** Algunas palabras que conoces tienen más de un significado. Las palabras que usas a diario pueden tener otros significados cuando se usan en ciencias. Observa los distintos significados de las palabras siguientes.

| Palabra | Significado en la vida cotidiana | Significado científico |
|---------|----------------------------------|------------------------|
| **trabajo** | (s.) un empleo o una responsabilidad Ejemplo: Cargaba su mochila todos los días hasta el *trabajo*. | (s.) el producto de una fuerza y la distancia sobre la cual se ejerce esa fuerza Ejemplo: Levantar una maleta 2 metros implica el doble de *trabajo* que levantarla 1 metro. |
| **máquina** | (s.) un aparato con motor Ejemplo: La *máquina* lavadora contiene una cesta grande y giratoria. | (s.) cualquier dispositivo que facilite el trabajo Ejemplo: Una carretilla es una *máquina* que te permite levantar más peso que el que podrías levantar normalmente. |

**2. Verificación rápida** Encierra en un círculo la oración que utiliza el significado científico de la palabra *trabajo*.

- Jim ejerció **trabajo** sobre la cama para moverla fuera de su habitación.
- Tina tenía mucho **trabajo** que hacer al final del semestre.

trabajo

máquina simple

plano inclinado

polea

# Vistazo al capítulo

### LECCIÓN 1
- trabajo
- julio
- potencia
- vatio

⊙ Identifica la evidencia de apoyo
△ Calcula

### LECCIÓN 2
- máquina
- fuerza aplicada
- fuerza desarrollada
- ventaja mecánica
- eficiencia

⊙ Compara y contrasta
△ Predice

### LECCIÓN 3
- máquina simple
- plano inclinado
- cuña
- tornillo
- palanca
- fulcro

⊙ Relaciona causa y efecto
△ Infiere

### LECCIÓN 4
- polea
- rueda y eje
- máquina compuesta

⊙ Resume
△ Clasifica

> **VOCAB FLASH CARDS** Para obtener más ayuda con el vocabulario, visita *Vocab Flash Cards* y escribe *Work and Machines*.

# Trabajo y potencia

🔑 ¿Cómo se define el trabajo?

🔑 ¿Qué es la potencia?

## mi DiaRio DeL pLaneTa

### Hazañas de fuerza

Sabes que existe el levantamiento de pesas, pero ¿habías oído hablar del deporte de empujar autobuses? Empujar objetos enormes usando los músculos se ha convertido en un nuevo deporte. ¡Algunas personas usan las orejas! ¡Eso sí es un deporte extremo! Manjit Singh arrastró 5 metros este autobús de dos pisos usando las orejas. David Huxley remolcó un avión más de 90 metros y logró entrar en el *Libro Guinness de récords mundiales*. Con certeza, estos competidores han trabajado mucho para llegar a la cima.

## DATO CURIOSO

Responde las preguntas siguientes.

1. ¿Qué factores podrían haber afectado la cantidad de trabajo que realizaron estos competidores?

2. Menciona una actividad cotidiana que creas que requiere mucho trabajo.

▷ **PLANET DIARY** Consulta *Planet Diary* para aprender más en inglés sobre las hazañas de fuerza.

**Zona de laboratorio** Haz la Indagación preliminar *Tirar en ángulo.*

## ¿Cómo se define el trabajo?

Cuando empujas a un niño en un columpio, estás realizando trabajo sobre ese niño. Cuando levantas los libros para sacarlos de la mochila, estás realizando trabajo sobre esos libros. En términos científicos, realizas **trabajo** cuando ejerces una fuerza sobre un objeto que provoca que ese objeto se mueva una cierta distancia. 🔑 **Se realiza trabajo sobre un objeto cuando el objeto se mueve en la misma dirección en que es ejercida la fuerza.**

## Vocabulario
- trabajo
- potencia
- julio
- vatio

## Destrezas
↻ Lectura: Identifica la evidencia de apoyo
△ Indagación: Calcula

## No hay trabajo sin movimiento

Imagínate que empujas un automóvil que quedó atascado en el lodo. Es evidente que ejerces una fuerza sobre el automóvil, entonces podría parecer que también realizas trabajo. Sin embargo, si la fuerza que ejerces no hace que el automóvil se mueva, no estás realizando ningún trabajo sobre él. Para realizar trabajo sobre un objeto, el objeto debe moverse una cierta distancia como resultado de la fuerza que aplicaste sobre él. Si el objeto no se mueve, no has realizado ningún trabajo, sin importar cuánta fuerza hayas ejercido.

## Fuerza en la misma dirección

Piensa en todas las mañanas, cuando cargas tu mochila a la escuela. Sabes que ejerces una fuerza sobre la mochila al cargarla, pero no realizas ningún trabajo sobre ella. Para realizar trabajo sobre un objeto, la fuerza ejercida debe ir en la misma dirección que el movimiento del objeto. Cuando llevas un objeto mientras caminas a una velocidad constante, la fuerza ejercida sobre el objeto es ascendente. El objeto se mueve en una dirección horizontal. Entonces, como la fuerza es vertical y el movimiento es horizontal, no realizas ningún trabajo.

En la **ilustración 1** se muestran tres maneras distintas de mover un violonchelo. Puedes levantarlo del suelo y cargarlo, puedes empujarlo de manera paralela al suelo o puedes atraerlo formando un ángulo con el suelo. El peso del violonchelo es el mismo en los tres casos, pero la cantidad de trabajo realizado varía.

## ILUSTRACIÓN 1 ·······

### Fuerza, movimiento y trabajo

La cantidad de trabajo que realizas sobre algo depende de la dirección de tu fuerza y del movimiento del objeto.

✏ **Describe** Imagínate que quieres mover una maleta con rueditas. Describe tres maneras de moverla que requieran distintas cantidades de trabajo.

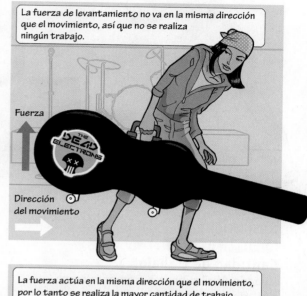

La fuerza de levantamiento no va en la misma dirección que el movimiento, así que no se realiza ningún trabajo.

Fuerza

Dirección del movimiento

La fuerza actúa en la misma dirección que el movimiento, por lo tanto se realiza la mayor cantidad de trabajo.

Dirección del movimiento

Fuerza

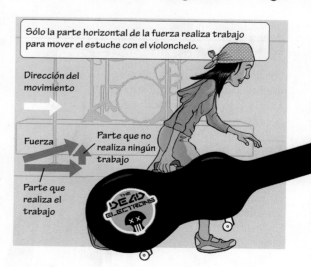

Sólo la parte horizontal de la fuerza realiza trabajo para mover el estuche con el violonchelo.

Dirección del movimiento

Fuerza

Parte que no realiza ningún trabajo

Parte que realiza el trabajo

Dos factores afectan la cantidad de trabajo que Abril realiza para alcanzarle el instrumento a su amigo: la fuerza que debe aplicar y la distancia en la cual debe aplicar esa fuerza.

**▷ INTERACTIVE ART**

## Cantidad de trabajo

Cuando Abril sube una trompeta o una tuba por las escaleras, realiza un trabajo.

✏️ **Saca conclusiones** Si el amigo de Abril quisiera disminuir la cantidad de trabajo que Abril debe realizar para alcanzarle la trompeta, ¿dónde podría pararse? Encierra en un círculo el o los escalones. Si el escenario estuviera más alto, ¿qué pasaría con la cantidad total de trabajo necesario para levantar la trompeta y llevarla desde el suelo hasta el escenario?

## Cálculo del trabajo

Observa la **ilustración 2**. ¿Qué crees que requiere más trabajo: subir una tuba de 40 newtons tres escalones (cerca de 0.5 metros) o subir una trompeta de 5 newtons la misma cantidad de escalones? Tu sentido común probablemente te diga que requiere más trabajo subir un objeto más pesado en lugar de un objeto más liviano. Eso es cierto. Pero ¿requiere más trabajo subir un instrumento tres escalones o subirlo hasta el último piso de un edificio? Como debes imaginar, requiere más trabajo mover un objeto más lejos que mover el mismo objeto una distancia más corta.

La cantidad de trabajo que realices dependerá de la cantidad de fuerza que ejerzas y la distancia que recorra el objeto. 🔑 **La cantidad de trabajo realizado sobre un objeto puede calcularse multiplicando la fuerza por la distancia.**

**Trabajo = Fuerza × Distancia**

Cuando levantas un objeto, la fuerza ascendente que ejerces debe, al menos, igualar el peso del objeto. Entonces, para levantar la trompeta deberías ejercer una fuerza de 5 newtons. La distancia que recorres con la trompeta es de 0.5 metros. La cantidad de trabajo que realizas sobre la trompeta puede calcularse usando la fórmula para hallar el trabajo.

**Trabajo = Fuerza × Distancia**

**Trabajo = 5 N × 0.5 m**

**Trabajo = 2.5 N·m**

Para levantar la tuba, deberías ejercer una fuerza de 40 newtons. Entonces, la cantidad de trabajo que realizarías sería de 40 newtons × 0.5 metros, o 20 N·m. Realizas más trabajo para levantar el objeto más pesado.

Cuando se mide la fuerza en newtons y la distancia en metros, la unidad de trabajo del SI es el newton-metro (N•m). Esta unidad también se denomina **julio,** en honor a James Prescott Joule, físico que estudió el trabajo a mediados del siglo XIX. Un julio (J) es la cantidad de trabajo que realizas cuando ejerces una fuerza de 1 newton para mover un objeto una distancia de 1 metro. Se requieren 2.5 julios de trabajo para cargar la trompeta por tres escalones. Y se requieren 20 julios de trabajo para cargar la tuba la misma distancia.

# ¡aplícalo!

El escalador que está a la derecha realiza un trabajo sobre su equipo al cargarlo cuando sube la montaña.

**1** En un día cálido, el escalador realiza 3,000 J de trabajo para cargar su mochila cuando escala. Si está nevando, en cambio, agrega elementos a la mochila. Si escalara la misma altura, realizaría una cantidad (mayor/menor/igual) de trabajo.

**2** Si la mochila siguiera teniendo el mismo peso y el escalador ascendiera sólo hasta la mitad del camino, realizaría una cantidad (mayor/menor/igual) de trabajo.

**3** Calcula
¿Cuánto trabajo realiza el escalador sobre su mochila si la mochila pesa 90 N y escala una altura de 30 m?

_____

**4** DESAFÍO En otra excursión, el escalador carga una mochila que pesa el doble y asciende dos veces más alto. ¿Cuántas veces más trabajo realiza sobre la mochila en este caso que en la pregunta 3?

_____

Zona de laboratorio® Haz la Actividad rápida de laboratorio *¿Qué es el trabajo?*

## Evalúa tu comprensión

**1a. Describe** Un camarero lleva una bandeja de 5 newtons y recorre una distancia de 10 metros. ¿Se realiza trabajo sobre la bandeja? ¿Por qué?

_____

_____

_____

_____

**b. Explica** Sostienes la correa de tu perro y tratas de mantenerte en el lugar mientras tu perro tira de la correa desde un ángulo. Te mueves hacia delante. (La totalidad/Una parte/Ninguna parte) de la fuerza que ejerce el perro realiza trabajo sobre ti.

**c.** Calcula ¿Cuánto trabajo realizas cuando empujas un carro de supermercado con una fuerza de 50 N una distancia de 5 m?

_____

¿comprendiste? ...........................................................................

○ **¡Comprendí!** Ahora sé que el trabajo es _____

○ Necesito más ayuda con _____

*Consulta* MY SCIENCE ⓢ COACH *en línea para obtener ayuda en inglés sobre este tema.*

# ¿Qué es la potencia?

Si cargas una mochila mientras subes las escaleras, el trabajo que realizas es el mismo tanto si subes caminando como corriendo. El tiempo que tardas en realizar un trabajo sobre un objeto no afecta la cantidad de trabajo que realizas. Sin embargo, para llevar un registro de cuánto tiempo lleva realizar un trabajo, los científicos usan un índice denominado potencia.

La **potencia** es la rapidez con la que se realiza un trabajo. ⚷ **La potencia es igual a la cantidad de trabajo realizado sobre un objeto en una unidad de tiempo.** Necesitas más potencia para subir las escaleras corriendo con tu mochila que para subirlas caminando, porque te lleva menos tiempo realizar el mismo trabajo.

Puedes pensar en la potencia de otra manera. Un objeto que tiene más potencia que otro realiza más trabajo en la misma cantidad de tiempo. También puede significar realizar la misma cantidad de trabajo en menos tiempo.

**Cálculo de la potencia** Siempre que sepas cuán rápido se realiza un trabajo, puedes calcular la potencia. La potencia se calcula dividiendo la cantidad de trabajo realizado entre la cantidad de tiempo requerido para realizar ese trabajo. Se puede representar con la fórmula siguiente.

$$\text{Potencia} = \frac{\text{Trabajo}}{\text{Tiempo}}$$

Como el trabajo es igual a la fuerza multiplicada por la distancia, puedes escribir nuevamente la ecuación para calcular la potencia de la manera siguiente.

$$\text{Potencia} = \frac{\text{Fuerza} \times \text{Distancia}}{\text{Tiempo}}$$

🖊 **Identifica la evidencia de apoyo** Subraya detalles y ejemplos que apoyen la idea principal de esta sección.

ILUSTRACIÓN 3 ......................................................................................................

## Trabajo y potencia

Abril subió las cajas por las escaleras. Los cronómetros muestran cuánto tiempo tardó.

🖊 **Estima** Imagínate que, en cambio, lo hubiera hecho corriendo. Completa el cronómetro en el segundo dibujo para mostrar cuánto tiempo hubiera tardado.

La cantidad de trabajo que realiza Abril para subir las cajas es la misma, vaya caminando o corriendo...

...¡pero ir corriendo requiere el doble de potencia!

## Unidades de potencia

Tal vez hayas escuchado hablar de caballos de fuerza en los anuncios publicitarios de automóviles. El término es bastante exacto. Es el mismo tipo de potencia que acabas de aprender a calcular. Cuando el trabajo se mide en julios y el tiempo en segundos, la unidad de potencia del SI es el julio por segundo (J/s). Esta unidad también se conoce como vatio (W). Un julio de trabajo realizado en un segundo equivale a un **vatio** de potencia. En otras palabras, 1 J/s = 1 W. Un vatio es una unidad muy pequeña, por eso la potencia suele medirse en unidades más grandes, como los kilovatios o los caballos de fuerza. Un kilovatio (kW) equivale a 1,000 vatios. Un caballo de fuerza equivale a 746 vatios.

**Vocabulario** Identificar significados múltiples ¿Cuál es el significado científico de *potencia*?

_____

_____

_____

# ¡Usa las matemáticas!

Cuando una grúa remolca un automóvil, aplica una cantidad de fuerza a lo largo de cierta distancia. El trabajo se realiza en dirección horizontal.  **Calcula** Para completar la tabla, calcula cuál es la potencia de la grúa en cada caso.

Recuerda que la fórmula de la potencia es

$$\text{Potencia} = \frac{\text{Trabajo}}{\text{Tiempo}}$$

Si una grúa realiza 10,000 J de trabajo en 5 segundos, la potencia de la grúa se calcula de la manera siguiente.

$$\text{Potencia} = \frac{10,000 \text{ J}}{5 \text{ s}} = 2,000 \text{ W}$$

### Potencia de la grúa

| Trabajo (J) | Tiempo (s) | Potencia (W) |
|---|---|---|
| 120,000 | 60 | _____ |
| 69,000 | 30 | _____ |
| 67,500 | 45 | _____ |

**Zona de laboratorio** Haz la Actividad rápida de laboratorio *Investigar la potencia.*

## 🔑 Evalúa tu comprensión

¿comprendiste?........................................................................

○ **¡Comprendí!** Ahora sé que la potencia _____

_____

○ Necesito más ayuda con _____

Consulta **MY SCIENCE COACH** en línea para obtener ayuda en inglés sobre este tema.

# Entender las máquinas

**DESCUBRE LA PREGUNTA PRINCIPAL**

🔑 ¿Qué hace una máquina?

🔑 ¿Qué es la ventaja mecánica?

🔑 ¿Qué es la eficiencia?

## mi Diario Del planeta

### Ramas y piedras

Cuando quieres pelar una manzana o abrir una lata de sopa, eliges la herramienta adecuada para la tarea. Algunos animales usan objetos, como ramas y rocas, para encontrar o ingerir su alimento más fácilmente. Por ejemplo, el pinzón carpintero y el mono capuchino usan ramas para sacar el alimento de lugares que no pueden alcanzar. La nutria de mar y el buitre egipcio usan rocas como herramientas. Las nutrias usan rocas para desprender mariscos de otras rocas. El buitre egipcio usa su pico para juntar rocas y romper los huevos que quiere comer.

## DATO CURIOSO

Comunica ideas Comenta estas preguntas con un compañero. Escribe tus respuestas en el espacio que sigue.

1. ¿Cómo facilita la roca la tarea de abrir las nueces a la chimpancé de la foto?

_____
_____
_____
_____
_____

2. ¿Qué herramientas humanas usarías para realizar la misma tarea?

_____
_____
_____
_____

> PLANET DIARY Consulta *Planet Diary* para aprender más en inglés sobre las herramientas.

**Zona de laboratorio** Haz la Indagación preliminar ¿Es una máquina?

**Vocabulario**
- máquina • fuerza aplicada • fuerza desarrollada
- ventaja mecánica • eficiencia

**Destrezas**
- Lectura: Compara y contrasta
- Indagación: Predice

# ¿Qué hace una máquina?

¿Qué te imaginas cuando escuchas la palabra *máquina*? Es probable que pienses en las máquinas como aparatos complejos con motores, pero una máquina puede ser algo tan sencillo como una rampa. Las **máquinas** son dispositivos que te permiten realizar trabajo de una manera más sencilla. Las máquinas no reducen la cantidad de trabajo que realizas, sino que cambian la manera en que lo realizas. En la **ilustración 1**, Abril realiza la misma cantidad de trabajo para mover el parlante hasta el escenario con la rampa o sin ella. La rampa facilita el trabajo. **Una máquina facilita el trabajo porque cambia al menos uno de tres factores: la cantidad de fuerza que ejerces, la distancia a lo largo de la cual ejerces la fuerza o la dirección en la que ejerces la fuerza.**

**Fuerza aplicada y fuerza desarrollada** Cuando realizas un trabajo, la fuerza que ejerces se denomina **fuerza aplicada.** Ejerces una fuerza aplicada a lo largo de una distancia inicial. En la **ilustración 1B,** la fuerza aplicada de Abril es la fuerza que usa para subir el parlante por la rampa. La distancia inicial es la longitud de la rampa. La máquina ejerce la **fuerza desarrollada** sobre la distancia resultante. El peso del parlante es la fuerza desarrollada. La altura de la rampa es la distancia resultante. El trabajo aplicado es igual a la fuerza aplicada multiplicada por la distancia inicial. El trabajo realizado es igual a la fuerza desarrollada multiplicada por la distancia resultante. Como las máquinas no reducen la cantidad de trabajo que se realiza, el trabajo realizado nunca puede ser superior al trabajo aplicado.

ILUSTRACIÓN 1 ·······················
## Usar máquinas
Una rampa hace que sea más fácil para Abril subir el parlante hasta el escenario.

✎ **Interpreta diagramas** En la ilustración 1B, dibuja una línea que represente la distancia resultante de Abril y una flecha que represente la fuerza desarrollada que ejerce.

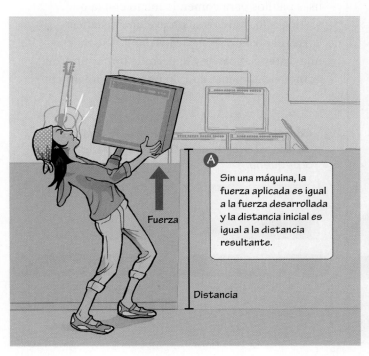

Fuerza

A Sin una máquina, la fuerza aplicada es igual a la fuerza desarrollada y la distancia inicial es igual a la distancia resultante.

Distancia

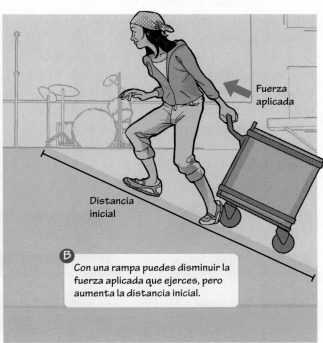

Fuerza aplicada

Distancia inicial

B Con una rampa puedes disminuir la fuerza aplicada que ejerces, pero aumenta la distancia inicial.

## Facilitar el trabajo

Los dispositivos que ves aquí facilitan el trabajo de distintas maneras. Las flechas de las fotografías muestran cómo las máquinas cambian el trabajo aplicado.

Fuerza aplicada

Fuerza desarrollada

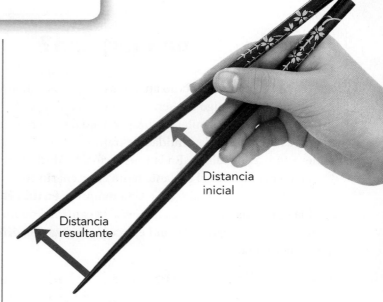

Distancia inicial

Distancia resultante

**Cambiar la fuerza** En algunas máquinas, la fuerza desarrollada es *superior* a la fuerza aplicada. ¿Cómo es posible? Recuerda la fórmula del trabajo: **Trabajo = Fuerza × Distancia**. Si la cantidad de trabajo es la misma, una disminución de la fuerza significa un incremento de la distancia. Entonces, si una máquina te permite usar menos fuerza aplicada para realizar la misma cantidad de trabajo, debes aplicar esa cantidad menor de fuerza aplicada durante una distancia mayor.

Todos los días ves máquinas que trabajan de esta manera. ¿Cuán difícil sería abrir un grifo sin manija? La manija es más ancha que la caña del grifo, entonces al girar la manija, tu mano recorre una distancia mayor a la que recorrería si giraras la caña directamente. Girar la manija una distancia mayor te permite usar menos fuerza.

**Cambiar la distancia** En algunas máquinas, la fuerza desarrollada es menor a la fuerza aplicada. Este tipo de máquina te permite ejercer la fuerza aplicada a lo largo de una distancia menor. Para aplicar una fuerza sobre una distancia menor, debes ejercer una mayor fuerza aplicada. ¿Para qué se usa este tipo de máquina? Piensa en un par de palillos. Cuando usas palillos para comer, la mano con la que sostienes los palillos se mueve una distancia corta. El otro extremo de los palillos se mueve una distancia mayor y te permite tomar un trozo grande de alimento con un pequeño movimiento.

> Completa la ecuación siguiente. Asegúrate de describir cada cantidad como *grande* o *pequeña*.

| Trabajo aplicado | | Trabajo realizado |
|---|---|---|
| fuerza aplicada **×** distancia inicial | **=** | fuerza desarrollada **×** distancia resultante |
| pequeña     grande | | grande     pequeña |

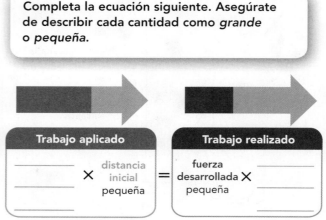

| Trabajo aplicado | | Trabajo realizado |
|---|---|---|
| _____ **×** distancia inicial | **=** | fuerza desarrollada **×** |
| _____     pequeña | | pequeña |

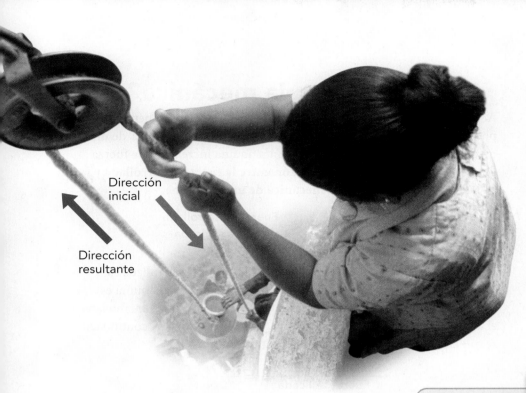

Dirección
inicial

Dirección
resultante

**Cambiar la dirección** Algunas máquinas no cambian la fuerza ni la distancia. La fotografía de arriba muestra una máquina denominada *polea* que está atada a un balde. (Pronto aprenderás más sobre las poleas). La polea no aumenta la fuerza aplicada ni la distancia. Sin embargo, al cambiar la dirección de la fuerza aplicada, la polea hace que sea mucho más fácil mover el balde hasta la parte superior de un edificio: sólo debes tirar de la cuerda hacia abajo. Sin una polea, deberías cargar el balde y subirlo por una escalera. El asta de una bandera también es una polea.

> Completa la ecuación siguiente. Asegúrate de describir cada cantidad como *grande* o *pequeña*.

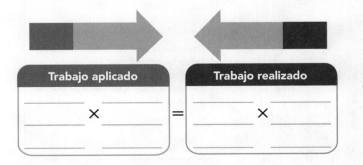

| Trabajo aplicado | | | Trabajo realizado | | |
|---|---|---|---|---|---|
| ____ | × | ____ | = | ____ | × | ____ |

**Zona** de **laboratorio** ® Haz la Actividad rápida de laboratorio *Cuesta arriba.*

## 🔑 Evalúa tu comprensión

**1a. Haz una lista** Menciona dos ejemplos de máquinas en las que la fuerza desarrollada sea mayor que la fuerza aplicada.

_____

_____

**b. Aplica conceptos** Imagínate que usas un par de palillos y aplicas una fuerza de 1 N en una distancia de 0.01 m. ¿Cuánto trabajo realizarías? Si la fuerza desarrollada de los palillos es de sólo 0.5 N, ¿cuánto se abren las puntas de los palillos?

_____

_____

**¿comprendiste?** ..................................

○ **¡Comprendí!** Ahora sé que las máquinas facilitan el trabajo al _____

_____

○ Necesito más ayuda con _____

*Consulta* MY SCIENCE Ⓢ COACH *en línea para obtener ayuda en inglés sobre este tema.*

# ¿Qué es la ventaja mecánica?

Acabas de aprender a describir máquinas usando palabras, pero también puedes describir máquinas con números. La **ventaja mecánica** de una máquina es el número de veces que esa máquina incrementa la fuerza que se ejerce sobre ella. 🔑 **La razón entre la fuerza desarrollada y la fuerza aplicada es la ventaja mecánica de una máquina.**

$$\text{Ventaja mecánica} = \frac{\text{Fuerza desarrollada}}{\text{Fuerza aplicada}}$$

### Aumento de la fuerza
Cuando la fuerza desarrollada es superior a la fuerza aplicada, la ventaja mecánica de una máquina es mayor a 1. Ejerces una fuerza aplicada de 10 newtons sobre un abrelatas y el abrelatas ejerce una fuerza desarrollada de 30 newtons. A continuación, se calcula la ventaja mecánica del abrelatas.

$$\frac{\text{Fuerza desarrollada}}{\text{Fuerza aplicada}} = \frac{30\ N}{10\ N} = 3$$

¡El abrelatas triplica la fuerza aplicada que ejerces!

### Aumento de la distancia
Cuando una máquina aumenta la distancia, la fuerza desarrollada es inferior a la fuerza aplicada y la ventaja mecánica es menor a 1. Si la fuerza aplicada es de 20 newtons y la fuerza desarrollada es de 10 newtons, la ventaja mecánica es la que se muestra a continuación.

$$\frac{\text{Fuerza desarrollada}}{\text{Fuerza aplicada}} = \frac{10\ N}{20\ N} = 0.5$$

La fuerza aplicada que ejerces se reduce a la mitad, pero la distancia inicial se duplica.

**Compara y contrasta**
En estas dos páginas, subraya las oraciones que expliquen cómo diferenciar las máquinas según las ventajas mecánicas de cada una.

ILUSTRACIÓN 3 ·····························
**Ventaja mecánica**
Para afinar los tambores, hay que ajustar y aflojar tornillos. Las llaves de los tambores hacen que sea más fácil girar los tornillos.
✎ **Identifica** Dibuja una flecha que indique la dirección de la fuerza desarrollada de la llave.

Cuando Abril ejerce una fuerza aplicada de 10 N, la llave del tambor proporciona una fuerza desarrollada de 15 N.

fuerza aplicada

LOS ELECTRONES DE LA MUERTE

¿La fuerza desarrollada actúa en la misma dirección que la fuerza aplicada? _____

Calcula la ventaja mecánica de la llave del tambor.

Dado que la llave del tambor aumentó la fuerza aplicada que Abril ejerció, ¿su distancia inicial es mayor o menor que la distancia resultante de la llave del tambor?

**Cambio de dirección** ¿Qué puedes predecir acerca de la ventaja mecánica de una máquina que cambia la dirección de la fuerza? Si únicamente cambia la dirección, la fuerza aplicada será igual a la fuerza desarrollada. La ventaja mecánica será siempre 1.

# ¡Usa las matemáticas!

En la gráfica se muestran datos sobre la fuerza aplicada y la fuerza desarrollada de tres rampas distintas. Consulta la gráfica para responder las preguntas siguientes. (Las rampas verdaderas no están dibujadas en la gráfica. ¡No confundas las líneas de la gráfica con las rampas!)

**1** **Lee gráficas** Si se ejerce una fuerza aplicada de 80 N sobre la rampa 2, ¿cuál es la fuerza desarrollada?

_____

**2** **Interpreta datos** Halla la pendiente de la línea de cada rampa.

_____

_____

_____

**3** **Saca conclusiones** ¿Por qué la pendiente representa la ventaja mecánica de cada rampa?

_____

_____

_____

_____

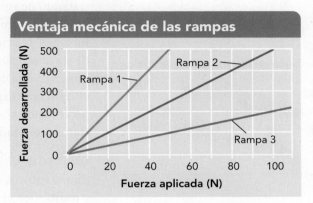

**Ventaja mecánica de las rampas**

Rampa 1  Rampa 2  Rampa 3

Fuerza desarrollada (N): 0, 100, 200, 300, 400, 500

Fuerza aplicada (N): 0, 20, 40, 60, 80, 100

**4** **Haz una gráfica** En la gráfica de arriba, traza una línea para una rampa con una ventaja mecánica de 3.

**5** **DESAFÍO** **Predice** ¿Cuál es la rampa más empinada? ¿Cómo puedes darte cuenta?

_____

_____

_____

_____

_____

_____

**Zona de laboratorio** ® Haz la Actividad rápida de laboratorio *Ventaja mecánica*.

## 🔑 Evalúa tu comprensión

**¿comprendiste?**.................................................................................

○ **¡Comprendí!** Ahora sé que la ventaja mecánica _____

○ Necesito más ayuda con _____

*Consulta* MY SCIENCE 🔵ˢ COACH *en línea para obtener ayuda en inglés sobre este tema.*

## ¿Qué es la eficiencia?

Hasta ahora, has dado por sentado que el trabajo que aplicas a una máquina es exactamente igual al trabajo que realiza. En un caso ideal, esto es así. En los casos reales, sin embargo, el trabajo desarrollado siempre es menor que el trabajo aplicado.

**Vencer la fricción** Si alguna vez has intentado cortar algo con tijeras oxidadas, sabes que gran parte del trabajo que realizas se pierde tratando de vencer la fricción que hay entre las dos hojas de las tijeras.

Todas las máquinas pierden parte del trabajo tratando de vencer la fuerza de fricción. Cuanta menos fricción hay, más se acerca la cantidad de trabajo realizado a la cantidad de trabajo aplicado. La **eficiencia** de una máquina compara el trabajo realizado con el trabajo aplicado. La eficiencia se expresa como un porcentaje. Cuanto más alto es el porcentaje, más eficiente es la máquina. Si conoces el trabajo aplicado y el trabajo realizado de una máquina, puedes calcular su eficiencia.

**Cálculo de la eficiencia** 🔑 **Para calcular la eficiencia de una máquina, divide el trabajo realizado entre el trabajo aplicado y multiplica el resultado por el 100 por ciento.** Esto se resume en la fórmula siguiente.

$$\text{Eficiencia} = \frac{\text{Trabajo realizado}}{\text{Trabajo aplicado}} \times 100\%$$

**Vocabulario** Identificar significados múltiples Subraya en el texto la definición científica de *eficiencia*. Luego, escribe una oración con el uso cotidiano de la palabra *eficiente*.

_____

_____

_____

_____

_____

# ¡aplícalo!

**1** Calcula la eficiencia de esta bicicleta si el trabajo aplicado para pedalear es 45 J y el trabajo realizado es 30 J. Escribe tus cálculos.

_____

_____

_____

_____

**2** Predice ¿Qué pasará con la eficiencia de la bicicleta después de que se limpien los engranajes y se aceite la cadena?

_____

_____

_____

## Máquinas reales y máquinas ideales

Una máquina con una eficiencia del 100 por ciento sería una máquina ideal. Como todas las máquinas pierden trabajo debido a la fricción, las máquinas ideales no existen. Todas las máquinas tienen una eficiencia menor al 100 por ciento.

¿Cómo afecta esto a la ventaja mecánica? La ventaja mecánica *ideal* es tu distancia inicial dividida entre la distancia resultante de la máquina. Muchas veces está relacionada con las dimensiones de la máquina. Lo que has calculado hasta aquí (la fuerza desarrollada dividida entre la fuerza aplicada) es la ventaja mecánica *real*. Si las máquinas fueran ideales y el trabajo aplicado fuese igual al trabajo realizado, las ventajas mecánicas ideales y reales serían iguales. Pero, debido a la fricción, la ventaja mecánica real es siempre menor a la ventaja mecánica ideal.

ILUSTRACIÓN 4 ·······························
> REAL-WORLD INQUIRY

### ¿Una máquina ideal?

Las bolas de esta cuna de Newton pueden moverse durante mucho tiempo, pero, finalmente, volverán a estar en estado de reposo.

✎ **Comunica ideas** Comenta con un compañero dónde se pierde trabajo en esta máquina debido a la fricción. Encierra en un círculo esos lugares en la fotografía y explica tu razonamiento.

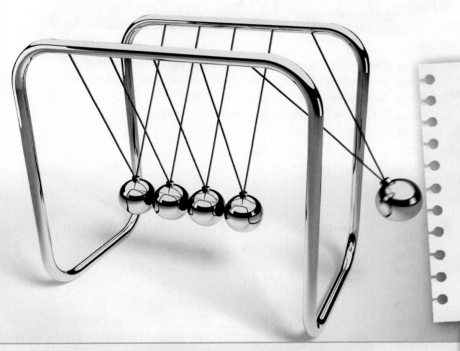

Zona de laboratorio ® Haz la Actividad rápida de laboratorio *Fricción y eficiencia*.

## 🔑 Evalúa tu comprensión

**2a. Relaciona causa y efecto**
Las máquinas reales tienen una eficiencia menor al 100 por ciento porque parte del trabajo se pierde al intentar vencer _____

**b. Predice** ¿Qué ocurre con la eficiencia de una bicicleta cuando se oxida? ¿Qué debes hacer para mantener la misma cantidad de trabajo realizado?
_____

## ¿comprendiste? ·······························································

○ **¡Comprendí!** Ahora sé que la eficiencia _____
_____

○ Necesito más ayuda con _____

*Consulta* MY SCIENCE ⓢ COACH *en línea para obtener ayuda en inglés sobre este tema.*

# Planos inclinados y palancas

🔑 ¿Cómo funcionan los planos inclinados?

🔑 ¿Cómo se clasifican las palancas?

## mi DiaRiO DeL planeta

### ¿Es una máquina?

¿Cuáles de los objetos de la fotografía de abajo son máquinas? Si pensaste que la camioneta y la motocicleta lo son, estás en lo cierto... ¡pero no del todo! Recuerda que un dispositivo no necesariamente debe ser complejo o motorizado para ser una máquina. Observa lo que hay entre la camioneta y la motocicleta. La rampa es una máquina. Observa la persona que está subiendo la motocicleta por la rampa. Está tomando el manubrio con las manos y tiene las rodillas inclinadas para poder caminar mejor. Éstos son ejemplos de máquinas simples. La camioneta y la motocicleta contienen muchas máquinas simples. Hay muchas máquinas en esta fotografía, no sólo las dos que tienen motor.

## CONCEPTOS ERRÓNEOS

**Comunica ideas** Comenta estas preguntas con un compañero. Luego, escribe tus respuestas en el espacio que sigue.

1. ¿Qué tipo de trabajo se facilita con la rampa de la fotografía?

_____

_____

_____

2. Menciona otros ejemplos de rampas que hayas visto o usado.

_____

_____

> **PLANET DIARY** Consulta *Planet Diary* para aprender más en inglés sobre las máquinas de la vida diaria.

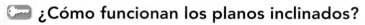

**Zona de laboratorio** Haz la Indagación preliminar *Planos inclinados y palancas.*

**Vocabulario**

- máquina simple • plano inclinado • cuña
- tornillo • palanca • fulcro

**Destrezas**

↻ Lectura: Relaciona causa y efecto

△ Indagación: Infiere

# ¿Cómo funcionan los planos inclinados?

Las máquinas pueden ser tan simples como los palillos o tan complejas como las motocicletas. Cualquier máquina compleja puede reducirse a componentes más pequeños que se conocen como máquinas simples. Una **máquina simple** es un aparato sencillo que facilita el trabajo. La familia de los planos inclinados está formada por tres máquinas simples que están estrechamente relacionadas: el plano inclinado, la cuña y el tornillo.

**Plano inclinado** Con una rampa, es mucho más sencillo levantar un objeto pesado, como una motocicleta. La rampa es un ejemplo de una máquina simple denominada plano inclinado. Un **plano inclinado** es una superficie plana con pendiente.

**Cómo funciona**  **El plano inclinado permite ejercer la fuerza aplicada a lo largo de una distancia mayor.** Como resultado, la fuerza aplicada que se requiere es menor a la fuerza desarrollada. La fuerza aplicada que usas en un plano inclinado es la fuerza con la que empujas o atraes un objeto por la pendiente. La fuerza desarrollada del plano inclinado es equivalente al peso del objeto.

**Ventaja mecánica** Puedes calcular la ventaja mecánica ideal de un plano inclinado dividiendo la longitud de la inclinación entre su altura.

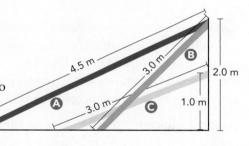

4.5 m · 3.0 m · **B** · 2.0 m · **A** · 3.0 m · **C** · 1.0 m

# ¡aplícalo!

**1** Imagínate que empujas una silla de ruedas por las rampas que se ven en el dibujo de arriba. ¿Cuál sería la más difícil de usar y por qué?

_____

**2** Calcula la ventaja mecánica ideal de cada rampa usando la fórmula siguiente.

$$\text{Ventaja mecánica ideal} = \frac{\text{Longitud de la rampa}}{\text{Altura de la rampa}}$$

_____

_____

**3** La rampa con (menos/más) ventaja mecánica es la más empinada.

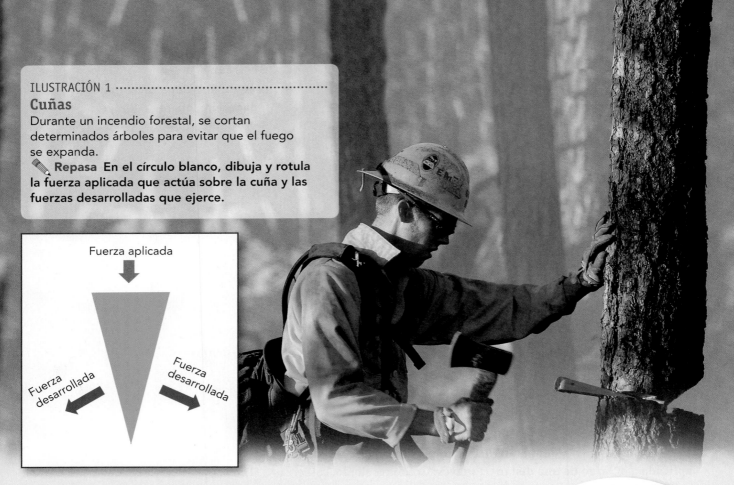

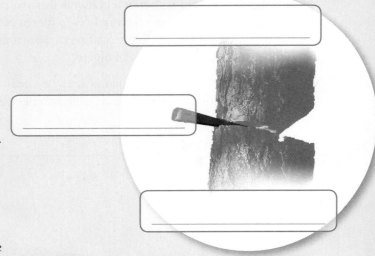

**Cuñas**

Durante un incendio forestal, se cortan determinados árboles para evitar que el fuego se expanda.

✎ **Repasa** En el círculo blanco, dibuja y rotula la fuerza aplicada que actúa sobre la cuña y las fuerzas desarrolladas que ejerce.

Fuerza aplicada

Fuerza desarrollada

Fuerza desarrollada

**Cuña** Si alguna vez cortaste un trozo de manzana con un cuchillo o subiste una cremallera, conoces otra máquina simple conocida como cuña. Una **cuña** es un dispositivo que es grueso en uno de sus extremos y se estrecha hasta convertirse en un borde delgado en el otro extremo.

**Cómo funciona** Piensa en la cuña como un plano inclinado (o dos planos inclinados acoplados) que se mueve. 🔑 **Cuando usas una cuña, en lugar de mover un objeto a lo largo del plano inclinado, mueves el plano inclinado mismo.** Por ejemplo, cuando se usa un hacha para cortar madera, el mango del hacha ejerce una fuerza sobre la hoja filosa del hacha, que es la cuña. Esa fuerza empuja la cuña hacia abajo y la inserta en la madera. A su vez, la cuña ejerce una fuerza desarrollada con un ángulo de 90° con respecto a su pendiente y corta la madera en dos.

**Ventaja mecánica** La ventaja mecánica ideal de una cuña se determina dividiendo la longitud de la cuña entre su grosor. Cuanto más larga y delgada es una cuña, mayor es su ventaja mecánica. Cuando afilas un cuchillo, haces que la cuña sea más delgada. Así aumenta su ventaja mecánica. Por esta razón, los cuchillos más afilados cortan mejor que los que están más gastados.

$$\text{Ventaja mecánica ideal} = \frac{\text{Longitud de la cuña}}{\text{Grosor de la cuña}}$$

Calcula la ventaja mecánica ideal de la cuña del bombero si tiene 4 cm de grosor y 22 cm de largo.

_____

_____

**Tornillo** Al igual que la cuña, el **tornillo** es una máquina simple que está relacionada con el plano inclinado. Se puede pensar que el tornillo es un plano inclinado que envuelve un cilindro.

**Cómo funciona** Cuando giras un tornillo dentro de un trozo de madera, ejerces una fuerza aplicada sobre el tornillo. 🗝 **Las roscas del tornillo actúan como un plano inclinado para aumentar la distancia en la cual ejerces la fuerza aplicada.** A medida que las roscas del tornillo giran, ejercen una fuerza desarrollada sobre la madera. La fricción permite que el tornillo se mantenga en el lugar. Otros ejemplos de tornillos son los pernos, los taladros y las tapas de tarros.

**Ventaja mecánica** Piensa en la longitud de las roscas del tornillo como la longitud de un plano inclinado y en la longitud del tornillo como la altura del plano inclinado. La ventaja mecánica ideal del tornillo es la longitud de las roscas del tornillo dividida entre la longitud del tornillo, del mismo modo que la ventaja mecánica ideal de un plano inclinado es su longitud dividida entre su altura. Cuanto más cerca están las roscas de un tornillo entre sí, mayor es la ventaja mecánica.

## Tornillos

El diagrama que sigue muestra un tornillo con diez roscas.

✏️ **Calcula** ¿Cuál es la ventaja mecánica del tornillo que está a la izquierda? **DESAFÍO** En el tornillo liso que se encuentra al lado, dibuja las roscas necesarias para formar un tornillo que tenga la misma longitud pero que sea más fácil de atornillar en un trozo de madera. Hay una pista en el texto, encuéntrala y enciérrala en un círculo.

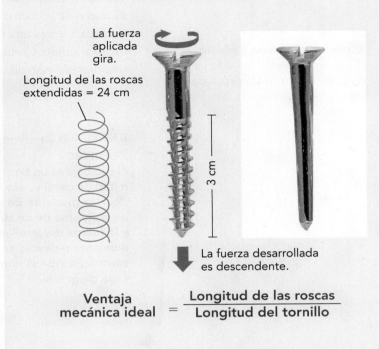

La fuerza aplicada gira.

Longitud de las roscas extendidas = 24 cm

3 cm

La fuerza desarrollada es descendente.

$$\text{Ventaja mecánica ideal} = \frac{\text{Longitud de las roscas}}{\text{Longitud del tornillo}}$$

_____

_____

🔺 **Zona** de **laboratorio** ® Haz la Investigación de laboratorio
*La clave está en el ángulo.*

🗝 **Evalúa tu comprensión**

**1a. Haz una lista** Menciona tres máquinas simples de la familia del plano inclinado que estén relacionadas entre sí.

_____

**b. Explica** Un plano inclinado simple facilita el trabajo porque reduce la (fuerza aplicada/distancia inicial) que se requiere para mover el objeto.

**c. Compara y contrasta** Menciona una de las semejanzas y una de las diferencias entre los planos inclinados y los tornillos.

_____

_____

_____

_____

_____

**¿comprendiste?** ································

O **¡Comprendí!** Ahora sé que los planos inclinados ____

_____

O Necesito más ayuda con _____

*Consulta* **MY SCIENCE** 💬 **COACH** *en línea para obtener ayuda en inglés sobre este tema.*

## ¿Cómo se clasifican las palancas?

¿Alguna vez has estado en un subibaja o has usado una cuchara para comer? Si lo has hecho, entonces conoces otra máquina simple denominada palanca. Una **palanca** consiste en una barra rígida que gira o rota libremente en torno a un punto fijo. El punto fijo en torno al cual gira una palanca se denomina **fulcro.**

### Cómo funciona
Para entender el funcionamiento de las palancas, piensa en cómo usas la cuchara. Tu muñeca actúa como un fulcro. El hueco de la cuchara se coloca cerca del alimento. Cuando giras la muñeca, ejerces una fuerza aplicada sobre el mango y la cuchara gira en torno al fulcro. Como resultado, el hueco de la cuchara se hunde y ejerce una fuerza desarrollada sobre el alimento.

✏️ **Relaciona causa y efecto**
El párrafo titulado *Cómo funciona* describe el uso de una cuchara. Subraya en ese párrafo la causa y el efecto.

ILUSTRACIÓN 3 ·····················································
### Palancas

El subibaja es un tipo de palanca en la cual el fulcro está ubicado a mitad de camino, entre la fuerza aplicada y la fuerza desarrollada.

✏️ **Haz modelos  En el espacio en blanco de la izquierda, dibuja un diagrama de un subibaja. Rotula el fulcro, la fuerza aplicada y la fuerza desarrollada.** DESAFÍO **Los diagramas de abajo muestran palancas en las cuales el fulcro no está ubicado en el centro. Escribe el nombre de una máquina que coincida con cada diagrama.**

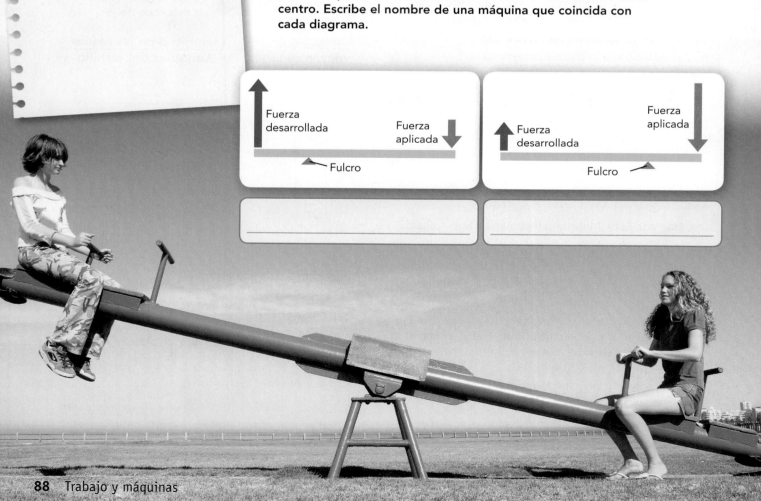

Fuerza desarrollada — Fuerza aplicada — Fulcro

Fuerza desarrollada — Fuerza aplicada — Fulcro

**Ventaja mecánica**  Usar una palanca, como una cuchara, no aumenta la fuerza aplicada que ejerces ni cambia la dirección en que la ejerces, pero aumenta tu distancia inicial. Cuando usas una cuchara, sólo debes mover el mango una distancia corta para mover el alimento una distancia mayor. Sin embargo, debes aplicar más fuerza que la que aplicarías si no usaras la cuchara.

La ventaja mecánica ideal de una palanca se calcula mediante la fórmula siguiente.

$$\text{Ventaja mecánica ideal} = \frac{\text{Distancia desde el fulcro hasta la fuerza aplicada}}{\text{Distancia desde el fulcro hasta la fuerza desarrollada}}$$

En el caso de la cuchara, la distancia desde el fulcro hasta la fuerza aplicada es menor a la distancia desde el fulcro hasta la fuerza desarrollada. Esto quiere decir que la ventaja mecánica es menor que 1.

**Tipos de palancas**  Cuando la cuchara se usa como palanca, la fuerza aplicada está ubicada entre el fulcro y la fuerza desarrollada. Aunque esto no siempre es así. **Las palancas se clasifican según la ubicación del fulcro respecto de la fuerza aplicada y la fuerza desarrollada.** En la página siguiente, se explican los tres tipos distintos de palancas.

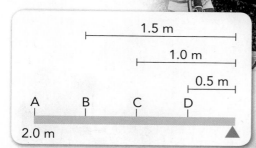

# ¡aplícalo!

Un palo de hockey es un ejemplo de palanca. El hombro actúa como el fulcro de la palanca. La fuerza desarrollada se ejerce en el lugar donde el palo golpea al disco. Ejerces la fuerza aplicada en el lugar donde la mano que está más abajo toma el palo. ¿Cuál es la ventaja mecánica de un palo de hockey

**1** si se toma por el punto D y golpea el disco en el punto A? _____

**2** si se toma por el punto D y golpea el disco en el punto B? _____

**3** **Infiere**  ¿Es posible que alguna vez la ventaja mecánica de un palo de hockey sea mayor que 1? Explica tu respuesta.

_____
_____
_____
_____
_____

### > ART IN MOTION Tres clases de palancas

Las tres clases de palancas se diferencian por la posición del fulcro, la fuerza aplicada y la fuerza desarrollada.

✏️ **Interpreta diagramas Dibuja y rotula el fulcro, la fuerza aplicada y la fuerza desarrollada en las fotografías de las palancas de segundo y tercer orden.**

## Palancas de primer orden

Las palancas de primer orden cambian la dirección de la fuerza aplicada y, además, aumentan la fuerza o la distancia. La fuerza aumenta si el fulcro está más cerca de la fuerza desarrollada. La distancia aumenta si el fulcro está más cerca de la fuerza aplicada. Algunos ejemplos de palancas de primer orden son los subibajas y las tijeras.

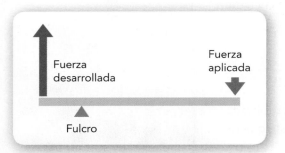

## Palancas de segundo orden

Las palancas de segundo orden aumentan la fuerza, pero no cambian la dirección de la fuerza aplicada. Algunos ejemplos son las puertas, los rompenueces y los destapadores de botellas. La ventaja mecánica de las palancas de segundo orden siempre es mayor que 1.

## Palancas de tercer orden

Las palancas de tercer orden aumentan la distancia, pero no cambian la dirección de la fuerza aplicada. Algunos ejemplos son las cucharas, las palas y los bates de béisbol. La ventaja mecánica de las palancas de tercer orden siempre es menor que 1.

**Si tienes dificultades con esta parte, ¡busca ayuda en la página anterior!**

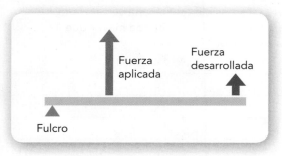

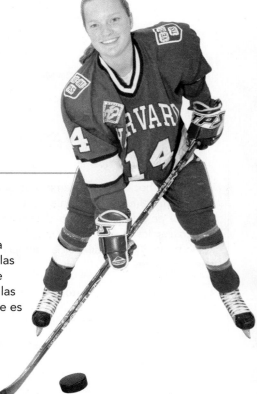

# Palancas en el cuerpo humano

En tu cuerpo hay distintas palancas. ✎ **Clasifica** **En el segundo y el tercer diagrama, dibuja una flecha que represente la fuerza desarrollada. Luego, identifica de qué orden son las palancas de cada parte del cuerpo.**

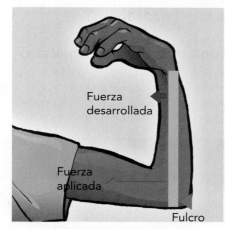

El músculo bíceps proporciona la fuerza aplicada. La fuerza desarrollada se utiliza para levantar el brazo.

Los músculos de la nuca proporcionan una fuerza aplicada y la fuerza desarrollada resultante hace que tu mentón se mueva hacia atrás.

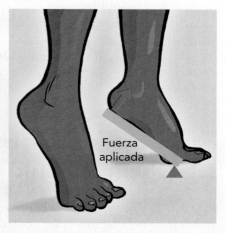

El músculo de la pantorrilla proporciona una fuerza aplicada y la fuerza desarrollada resultante hace que tu cuerpo se eleve y se incline levemente hacia adelante.

**Zona**de**laboratorio** Haz la Actividad rápida de laboratorio *Hacer modelos de palancas.*

# 🔑 Evalúa tu comprensión

**2a. Describe** Describe cómo facilita el trabajo cada uno de los tres tipos de palancas.

_____
_____
_____
_____

**b. Calcula** ¿Cuál es la ventaja mecánica de una palanca con una distancia de 2 m entre la fuerza aplicada y el fulcro y 1 m entre la fuerza desarrollada y el fulcro? _____

**c. Infiere** ¿De qué orden u órdenes podría ser la palanca de la pregunta anterior? Explica tu respuesta.

_____
_____
_____
_____
_____
_____
_____
_____
_____

**¿comprendiste?**·····················································································

○ **¡Comprendí!** Ahora sé que las palancas se clasifican según _____
_____

○ **Necesito más ayuda con** _____

*Consulta* MY SCIENCE ꜱ COACH *en línea para obtener ayuda en inglés sobre este tema.*

# Combinar las máquinas

🗝 ¿Qué máquinas simples aprovechan la rotación?

🗝 ¿De qué manera realiza trabajo una máquina compuesta?

## mi DiaRio DeL pLaneta

### Alerta LIDAR

Es posible que uno de los métodos de transporte más antiguos del mundo, el velero, se beneficie con nueva tecnología: una estación LIDAR móvil. Las estaciones LIDAR (del inglés *Light detection and ranging*, que significa Detección y medición por luz) detectan la rapidez y la dirección del viento a través de haces de láser. La nueva estación, desarrollada por científicos chinos, cabe en un autobús que se puede estacionar cerca de masas de agua. Los marineros necesitan conocer la rapidez y dirección del viento para colocar las velas en la posición adecuada. Con la información que reúnen a partir de estas nuevas estaciones LIDAR y las máquinas simples que usan para controlar las velas, los marineros pueden aumentar en gran medida sus probabilidades de navegar de manera segura y ganar competencias deportivas.

## DESCUBRIMIENTO

Responde las preguntas siguientes.

1. ¿Por qué podrían los fabricantes de veleros incorporar máquinas simples en sus diseños?

_____

_____

2. Menciona otro ejemplo en el que se combine el uso de tecnología avanzada y máquinas simples.

_____

_____

> PLANET DIARY   Consulta *Planet Diary* para aprender más en inglés sobre la navegación.

 **Zona de laboratorio**   Haz la Indagación preliminar *Máquinas que rotan.*

**Vocabulario**
- polea
- rueda y eje
- máquina compuesta

**Destrezas**
↻ Lectura: Resume
△ Indagación: Clasifica

# ¿Qué máquinas simples aprovechan la rotación?

Si alguna vez has tenido que arrastrar una maleta con las rueditas atascadas, sabrás que es mucho más sencillo mover la maleta cuando las ruedas giran. 🔑 **Dos máquinas simples aprovechan la rotación: la polea y la rueda y el eje.**

### Cómo funciona una polea
Cuando izas la vela de un velero, usas una polea. Una **polea** es una máquina simple que consiste en una rueda con un surco alrededor del cual pasa una cuerda o cable. La polea funciona al tirar de uno de los extremos de la cuerda. Ésta es la fuerza aplicada. Al otro extremo de la cuerda, la fuerza desarrollada ejerce una fuerza ascendente sobre el objeto que quieres mover. La rueda con un surco gira. Es más fácil mover la cuerda de esta manera que si se la hubiera enrollado alrededor de un palo. Para mover un objeto una cierta distancia, la polea puede facilitar el trabajo de dos maneras. Puede reducir la cantidad de fuerza aplicada que se necesita para levantar el objeto y también puede cambiar la dirección de la fuerza aplicada que ejerces. Por ejemplo, en el asta de la bandera, cuando tiras de la cuerda hacia abajo, la bandera sube.

↻ **Resume** Resume en una o dos oraciones lo que has aprendido en esta página.

_____
_____
_____
_____
_____

ILUSTRACIÓN 1 ·····························
### Máquinas simples en los veleros
En un velero, puedes encontrar muchas máquinas simples. Los diagramas que siguen muestran varias partes de un velero. ✏️ **Clasifica** **En el diagrama, encierra en un círculo las máquinas que creas que son poleas.**

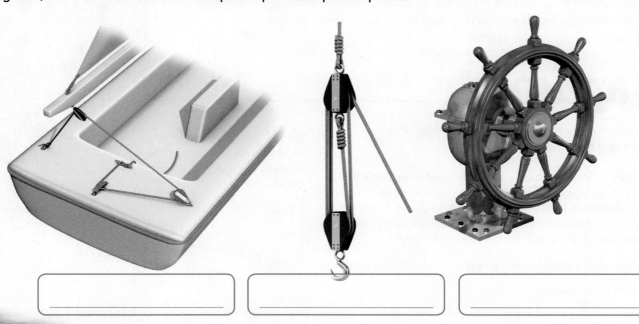

_____    _____    _____

ILUSTRACIÓN 2 ·····················································

> **INTERACTIVE ART** Tipos de poleas

Los sistemas de poleas se clasifican según la cantidad y la posición de las ruedas que poseen. ✏️ 🔍 **Clasifica** **Vuelve a observar la ilustración 1 y revisa tus respuestas. Al lado de cada polea, rotula de qué tipo se trata.**

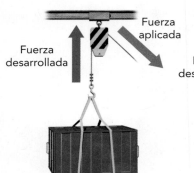

Fuerza desarrollada

Fuerza aplicada

Ventaja mecánica = 1

**Polea fija**
La polea fija cambia la dirección de la fuerza, pero no su cantidad.

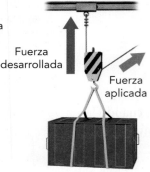

Fuerza desarrollada

Fuerza aplicada

Ventaja mecánica = 2

**Polea móvil**
La polea móvil reduce la cantidad de fuerza aplicada que se necesita, pero no cambia la dirección de la fuerza.

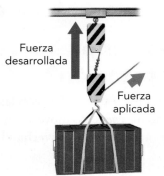

Fuerza desarrollada

Fuerza aplicada

Ventaja mecánica = 3

**Aparejo**
El aparejo es un sistema de poleas formado por poleas fijas y poleas móviles.

**Tipos de poleas** La polea que afirmas sobre una estructura es una polea fija. Las poleas fijas se usan en la parte superior del asta de una bandera. Una polea móvil se afirma directamente sobre el objeto que se desea mover. Las grúas de construcción generalmente utilizan poleas móviles. Si se combinan poleas fijas y móviles, se obtiene un sistema de poleas conocido como aparejo. La dirección de la fuerza aplicada de un aparejo puede ser ascendente o descendente según cómo estén dispuestas las poleas y la cuerda. La ventaja mecánica ideal de una polea o de un sistema de poleas es equivalente al número de secciones de cuerda que sostienen el objeto. No se incluye la cuerda de la que se tira hacia abajo, porque esa cuerda no sostiene el objeto.

# ¡aplícalo!

El sistema de poleas que ves aquí permite al pintor elevarse o descender.

**1 Rotula** Imagínate que el pintor tira de la cuerda hacia abajo con la fuerza necesaria para elevarse. Dibuja y rotula flechas para indicar la dirección de las fuerzas aplicada y desarrollada. Dibuja una flecha más larga que la otra para indicar cuál de las fuerzas es mayor.

**2 Interpreta diagramas** La ventaja mecánica de este sistema de poleas es _____.

**3 DESAFÍO** ¿Cuál es el beneficio de combinar poleas móviles y fijas en un sistema como éste?

_____
_____
_____
_____
_____

## Cómo funciona la rueda y el eje

Usas un destornillador para ajustar tornillos porque es mucho más sencillo girar el mango del destornillador que girar el tornillo mismo. Una máquina simple que consiste en dos objetos unidos que giran en torno a un eje común se denomina **rueda y eje**. El objeto de mayor radio es la rueda. En un destornillador, el mango es la rueda y la caña es el eje. Cuando giras la rueda, el eje rota. El eje ejerce más fuerza desarrollada en una distancia menor.

Si aplicas fuerza sobre el eje, tu fuerza desarrollada será menor que la fuerza aplicada. Sin embargo, será ejercida en una distancia mayor. Así es como funciona la rueda hidráulica de un barco. El motor del barco hace girar un eje que, a su vez, hace girar la rueda del barco. Como resultado, el barco avanza.

## Ventaja mecánica

La ventaja mecánica ideal de una rueda y eje se calcula dividiendo el radio de la rueda entre el radio del eje. (El radio es la distancia entre el borde exterior de un círculo y su centro). Cuanto mayor es la razón entre el radio de la rueda y el radio del eje, mayor es la ventaja mecánica.

ILUSTRACIÓN 3 ·····························
### Rueda y eje

Estos destornilladores tienen el mismo radio de la caña. En el destornillador azul, el radio del mango es mayor.

✏️ **Infiere** Encierra en un círculo el destornillador que tenga la mayor ventaja mecánica.

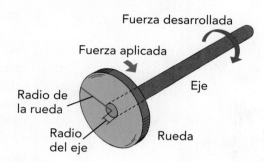

Fuerza desarrollada
Fuerza aplicada
Eje
Radio de la rueda
Radio del eje
Rueda

---

Ventaja mecánica ideal = $\dfrac{\text{Radio de la rueda}}{\text{Radio del eje}}$

El radio del mango del destornillador azul es 1.5 cm y el radio de la caña es 0.25 cm. ¿Cuál es la ventaja mecánica? _____

🔺 **Clasifica** Observa la ilustración 1 y verifica tus respuestas. Si descubres una rueda y eje, enciérralos en un recuadro.

**Zona de laboratorio** Haz la Actividad rápida de laboratorio *Cómo construir poleas.*

---

## 🔑 Evalúa tu comprensión

**1a. Haz una lista** Menciona dos ejemplos de rueda y eje. ¿Cuál de los dos ejemplos que mencionaste tiene mayor ventaja mecánica?

_____

_____

**b. Aplica conceptos** Ejerces una fuerza de 100 N sobre un sistema de poleas para levantar 300 N. ¿Cuál es la ventaja mecánica de este sistema? ¿Cuántas secciones de la cuerda soportan el peso?

_____

## ¿comprendiste? ······················································································

○ **¡Comprendí!** Ahora sé que las poleas y las ruedas y ejes _____

_____

○ Necesito más ayuda con _____

*Consulta* MY SCIENCE 🅢 COACH *en línea para obtener ayuda en inglés sobre este tema.*

# ¿De qué manera realiza trabajo una máquina compuesta?

Imagínate que tú y tus vecinos se ofrecen como voluntarios para limpiar un parque de la zona. ¿El trabajo sería más sencillo si ayudaran sólo unas pocas personas o si todo el vecindario trabajara en conjunto? Generalmente, es más sencillo completar un trabajo si mucha gente colabora. De la misma manera, puede ser más fácil realizar un trabajo si se usa más de una máquina simple. Una máquina que combina dos o más máquinas simples es una **máquina compuesta.**

 **En una máquina compuesta, la fuerza desarrollada de una de las máquinas simples se convierte en la fuerza aplicada de otra máquina simple.** Piensa en una engrapadora. El mango es una palanca. Cada una de las puntas de la grapa actúa como una cuña. Imagínate que la ventaja mecánica de la palanca es 0.8 y la de la cuña es 2. Si aplicas una fuerza de 10 N sobre la palanca, la fuerza desarrollada de la palanca será 8 N. Esos 8 N se convierten en la fuerza aplicada de la cuña y la fuerza desarrollada final es 8 N multiplicados por 2, o 16 N.

Recuerda que la ventaja mecánica es la fuerza desarrollada dividida entre la fuerza aplicada. La ventaja mecánica de la engrapadora es 16 N divididos entre 10 N, o 1.6. Hay otra manera de calcular este valor. Puedes multiplicar las ventajas mecánicas de las máquinas que forman los componentes de la engrapadora, es decir, la palanca (0.8) y la cuña (2). La ventaja mecánica ideal de una máquina compuesta es el producto de las ventajas mecánicas ideales de las máquinas simples que la componen.

ILUSTRACIÓN 4 ·······························
## Máquinas compuestas
Una máquina compuesta consiste de dos o más máquinas simples. ✎ **Identifica En la fotografía de la izquierda, encierra en un círculo e identifica tres máquinas simples que forman el pelador de manzanas.**

Si las ventajas mecánicas de las máquinas que forman el pelador son 2, 3 y 12, ¿cuál es la ventaja mecánica total del pelador de manzanas?

_____

# ¿Cómo puedo mover esto hasta allí arriba?

## ¿Cómo facilitan el trabajo las máquinas?

ILUSTRACIÓN 5 ·····································································

Los profesionales que trasladan pianos usan máquinas compuestas para realizar el trabajo. ✎ **Calcula la ventaja mecánica (VM) de cada una de las máquinas simples que forman la máquina compuesta. (La máquina simple que está montada en el camión tiene un radio interno de 0.05 m y un radio externo de 0.25 m). ¿Cuál es la ventaja mecánica total?**

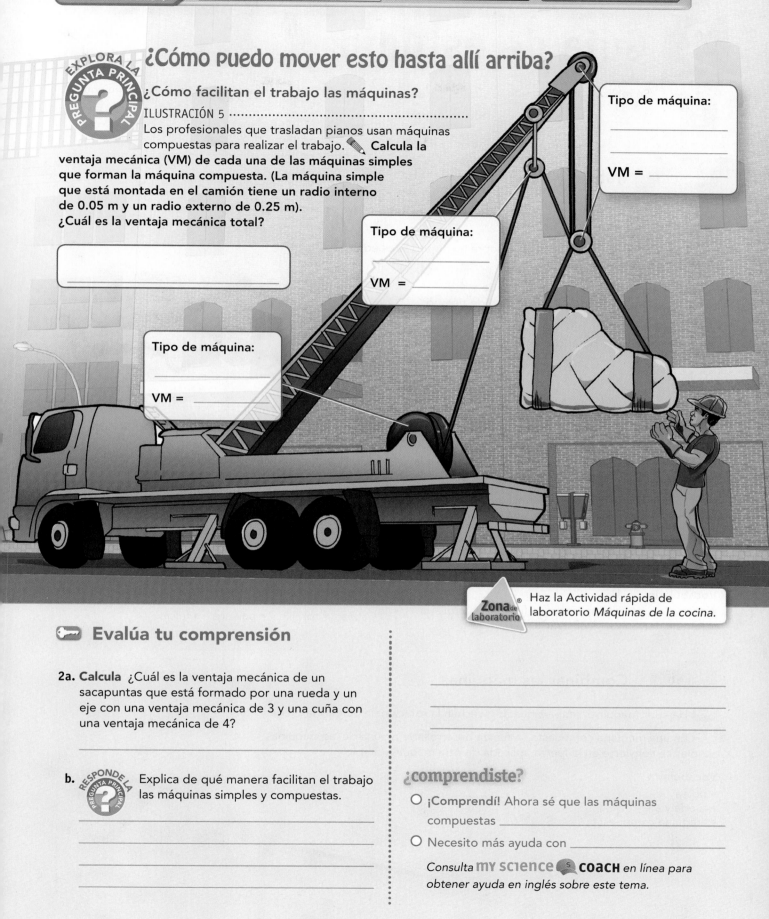

Tipo de máquina:

_____

_____

VM = _____

Tipo de máquina:

_____

VM = _____

Tipo de máquina:

_____

VM = _____

_____

Zona de laboratorio ® Haz la Actividad rápida de laboratorio *Máquinas de la cocina*.

## 🔑 Evalúa tu comprensión

**2a. Calcula** ¿Cuál es la ventaja mecánica de un sacapuntas que está formado por una rueda y un eje con una ventaja mecánica de 3 y una cuña con una ventaja mecánica de 4?

_____

_____

_____

_____

**b.** RESPONDE LA PREGUNTA PRINCIPAL Explica de qué manera facilitan el trabajo las máquinas simples y compuestas.

_____

_____

_____

### ¿comprendiste?

○ **¡Comprendí!** Ahora sé que las máquinas compuestas _____

○ Necesito más ayuda con _____

*Consulta* MY SCIENCE ⓢ COACH *en línea para obtener ayuda en inglés sobre este tema.*

# Guía de estudio

Se realiza trabajo cuando _____ se aplica en la misma dirección que el movimiento.

_____ facilitan el trabajo.

---

**LECCIÓN 1 Trabajo y potencia**

🔑 Se realiza trabajo sobre un objeto cuando el objeto se mueve en la misma dirección en que es ejercida la fuerza.

🔑 La cantidad de trabajo realizado sobre un objeto se puede calcular multiplicando la fuerza por la distancia.

🔑 La potencia es igual a la cantidad de trabajo realizado sobre un objeto en una unidad de tiempo.

**Vocabulario**

• trabajo • julio • potencia • vatio

---

**LECCIÓN 2 Entender las máquinas**

🔑 Una máquina facilita el trabajo porque cambia la fuerza, la distancia o la dirección.

🔑 La razón entre la fuerza desarrollada y la fuerza aplicada es la ventaja mecánica de una máquina.

🔑 Para calcular la eficiencia de una máquina, divide el trabajo realizado entre el trabajo aplicado y multiplica el resultado por el 100 por ciento.

**Vocabulario**

• máquina • fuerza aplicada • fuerza desarrollada
• ventaja mecánica • eficiencia

---

**LECCIÓN 3 Planos inclinados y palancas**

🔑 Hay tres máquinas simples que están estrechamente relacionadas (el plano inclinado, la cuña y el tornillo) y que forman la familia de los planos inclinados.

🔑 Las palancas se clasifican según la ubicación del fulcro respecto de la fuerza aplicada y la fuerza desarrollada.

**Vocabulario**

• máquina simple • plano inclinado
• cuña • tornillo • palanca • fulcro

---

**LECCIÓN 4 Combinar las máquinas**

🔑 Hay dos máquinas simples que aprovechan la rotación: la polea y la rueda y eje.

🔑 En una máquina compuesta, la fuerza desarrollada de una de las máquinas simples se convierte en la fuerza aplicada de otra máquina simple.

**Vocabulario**

• polea
• rueda y eje
• máquina compuesta

# Repaso y evaluación

## LECCIÓN 1   Trabajo y potencia

**1.** La cantidad de trabajo realizado sobre un objeto se calcula multiplicando

**a.** la fuerza por la distancia.   **b.** la fuerza por el tiempo.

**c.** la potencia por la eficiencia.   **d.** la rapidez por el tiempo.

**2.** La rapidez con la que se realiza un trabajo se

denomina _____

**3. Calcula** Vas a practicar escalada en roca con una mochila que pesa 70 N y subes hasta una altura de 30 m. ¿Cuánto trabajo realizaste para cargar la mochila? Si terminaste de escalar en 10 minutos (600 s), ¿cuál fue tu potencia?

_____

_____

_____

**4. Aplica conceptos** ¿Qué quieren decir los fabricantes de automóviles cuando dicen que sus vehículos tienen mayor potencia que los de la competencia?

_____

_____

_____

**5.** **Escríbelo**   Los padres de un amigo tuyo le dicen que debe trabajar más en la casa. ¿Cómo podría tu amigo usar las ciencias para explicarles que ya realiza bastante trabajo al ocuparse de sus actividades cotidianas?

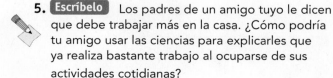

## LECCIÓN 2   Entender las máquinas

**6.** Una de las maneras en que una máquina puede facilitar el trabajo es

**a.** aumentando la fuerza.   **b.** reduciendo el tiempo.

**c.** aumentando el trabajo.   **d.** reduciendo el trabajo.

**7.** La ventaja mecánica real de cualquier máquina

es su _____ dividida entre

su _____

**8. Resuelve problemas** Tú y tus amigos están construyendo una casa en un árbol y necesitan una máquina para mover una carga pesada de madera desde el suelo hasta la parte superior del árbol. Instalas un sistema de poleas que te permite tirar hacia abajo de una cuerda y subir la madera. De esta forma, logras subir una carga que normalmente no podrías levantar. ¿De qué manera la máquina les facilitó el trabajo?

_____

_____

_____

_____

**9. Controla variables** Estás diseñando un experimento para probar la eficiencia de distintas bicicletas. ¿Qué variables debes controlar?

_____

_____

_____

**10. Relaciona causa y efecto** Andas sobre una patineta vieja y ejerces sobre ella una fuerza de 20 N. La fuerza desarrollada es sólo 10 N. ¿Cuál es la eficiencia de la patineta? ¿Cómo cambiaría la eficiencia si reemplazaras los rodamientos viejos y oxidados por unos nuevos?

_____

_____

_____

# 3 Repaso y evaluación

**Planos inclinados y palancas**

**11.** ¿Cuál de estas opciones es un ejemplo de máquina simple de la familia de los planos inclinados?

**a.** bate de béisbol      **b.** tapa de un tarro

**c.** destapador de botellas      **d.** carretilla

**12.** El punto fijo en torno al cual gira una palanca se denomina _____

**13. Interpreta diagramas** ¿Cuál de estas rampas tiene la mayor ventaja mecánica ideal?

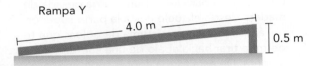

Rampa Y

4.0 m

0.5 m

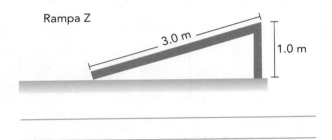

Rampa Z

3.0 m

1.0 m

_____

_____

_____

**14. Expresa opiniones** Un amigo tuyo quiere diseñar una carretilla con una ventaja mecánica ideal de 5,000. ¿Crees que tu amigo debería considerar hacer otro diseño? Explica tu respuesta.

_____

_____

_____

**15. ¡matemáticas!** En una hoja aparte, dibuja un ejemplo de cada uno de los tres tipos distintos de palancas. Para cada palanca, calcula la distancia entre el fulcro y la fuerza aplicada, la distancia entre el fulcro y la fuerza desarrollada y la ventaja mecánica ideal.

**Combinar las máquinas**

**16.** ¿Cuál de los elementos siguientes es un ejemplo de rueda y eje?

**a.** hacha      **b.** subibaja

**c.** picaporte      **d.** asta de una bandera

**17.** _____ es un sistema que consiste en al menos una polea fija y una polea móvil.

**18. Aplica conceptos** La manija circular de un grifo es un ejemplo de rueda y eje. ¿Cómo podrías aumentar la ventaja mecánica de la manija circular de un grifo?

_____

_____

_____

## ¿Cómo facilitan el trabajo las máquinas?

**19.** Esta guillotina para papel es una máquina compuesta. ¿Cómo hace que sea más fácil cortar papel? ¿Qué máquinas simples forman la guillotina para papel? Describe cómo interactúan entre ellas.

_____

_____

_____

_____

_____

_____

_____

# Preparación para exámenes estandarizados

## Selección múltiple

**Encierra en un círculo la letra de la mejor respuesta.**

1. La tabla siguiente muestra el trabajo aplicado y el trabajo realizado de cuatro poleas distintas. ¿Cuál es la polea que tiene la mayor eficiencia?

| Trabajo de las poleas | | |
|---|---|---|
| **Polea** | **Trabajo aplicado** | **Trabajo realizado** |
| Polea fija A | 20,000 J | 8,000 J |
| Polea fija B | 20,000 J | 10,000 J |
| Polea móvil | 20,000 J | 12,000 J |
| Aparejo | 20,000 J | 16,000 J |

A  polea fija A

B  polea fija B

C  polea móvil

D  aparejo

2. ¿Por qué requiere más trabajo cargar una bolsa de alpiste de 22 N hasta el tercer piso de una casa que mover una bolsa de alimento para gatos de 16 N hasta el segundo piso de una casa?

A  El trabajo equivale a la distancia dividida entre la fuerza y se requiere menos fuerza para levantar la bolsa de alpiste.

B  La fuerza ejercida sobre la bolsa de alpiste no es la dirección del movimiento.

C  La masa de la bolsa de alimento para gatos es menor que la masa de la bolsa de alpiste.

D  La masa de la bolsa de alpiste es mayor y debe moverse más lejos.

3. ¿Cuál es la mejor definición científica de una máquina?

A  Una máquina es un dispositivo que permite ahorrar tiempo y usa motores y engranajes.

B  Una máquina cambia la cantidad de fuerza aplicada.

C  Una máquina facilita el trabajo porque cambia la fuerza, la distancia o la dirección.

D  Una máquina puede ser simple o compuesta.

4. ¿Cuál de las opciones siguientes aumentaría la ventaja mecánica ideal de una rueda y un eje?

A  aumentar el radio de la rueda

B  reducir el radio de la rueda

C  aumentar el radio del eje

D  aumentar en igual medida el radio de la rueda y el radio del eje

5. ¿Cuál de las opciones siguientes describe un trabajo que se realiza sobre un objeto?

A  pasear un perro con una correa

B  levantar la bolsa con las compras

C  mantener firme un paraguas

D  colocar una estampilla en un sobre

## Respuesta elaborada

**Usa tus conocimientos de ciencias para responder la pregunta 6. Escribe tu respuesta en una hoja aparte.**

6. Explica por qué un ingeniero diseñaría un camino que ascienda rodeando una montaña en lugar de uno que suba directamente por la ladera. Explica por qué sería mejor este diseño.

# LO MEJOR VIENE EN FRASCOS PEQUEÑOS

Imagínate una máquina diminuta que trabaje dentro de tus células y pueda llevar medicamentos a lugares específicos. Los científicos están trabajando para construir ese tipo de máquina. Las nanomáquinas son máquinas cuyo tamaño se mide en nanómetros. Un nanómetro equivale a una milmillonésima parte ($10^{-9}$) de un metro. Eso es bastante diminuto, más de lo que la mayoría de las personas puede imaginar. En comparación con estas máquinas diminutas, los glóbulos rojos, que tienen un diámetro de aproximadamente 7 micrómetros ($7 \times 10^{-6}$ de un metro) ¡parecen gigantes!

¿Cómo funcionan estas máquinas diminutas? La mayoría de las nanomáquinas están hechas de oro o platino. Usan como combustible moléculas cilíndricas de carbono o peróxido de hidrógeno. Los científicos esperan que algún día las nanomáquinas puedan trabajar usando el combustible de una célula del paciente.

Algunas nanomáquinas en forma de tubo convierten la energía que proviene de la luz en energía química y luego en energía mecánica que les sirve para trabajar. Estas máquinas se inyectan, en la oscuridad, dentro de las células cancerosas humanas. Antes de inyectarlas, estas máquinas diminutas se cargan con medicamentos. Cuando los científicos exponen las máquinas a la luz, una reacción química provoca un movimiento repentino dentro del tubo, que hace que se libere el medicamento exactamente en el lugar indicado.

**Investígalo** Los científicos están trabajando para desarrollar una nanomáquina "submarina". ¿En qué se diferencia esta máquina nueva de otras nanomáquinas de uso médico? Dibuja el submarino y describe sus funciones.

Esta imagen muestra la idea que tiene un artista acerca de cómo se vería una nanomáquina mientras ayuda a combatir el cáncer en el interior del cuerpo humano. ▼

# Unas RUEDAS NUEVAS

Los estudiantes del Instituto Tecnológico de Massachusetts (MIT, por sus siglas en inglés) tienen la oportunidad de ayudar a 20 millones de personas asistiendo a una clase que se llama Diseño de sillas de ruedas en los países en vías de desarrollo.

Durante el semestre, los estudiantes aprenderán a construir una silla de ruedas. Además, estudiarán cuáles son las necesidades de las personas que usan sillas de ruedas en los países en vías de desarrollo. ¿Cuál es la verdadera prueba? ¡Diseñar dispositivos que mejorarán la calidad de vida de las personas!

**Analízalo** Observa la silla de ruedas de la fotografía. Crea un organizador gráfico en el que identifiques lo que sería necesario que hiciera una silla de ruedas y de qué manera una característica de la silla de ruedas podría cubrir esa necesidad. Por ejemplo, el usuario puede necesitar subir o bajar por una colina empinada, por lo que la silla debería tener buenos frenos y no ser muy pesada. Identifica y evalúa los conceptos y los conocimientos científicos que los estudiantes pueden tener que aplicar al momento de crear las sillas de ruedas.

# ATLETAS DE LAS CIENCIAS
## Que comience el juego

Cada año, estudiantes de todo el país compiten para obtener el primer puesto en todo, desde química hasta construcción de robots. ¿De qué se trata este concurso científico de destrezas y logros? ¡Es la Olimpíada de Ciencias!

En el encuentro Misión Posible, equipos de estudiantes trabajan todo el año para inventar, diseñar y construir una máquina de Rube Goldberg. Se trata de una máquina compleja diseñada para hacer una tarea muy simple, y que te hace reír durante el proceso.

◀ Esta máquina de Rube Goldberg realiza más de 20 pasos para hacer tres tareas. Selecciona, aplasta y arroja una lata en un cesto de basura.

**Haz que funcione** Dividan la clase en equipos y compitan en su propio encuentro Misión Posible, en el que se debe inventar una máquina compleja para que realice una tarea simple. ¡Asigna un puntaje a la creación de cada equipo!

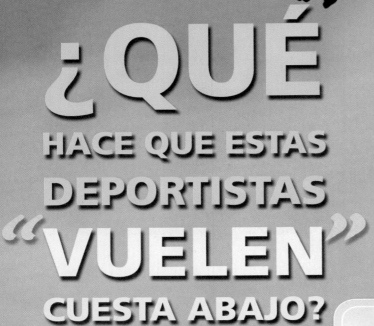

# ¿QUÉ HACE QUE ESTAS DEPORTISTAS "VUELEN" CUESTA ABAJO?

**¿Cómo se conserva la energía en una transformación?**

Estas mujeres están compitiendo en el deporte *snowboard cross*. "Vuelan" por un recorrido angosto, lleno de saltos, sectores empinados y rampas. El desastre amenaza en cada giro. Si no chocan unas con otras ni se caen, la primera en cruzar la línea de llegada gana.

**UNTAMED SCIENCE** Mira el video de *Untamed Science* para aprender más sobre la energía.

▲**Desarrolla hipótesis** ¿Por qué crees que estas deportistas pueden ir tan rápido en su tabla de snowboard?

_____

_____

_____

_____

_____

_____

# Para comenzar

## Verifica tu comprensión

**1. Preparación** Lee el párrafo siguiente y luego responde la pregunta.

> Michael tira de un carro donde va su hermano. De repente, el perro de Michael salta sobre el regazo de su hermano. Michael continúa tirando del carro, pero ahora es más difícil. La **masa** agregada del perro hace que Michael tenga que generar más **fuerza** para acelerar el carro con la misma **rapidez.**

> La **masa** es la medida de cuánta materia hay en un cuerpo.
>
> Una **fuerza** es un empuje o una atracción.
>
> La **rapidez** de un objeto es la distancia que viaja el objeto por unidad de tiempo.

- ¿Por qué es más difícil tirar del carro con el perro encima?

_____

_____

> **MY READING WEB** Si tuviste dificultades para responder la pregunta anterior, visita *My Reading Web* y escribe *Energy.*

## Destreza de vocabulario

**Identificar significados múltiples** Algunas palabras conocidas pueden tener un significado diferente en las ciencias. Observa los diferentes significados de las palabras siguientes.

| Palabra | Significado común | Significado científico |
|---------|-------------------|------------------------|
| energía | (s.) la capacidad de ser activo o realizar una actividad intensa<br>**Ejemplo:** Tenía suficiente *energía* para correr kilómetros y kilómetros. | (s.) la capacidad para realizar un trabajo o producir cambios<br>**Ejemplo:** El viento puede mover objetos porque tiene *energía.* |
| potencia | (s.) estado o país que tiene influencia sobre otros<br>**Ejemplo:** Hace muchos años, España era una *potencia.* | (s.) la rapidez con que se realiza un trabajo<br><br>**Ejemplo:** El motor de una camioneta tiene más *potencia* que el motor de un automóvil. |

**2. Verificación rápida** Lee las oraciones que siguen. Luego, encierra en un círculo la oración en la que se usa el significado científico de *energía.*

- Un cachorro tiene demasiada *energía* para estar dentro de la casa todo el día.

- Una bola de demolición tiene la *energía* suficiente para derribar un edificio.

Energía cinética

Energía gravitatoria potencial

600 N

400 N

Energía mecánica

Transformación de la energía

# Vistazo al capítulo

## LECCIÓN 1

- energía
- energía cinética
- energía potencial
- energía gravitatoria potencial
- energía elástica potencial

↪ **Relaciona causa y efecto**

△ **Calcula**

## LECCIÓN 2

- energía mecánica
- energía nuclear
- energía térmica
- energía eléctrica
- energía electromagnética
- energía química

↪ **Identifica la idea principal**

△ **Clasifica**

## LECCIÓN 3

- transformación de la energía
- ley de conservación de la energía

↪ **Identifica la evidencia de apoyo**

△ **Infiere**

> VOCAB FLASH CARDS  Para obtener más ayuda con el vocabulario, visita **Vocab Flash Cards** y escribe **Energy.**

# 1

# ¿Qué es la energía?

🔑 ¿Cómo se relacionan la energía, el trabajo y la potencia?

🔑 ¿Cuáles son dos de los tipos de energía?

## mi DiaRio DEL planeta

### Parques eólicos

¿Sabías que se puede utilizar el viento para producir electricidad? Un parque eólico es un grupo de molinos de viento, o aerogeneradores, muy grandes, ubicados en un sitio donde hay mucho viento. La energía del viento hace girar las hélices de las turbinas. Las turbinas están conectadas a generadores. Cuando las turbinas giran, los generadores producen electricidad. La cantidad de electricidad que se produce depende del tamaño de las hélices, el número de turbinas y la intensidad del viento.

## DATO CURIOSO

Escribe tu respuesta a la pregunta siguiente.

**Analiza costos y beneficios** ¿Cuáles son algunas de las ventajas y desventajas de utilizar la energía del viento para generar electricidad?

_____

_____

_____

_____

_____

_____

> **PLANET DIARY** Consulta *Planet Diary* para aprender más en inglés sobre la energía.

**Zona de laboratorio** Haz la Indagación preliminar
¿Qué tan alto rebota una pelota?

## ¿Cómo se relacionan la energía, el trabajo y la potencia?

¿Pusiste un libro en tu mochila esta mañana? Si lo hiciste, entonces realizaste un trabajo con el libro. Recuerda que se realiza un trabajo cuando una fuerza mueve un cuerpo. La capacidad para realizar un trabajo o producir cambios se denomina **energía.**

**Trabajo y energía** Cuando realizas un trabajo sobre un cuerpo, una parte de tu energía se transfiere a ese cuerpo. Puedes considerar el trabajo como una transferencia de energía. Cuando se transfiere energía, el cuerpo sobre el que se realiza el trabajo obtiene energía. La energía se mide en julios, la misma unidad que la del trabajo.

## Vocabulario
- energía
- energía cinética
- energía potencial
- energía gravitatoria potencial
- energía elástica potencial

## Destrezas
- Lectura: Relaciona causa y efecto
- Indagación: Calcula

## Potencia y energía

Es probable que recuerdes que la potencia es la rapidez con la que se realiza un trabajo. **Como la transferencia de energía es trabajo, entonces la potencia es la rapidez de la transferencia de energía, o la cantidad de energía que se transfiere en una unidad de tiempo.**

$$\text{Potencia} = \frac{\text{Energía Transferida}}{\text{Tiempo}}$$

Las diferentes máquinas tienen cantidades diferentes de potencia. Por ejemplo, podrías usar tanto una pala de mano como un soplador de nieve, como los de la **ilustración 1,** para remover la nieve del camino de entrada de tu casa. Cada uno transfiere la misma cantidad de energía cuando mueve la nieve a la misma distancia. Sin embargo, moverías la nieve más rápido con un soplador de nieve que con una pala de mano. El soplador de nieve tiene más potencia porque transfiere a la nieve la misma cantidad de energía en menos tiempo.

ILUSTRACIÓN 1 ·····························
### Potencia
El soplador de nieve tiene más potencia que la persona con la pala de mano.

✎ **Aplica conceptos** Podrías usar un elevador o las escaleras para subir una caja al décimo piso. ¿Cuál de ellos tiene más potencia? ¿Por qué?

_____
_____
_____
_____
_____
_____
_____

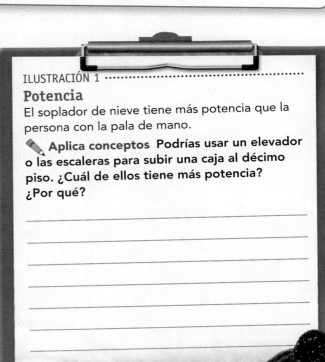

**Zona de laboratorio** ® Haz la Investigación de laboratorio *¿Puedes sentir la potencia?*

## 🔑 Evalúa tu comprensión

¿comprendiste? ·······························································································

○ ¡Comprendí! Ahora sé que, como la transferencia de energía es trabajo, la potencia es _____

_____

○ Necesito más ayuda con _____

*Consulta* MY SCIENCE ⓢ COACH *en línea para obtener ayuda en inglés sobre este tema.*

# ¿Cuáles son dos de los tipos de energía?

Los cuerpos en movimiento, como los vehículos de la **ilustración 2,** tienen un tipo de energía. Una roca apoyada en el borde de un acantilado o una goma elástica estirada tienen otro tipo de energía. **Los dos tipos básicos de energía son la energía cinética y la energía potencial.** Que la energía sea cinética o potencial depende del movimiento, la posición y la forma del cuerpo.

**Energía cinética** Un cuerpo en movimiento puede realizar trabajo cuando golpea otro cuerpo y lo mueve. Por ejemplo, un martillo realiza trabajo en un clavo al introducirlo en una pieza de madera. El martillo tiene energía porque puede realizar trabajo. La energía que tiene un cuerpo debido a su movimiento se denomina **energía cinética.**

**Factores que afectan a la energía cinética** La energía cinética de un cuerpo depende de su rapidez y de su masa. Imagínate que alguien te arroja suavemente una pelota de tenis. Es probable que no te duela mucho. ¿Qué pasaría si te golpeara la misma pelota de tenis, pero viajando con mucha más rapidez? ¡Te dolería! Cuanto más rápido se mueve un cuerpo, más energía cinética tiene.

La energía cinética también aumenta a medida que aumenta la masa. Imagínate que una pelota de tenis rueda por el piso y te golpea en el pie. Compara esto con que te golpee el pie una bola de boliche que se mueve con la misma rapidez que la pelota de tenis. La bola de boliche se siente mucho más porque tiene más energía cinética que la pelota de tenis. La bola de boliche tiene más energía cinética porque su masa es mayor.

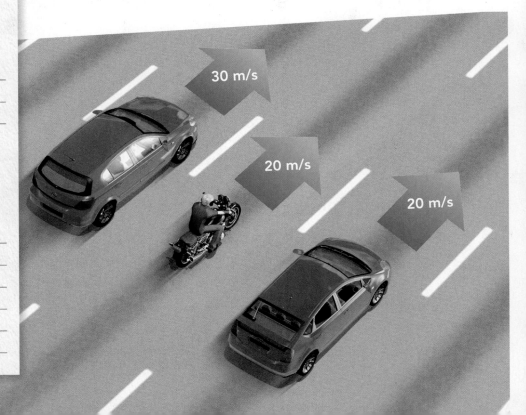

---

ILUSTRACIÓN 2 ··········

> **ART IN MOTION**

**Energía cinética**
La energía cinética de un cuerpo depende de su rapidez y su masa.

✎ **Usa el diagrama para responder las preguntas.**

1. **Interpreta diagramas** Haz una lista de los vehículos en orden de menor a mayor energía cinética.

   _____

   _____

   _____

2. **Explica** Describe otro ejemplo de dos cuerpos con energías cinéticas diferentes. Explica por qué sus energías cinéticas son diferentes.

   _____

   _____

   _____

   _____

   _____

   _____

**Calcular la energía cinética** Puedes usar la ecuación que sigue para hallar la energía cinética de un cuerpo.

$$\text{Energía cinética} = \frac{1}{2} \times \text{Masa} \times \text{Rapidez}^2$$

Por ejemplo, imagínate que un niño está tirando de un carro de 10 kg con una rapidez de 1 m/s.

$$\text{Energía cinética del carro} = \frac{1}{2} \times 10 \text{ kg} \times (1 \text{ m/s})^2$$

$$= 5 \text{ kg·m}^2/\text{s}^2 = 5 \text{ julios}$$

$$\text{Observa que } 1 \text{ kg·m}^2/\text{s}^2 = 1 \text{ julio}$$

¿Los cambios en la rapidez y la masa tienen el mismo efecto sobre la energía cinética del carro? No; el cambio de rapidez del carro tendrá un efecto mayor sobre su energía cinética que el cambio de masa por el mismo factor. Esto ocurre porque la rapidez se eleva al cuadrado en la ecuación de la energía cinética. Por ejemplo, duplicar la masa del carro duplica su energía cinética. Duplicar la rapidez del carro cuadruplica su energía cinética.

**Relaciona causa y efecto**
¿Qué produce un efecto mayor en la energía cinética de un cuerpo: duplicar su masa o su rapidez? Explica tu respuesta.

_____

_____

_____

_____

_____

_____

# ¡Usa las matemáticas!

Una chica y su perro están corriendo. El perro tiene una masa de 20 kg y la chica tiene una masa de 60 kg.

**1 Calcula** Imagínate que tanto el perro como la chica corren con una rapidez de 2 m/s. Calcula la energía cinética de ambos.

**Energía cinética del perro =**

**Energía cinética de la chica =**

**2 Calcula** Imagínate que el perro acelera su marcha y ahora corre con una rapidez de 4 m/s. Calcula la energía cinética del perro.

**Energía cinética del perro =**

**3 Saca conclusiones** ¿Tus respuestas a las preguntas 1 y 2 son razonables? Explica tu respuesta.

_____

_____

_____

_____

_____

| Cantidad | Unidad del SI |
|----------|---------------|
| Fuerza | _____ |
| Altura | _____ |
| Trabajo | _____ |
| Masa | _____ |
| Energía | _____ |

**Energía potencial** Un cuerpo no tiene que estar en movimiento para tener energía. Algunos cuerpos tienen energía como resultado de su forma o su posición. Cuando levantas un libro desde el piso hasta tu pupitre o cuando comprimes un resorte al darle cuerda a un juguete, transfieres energía. La energía que transfieres se almacena, o se mantiene preparada para su uso. Se puede utilizar más tarde si el libro se cae o el resorte se desenrolla. La energía que resulta de la posición o la forma de un cuerpo se denomina **energía potencial.** Este tipo de energía tiene el potencial para realizar un trabajo.

**Energía gravitatoria potencial** La energía potencial relacionada con la altura de un cuerpo se denomina **energía gravitatoria potencial.** La energía gravitatoria potencial de un cuerpo es igual al trabajo que se realiza para levantarlo hasta esa altura. Recuerda que el trabajo es igual a la fuerza multiplicada por la distancia. La fuerza que usas para levantar el cuerpo es igual a su peso. La distancia que mueves el cuerpo es su altura por encima del piso. Puedes calcular la energía gravitatoria potencial de un cuerpo con esta ecuación:

**Energía gravitatoria potencial = Peso × Altura**

Por ejemplo, imagínate que un libro tiene un peso de 10 newtons (N). Si el libro se levanta a 2 metros del piso, el libro tiene 10 newtons por 2 metros, o 20 julios, de energía gravitatoria potencial.

ILUSTRACIÓN 3 ·······························

**Energía gravitatoria potencial**

Los escaladores tienen energía gravitatoria potencial.

**Usa el diagrama para responder las preguntas.**

1. **Identifica** Encierra en un círculo al escalador que tiene la mayor energía potencial. Calcula su energía potencial. La altura que debes usar es la del pie más cercano al suelo.

   _____

   _____

   _____

   _____

   _____

2. **DESAFÍO** ¿Dónde deberían estar los escaladores que están más arriba para tener la mitad de energía potencial?

   _____

   _____

   _____

**Energía elástica potencial** Un cuerpo tiene un tipo diferente de energía potencial debido a su forma. La **energía elástica potencial** es la energía asociada con cuerpos que pueden ser comprimidos o estirados. Por ejemplo, cuando la niña de la **ilustración 4** presiona la cama elástica hacia abajo, ésta cambia de forma. La cama elástica ahora tiene energía potencial. Cuando la niña se empuja hacia el lado opuesto, la energía almacenada la lanza hacia arriba.

ILUSTRACIÓN 4 ··············································································

### Energía elástica potencial

La energía almacenada en un cuerpo estirado, como la cama elástica, es energía elástica potencial.

✏️ **Interpreta diagramas** Ordena la cantidad de energía elástica potencial de la cama elástica de mayor a menor. La clasificación uno es la mayor. Escribe tus respuestas en los círculos. Luego, explica tus respuestas en el espacio de la derecha.

_____
_____
_____
_____
_____
_____
_____

**Zona de laboratorio** Haz la Actividad rápida de laboratorio *Masa, velocidad y energía cinética.*

## 🔑 Evalúa tu comprensión

**1a. Identifica** La energía que tiene un cuerpo debido a su movimiento se denomina energía (cinética/potencial). La energía almacenada que resulta de la posición o la forma de un cuerpo se denomina energía (cinética/potencial).

**b. Resume** ¿Cuáles son los dos factores que afectan a la energía cinética de un cuerpo?

_____

**c. Aplica conceptos** ¿Qué tipo de energía tiene una taza apoyada en una mesa? ¿Por qué?

_____
_____
_____
_____

### ¿comprendiste? ·····················································································

○ **¡Comprendí!** Ahora sé que los dos tipos básicos de energía son _____

_____

○ Necesito más ayuda con _____

Consulta MY SCIENCE 💬 COACH en línea para obtener ayuda en inglés sobre este tema.

113

# Formas de energía

DESCUBRE LA PREGUNTA PRINCIPAL

🔑 ¿Cómo puedes hallar la energía mecánica de un cuerpo?

🔑 ¿Qué otras formas de energía existen?

## mi Diario del planeta

### BLOG

**Enviado por:** Lauren

**Ubicación:** Carlisle, Massachusetts

¡El primer huracán que vi en mi vida fue uno bien grande! Para cuando llegó a Massachusetts, la tormenta había amainado, pero el viento era tan intenso que voló los sillones de nuestro jardín fácilmente. Los árboles se doblaban y se balanceaban con el viento. Cuando terminó, había ramas desparramadas por todo el jardín. El viento incluso arrancó un árbol que bloqueó nuestra calle. La tormenta causó mucho daño, pero tuvimos la suerte de observar esta asombrosa fuerza de la naturaleza desde la seguridad de nuestra casa.

**Escribe tu respuesta a la pregunta.**

¿Qué evidencia hay de que la tormenta que Lauren describió tenía energía?

_____

_____

_____

_____

> PLANET DIARY Consulta *Planet Diary* para aprender más en inglés sobre las formas de energía.

 **Zona de laboratorio** Haz la Indagación preliminar *¿Cómo alumbra una linterna?*

## ¿Cómo puedes hallar la energía mecánica de un cuerpo?

¿Qué tienen en común una pelota de básquetbol que cae, un automóvil en movimiento y un trofeo en un estante? Todos tienen energía mecánica. La forma de energía asociada con el movimiento, la posición o la forma de un cuerpo se denomina **energía mecánica.**

## Vocabulario

- energía mecánica
- energía nuclear
- energía térmica
- energía eléctrica
- energía electromagnética
- energía química

## Destrezas

↩ Lectura: Identifica la idea principal

△ Indagación: Clasifica

### Calcular la energía mecánica
La energía mecánica de un cuerpo es una combinación de su energía potencial y su energía cinética. Por ejemplo, la pelota de básquetbol de la ilustración 1 tiene tanto energía potencial como cinética. Cuanto más alto sube, mayor es su energía potencial. Cuanto más rápido se mueve, mayor es su energía cinética. 🔑 Puedes hallar la energía mecánica de un cuerpo sumando su energía cinética y su energía potencial.

Energía mecánica = Energía potencial + Energía cinética

A veces, la energía mecánica de un cuerpo es sólo su energía cinética o su energía potencial. Un automóvil que se mueve por una calle plana sólo tiene energía cinética. Un trofeo apoyado en un estante tiene sólo energía gravitatoria potencial. Pero ambos tienen energía mecánica.

**B**

Energía potencial = 20 J
Energía cinética = 2 J
Energía mecánica =
_____

ILUSTRACIÓN 1 ·····················
### Energía mecánica
La pelota de básquetbol tiene energía mecánica por su rapidez y su posición por encima del suelo.

✏ Calcula **Halla la energía mecánica de la pelota de básquetbol en el punto A y en el punto B.**

**A**

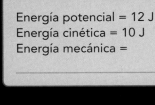

Energía potencial = 12 J
Energía cinética = 10 J
Energía mecánica =
_____

✏ Saca conclusiones **¿Por qué aumenta la energía gravitatoria potencial de la pelota entre los puntos A y B?**

_____
_____
_____
_____
_____

**Energía mecánica y trabajo** Un cuerpo con energía mecánica puede realizar trabajo sobre otro cuerpo. De hecho, puedes considerar la energía mecánica, al igual que todas las formas de energía, como la capacidad para realizar un trabajo. Por ejemplo, una pelota de básquetbol realiza trabajo en la red cuando pasa por el aro. Como resultado, la red se mueve. Cuanta más energía mecánica tiene un cuerpo, más trabajo puede realizar.

## ¡aplícalo!

La bola de boliche realiza trabajo sobre los bolos cuando los golpea.

**1** ¿Por qué la bola de boliche es capaz de realizar trabajo?

_____

_____

_____

_____

**2** ¿Cómo deberías lanzar la bola para maximizar la cantidad de trabajo que realiza sobre los bolos?

_____

_____

_____

_____

**3** [DESAFÍO] En el tipo de boliche que se muestra en la foto, la bola tiene una masa de 7.0 kg. En el boliche *candlepin,* la bola tiene una masa de alrededor de 1.0 kg. ¿Siempre tiene mayor energía mecánica la bola con mayor masa? Explica tu respuesta.

_____

_____

_____

_____

---

**Zona de laboratorio** Haz la Actividad rápida de laboratorio *Determinar la energía mecánica.*

## 🔑 Evalúa tu comprensión

**1a. Define** La energía mecánica es la forma de energía asociada con _____ , _____ o _____ de un cuerpo.

**b. Calcula** En un cierto punto, la energía cinética de una manzana que cae es 5.2 J y su energía potencial es 3.5 J. ¿Cuál es su energía mecánica?

_____

**c. Infiere** Si la energía mecánica de un cuerpo es igual a su energía potencial, ¿cuánta energía cinética tiene el cuerpo? Explica tu respuesta.

_____

_____

_____

_____

_____

_____

¿comprendiste? ......................................................................................

○ **¡Comprendí!** Ahora sé que, para hallar la energía mecánica de un cuerpo, _____

_____

○ **Necesito más ayuda con** _____

Consulta MY SCIENCE ⬛COACH en línea para obtener ayuda en inglés sobre este tema.

# ¿Qué otras formas de energía existen?

Hasta ahora, has leído sobre la energía asociada con el movimiento, la posición o la forma de un cuerpo. Pero un cuerpo puede tener otras formas de energía cinética y potencial. Estas otras formas están asociadas con las partículas que conforman los cuerpos, que son demasiado pequeñas como para observarlas a simple vista. ⚿ **Las formas de energía asociadas con las partículas de los cuerpos incluyen la energía nuclear, la energía térmica, la energía eléctrica, la energía electromagnética y la energía química.**

**Energía nuclear** Todos los cuerpos están hechos de partículas conocidas como átomos. La región en el centro de un átomo se denomina núcleo. Un tipo de energía potencial que se denomina **energía nuclear** se almacena en el núcleo de un átomo. La energía nuclear se libera durante una reacción nuclear. Un tipo de reacción nuclear, conocida como fisión nuclear, ocurre cuando un núcleo se divide. Una planta de energía nuclear, como la de la **ilustración 2,** utiliza reacciones de fisión para producir electricidad. Otro tipo de reacción, conocida como fusión nuclear, ocurre cuando los núcleos de los átomos se fusionan, o se unen. La reacción de fusión nuclear ocurre constantemente en el Sol, donde se liberan enormes cantidades de energía. Sólo una porción diminuta de esta energía llega a la Tierra en forma de calor y luz.

> ↩ Identifica la idea principal
> Subraya la idea principal debajo del título en rojo Energía nuclear.

ILUSTRACIÓN 2 ·····················

## Energía nuclear
Las reacciones de fisión nuclear controladas ocurren en algunas centrales eléctricas, y las de fusión nuclear ocurren en el Sol.

✎ **Compara y contrasta** Usa el diagrama de Venn para comparar y contrastar la fisión nuclear y la fusión nuclear.

Fisión nuclear          Ambas          Fusión nuclear

## Energía térmica

Las partículas que componen los cuerpos están en constante movimiento. Esto significa que tienen energía cinética. Estas partículas se organizan de modos específicos en los distintos cuerpos, así que también tienen energía potencial. La energía cinética y potencial total de las partículas de un cuerpo se denomina **energía térmica.**

Cuanto mayor es la temperatura de un cuerpo, mayor será su energía térmica. Por ejemplo, imagínate que calientas una olla con agua. A medida que el agua se calienta, sus partículas se mueven más rápido en promedio. Cuanto más rápido se muevan las partículas, mayores serán su energía cinética y su temperatura. Por lo tanto, una olla con agua a 75 °C, por ejemplo, tiene más energía térmica que la misma cantidad de agua a 30 °C.

## Energía eléctrica

Cuando recibes una descarga de un picaporte de metal, experimentas energía eléctrica. La energía de las cargas eléctricas es **energía eléctrica.** Dependiendo de si las cargas están en movimiento o almacenadas, la energía eléctrica puede ser una forma de energía cinética o potencial. Los rayos son una forma de energía eléctrica. Cuentas con la energía eléctrica de las pilas o las líneas eléctricas para hacer funcionar artefactos como computadoras, juegos electrónicos de mano y reproductores de audio digitales.

ILUSTRACIÓN 3 ··································

**> INTERACTIVE ART**

### Formas de energía
Muchos objetos de este restaurante tienen más de una forma de energía.

✎ Clasifica  **Encierra en un círculo tres objetos. Describe dos formas de energía que tenga cada objeto.**

## Energía electromagnética

La luz que ves es un tipo de energía electromagnética. La **energía electromagnética** es un tipo de energía que viaja a través del espacio en forma de ondas. La fuente de estas ondas son las cargas eléctricas en vibración. Estas ondas no requieren de un medio, por eso pueden viajar a través del vacío. Por este motivo, puedes ver el Sol y las estrellas.

Las microondas que usas para cocinar tu comida y los rayos X que los médicos usan para examinar a los pacientes también son tipos de energía electromagnética. Otras formas de energía electromagnética incluyen los rayos ultravioleta, las ondas infrarrojas (o de calor) y las ondas de radio. Los teléfonos celulares envían y reciben mensajes mediante microondas.

## Energía química

La energía química se encuentra en los alimentos que comes, en los fósforos que usas para encender una vela, e incluso en las células de tu cuerpo. La **energía química** es energía potencial almacenada en los enlaces químicos. Los enlaces químicos mantienen juntos los átomos. A menudo, cuando estos enlaces se rompen, la energía almacenada se libera. Por ejemplo, los enlaces se rompen en tus células y liberan energía para que tu cuerpo la use.

**Vocabulario** Identificar significados múltiples Repasa las palabras con significados múltiples de la sección Para comenzar y completa la oración. Durante una tormenta eléctrica, las cargas eléctricas se mueven entre las nubes y el suelo y liberan

_____

almacenada.

> **Zona de laboratorio** ® Haz la Actividad rápida de laboratorio *Fuentes de energía.*

## 🔑 Evalúa tu comprensión

**2a. Explica** ¿Por qué las partículas de los cuerpos tienen tanto energía cinética como potencial?

_____

_____

_____

_____

_____

**b. Clasifica** La energía que obtienes al comer un sándwich de mantequilla de cacahuate y jalea está en forma de energía _____

¿comprendiste? ........................................

○ ¡Comprendí! Ahora sé que las formas de energía asociadas con las partículas de los cuerpos incluyen _____

_____

_____

○ Necesito más ayuda con _____

*Consulta* MY SCIENCE Ⓢ COACH *en línea para obtener ayuda en inglés sobre este tema.*

# Transformaciones y conservación de la energía

¿Cómo se relacionan las distintas formas de energía?

¿Qué es la ley de conservación de la energía?

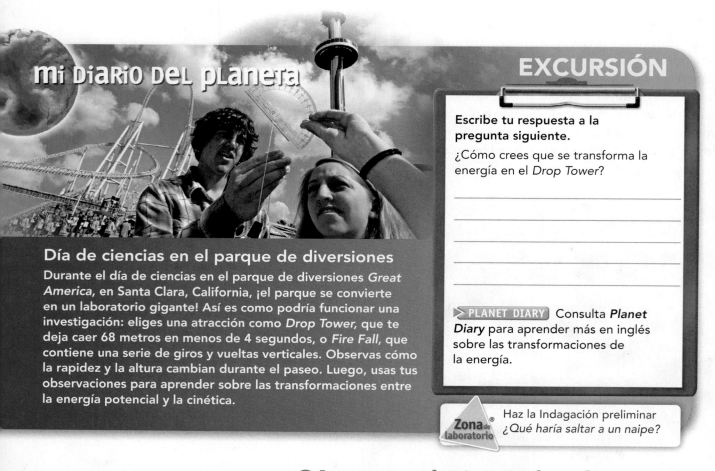

## mi Diario del planeta

**EXCURSIÓN**

### Día de ciencias en el parque de diversiones

Durante el día de ciencias en el parque de diversiones *Great America,* en Santa Clara, California, ¡el parque se convierte en un laboratorio gigante! Así es como podría funcionar una investigación: eliges una atracción como *Drop Tower,* que te deja caer 68 metros en menos de 4 segundos, o *Fire Fall,* que contiene una serie de giros y vueltas verticales. Observas cómo la rapidez y la altura cambian durante el paseo. Luego, usas tus observaciones para aprender sobre las transformaciones entre la energía potencial y la cinética.

Escribe tu respuesta a la pregunta siguiente.

¿Cómo crees que se transforma la energía en el *Drop Tower*?

_____

_____

_____

_____

_____

> PLANET DIARY  Consulta *Planet Diary* para aprender más en inglés sobre las transformaciones de la energía.

**Zona de laboratorio** Haz la Indagación preliminar
¿Qué haría saltar a un naipe?

## ¿Cómo se relacionan las distintas formas de energía?

¿Cómo se relacionan el agua que fluye y la electricidad? En una planta de energía hidroeléctrica, la energía mecánica del agua en movimiento se transforma en energía eléctrica. **Todas las formas de energía se pueden transformar en otras formas de energía.** Un cambio de una forma de energía a otra se denomina **transformación de la energía.** Algunos cambios de energía implican una sola transformación, mientras que otros implican muchas transformaciones.

## Vocabulario

- transformación de la energía
- ley de conservación de la energía

## Destrezas

- Lectura: Identifica la evidencia de apoyo
- Indagación: Infiere

## Transformaciones únicas

A veces, una forma de energía necesita transformarse en otra para realizar un trabajo. Por ejemplo, una tostadora transforma la energía eléctrica en energía térmica para tostar tu pan. Un teléfono celular transforma la energía eléctrica en energía electromagnética que viaja a otros teléfonos.

Tu cuerpo transforma la energía química de la comida en la energía mecánica que necesitas para mover los músculos. La energía química de la comida también se transforma en energía térmica que el cuerpo usa para mantener su temperatura.

## Transformaciones múltiples

A menudo, se necesita una serie de transformaciones de la energía para realizar un trabajo. Por ejemplo, la energía mecánica usada para encender un fósforo se transforma primero en energía térmica. La energía térmica hace que las partículas en el fósforo liberen energía química almacenada, que se transforma en más energía térmica y en la energía electromagnética que tú ves como luz.

En el motor de un automóvil, ocurren otras conversiones de energía. La energía eléctrica produce una chispa. La energía térmica de la chispa libera energía química en el combustible. El combustible se expande al descomponerse en partículas más pequeñas. Esta expansión produce presión en las partes del automóvil. El aumento de la presión hace que las ruedas giren, y la energía química se transforma en energía mecánica.

> ✏️ **Identifica la evidencia de apoyo**
> Subraya la transformación de la energía que debe ocurrir para que hables por tu teléfono celular.

# ¡aplícalo!

Para que andes en bicicleta, deben ocurrir una serie de transformaciones de energía. Escribe las formas de energía involucradas en cada transformación.

Dentro del Sol, ocurren reacciones que transforman la energía _____ en energía _____

Las plantas transforman la energía _____ en energía _____

Tu cuerpo transforma la energía _____ en energía _____ para mantener la temperatura de tu cuerpo.

Tu cuerpo también transforma la energía _____ en energía _____ cuando andas en bicicleta.

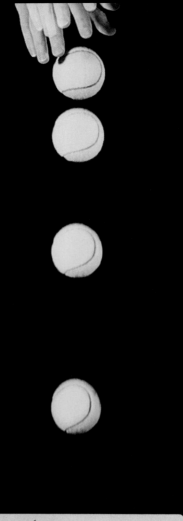

## Energía cinética y potencial

La transformación entre la energía potencial y la cinética es una de las transformaciones de energía más comunes. Por ejemplo, cuando estiras una banda elástica, le das energía elástica potencial. Si la sueltas, la banda elástica vuela por la habitación. Cuando la banda elástica está en movimiento, tiene energía cinética. La energía potencial de la banda estirada se transformó en la energía cinética en movimiento. Las transformaciones entre energía cinética y potencial también pueden ocurrir en cualquier cuerpo que se levanta o cae. Un cuerpo que cae, un péndulo y un salto con garrocha son ejemplos de estas transformaciones.

**Cuerpo que cae** Una transformación entre la energía potencial y la cinética ocurre en la pelota de la **ilustración 1.** A medida que la altura de la pelota disminuye, ésta pierde energía potencial. Al mismo tiempo, su energía cinética aumenta porque también aumenta su rapidez. Su energía potencial se transforma en energía cinética.

**Péndulo** Un péndulo como el de la **ilustración 2** se balancea de un lado a otro. En el punto más alto de su balanceo, el péndulo no tiene movimiento. A medida que se balancea hacia abajo, acelera. El péndulo alcanza su máxima rapidez en el punto más bajo de su balanceo. A medida que el péndulo se balancea hacia el otro lado, su altura aumenta y su rapidez disminuye. En el punto más alto de su balanceo, se vuelve a detener.

ILUSTRACIÓN 1 ·······························
### Pelota en caída
La pelota fue fotografiada en intervalos iguales de tiempo a medida que caía.

🖊 **Interpreta fotos** ¿Cómo te das cuenta de que la energía cinética de la pelota aumenta?

_____

_____

_____

_____

_____

_____

ILUSTRACIÓN 2 ·······························
### ▷ INTERACTIVE ART  Péndulo
En un péndulo ocurre una transformación continua entre la energía potencial y la cinética. 🖊 **Interpreta diagramas** Rotula el tipo de energía que tiene el péndulo en las posiciones A, B y C.

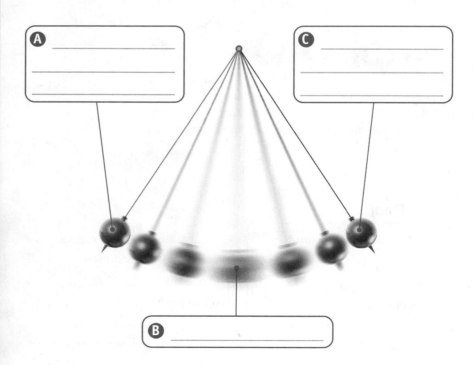

Ⓐ _____

Ⓒ _____

Ⓑ _____

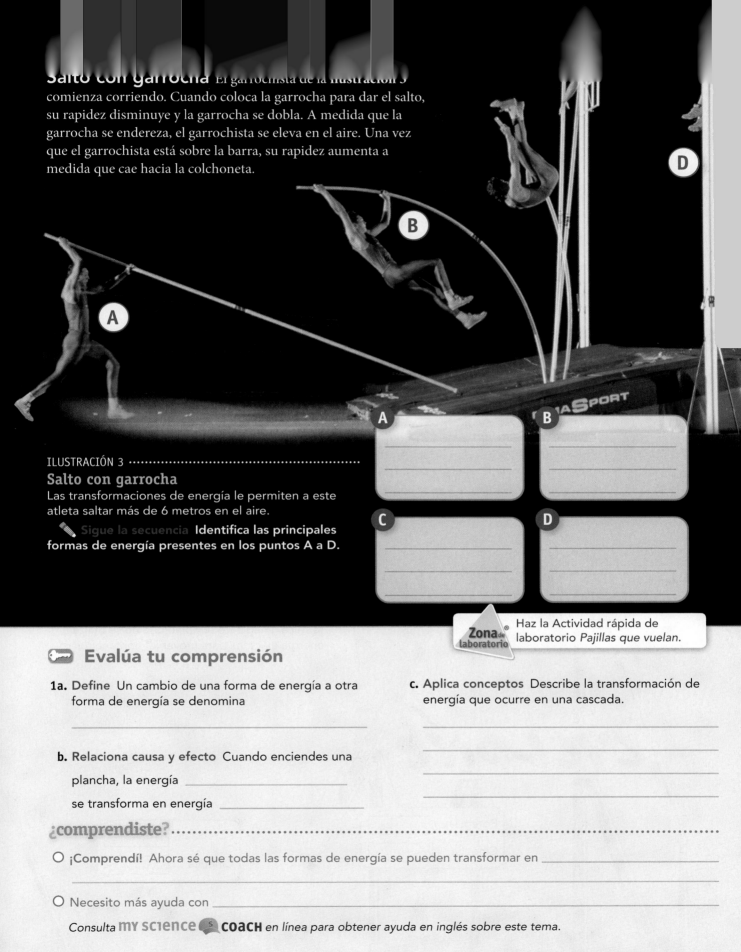

**Salto con garrocha** El garrochista de la ilustración 3 comienza corriendo. Cuando coloca la garrocha para dar el salto, su rapidez disminuye y la garrocha se dobla. A medida que la garrocha se endereza, el garrochista se eleva en el aire. Una vez que el garrochista está sobre la barra, su rapidez aumenta a medida que cae hacia la colchoneta.

**A**

**B**

**D**

ILUSTRACIÓN 3 ·········································

**Salto con garrocha**

Las transformaciones de energía le permiten a este atleta saltar más de 6 metros en el aire.

✎ Sigue la secuencia **Identifica las principales formas de energía presentes en los puntos A a D.**

**A**

**B**

**C**

**D**

**Zona** de laboratorio Haz la Actividad rápida de laboratorio *Pajillas que vuelan*.

🔑 **Evalúa tu comprensión**

**1a. Define** Un cambio de una forma de energía a otra forma de energía se denomina

_____

**b. Relaciona causa y efecto** Cuando enciendes una

plancha, la energía _____

se transforma en energía _____

**c. Aplica conceptos** Describe la transformación de energía que ocurre en una cascada.

_____

_____

_____

_____

¿**comprendiste?**·································································

○ **¡Comprendí!** Ahora sé que todas las formas de energía se pueden transformar en _____

_____

○ Necesito más ayuda con _____

*Consulta* my science 🔵 coach *en línea para obtener ayuda en inglés sobre este tema.*

# ¿Qué es la ley de conservación de la energía?

Cuando pones un péndulo en movimiento, ¿se balancea para siempre? No, no lo hace. Entonces, ¿qué pasa con su energía? ¿Se destruye? Nuevamente, la respuesta es no. La **ley de conservación de la energía** establece que, cuando una forma de energía se transforma en otra, no se pierde energía en el proceso. 🔑 **De acuerdo con la ley de conservación de la energía, la energía no se puede crear ni destruir.** La cantidad total de energía es igual antes y después de cualquier transformación. Si sumas todas las nuevas formas de energía después de una transformación, el resultado será igual a la cantidad de energía inicial. Entonces, ¿qué pasa con la energía del péndulo cuando se detiene?

## EXPLORA LA PREGUNTA PRINCIPAL

## Conserva energía en una montaña rusa

### ¿Cómo se conserva la energía en una transformación?

ILUSTRACIÓN 4 ·······································

▶ VIRTUAL LAB En un paseo en montaña rusa, ocurren transformaciones entre la energía cinética y la potencial. ✏ **Usa lo que aprendiste sobre las transformaciones de energía para responder las preguntas 1 a 3.**

Potencial

Cinética

1. **Interpreta diagramas** La montaña rusa comienza en reposo desde la cima de la primera cuesta. Colorea las barras para mostrar aproximadamente cuánta energía potencial y cinética tiene la montaña rusa en cada punto. Imagínate que la energía mecánica de la montaña rusa no se transforma en energía térmica. Imagínate también que no se utiliza energía eléctrica para mover la montaña rusa.

CYCLONE

Potencial

Cinética

Potencial

Cinética

A medida que el péndulo se balancea, encuentra fricción en el punto de pivote de la cuerda y en el aire a través del cual se mueve. Siempre que un cuerpo en movimiento experimenta fricción, algo de su energía cinética se transforma en energía térmica. Por lo tanto, la energía mecánica del péndulo no se destruye; se transforma en energía térmica.

No debería sorprenderte que la fricción transforme la energía mecánica en energía térmica. Después de todo, aprovechas esa energía térmica cuando frotas tus manos para calentarlas cuando están frías. La fricción también es la razón por la que ninguna máquina tiene un rendimiento del 100 por ciento. Es probable que recuerdes que el trabajo realizado por cualquier máquina real siempre es menor al trabajo aplicado. Esta reducción de la eficiencia se produce porque parte de la energía mecánica siempre se transforma en energía térmica debido a la fricción.

**¿sabías que...?**

Cuando las plantas y los animales antiguos murieron, la energía química que habían almacenado quedó atrapada en sus restos. Esa energía atrapada es la energía química que se encuentra en el carbón.

---

**2.** **Infiere** Imagínate que, en el paso 1, tienes en cuenta la energía térmica. ¿La longitud total de la porción coloreada de las barras aumenta, disminuye o se mantiene igual?

◯ Aumenta  ◯ Disminuye  ◯ Se mantiene igual

**3.** **DESAFÍO** ¿Por qué la primera cuesta de una montaña rusa siempre es la más alta?

_____

_____

_____

_____

Potencial [ ]
Cinética [ ]

Potencial [ ]
Cinética [ ]

**Zona de laboratorio®** Haz la Actividad rápida de laboratorio *Ley de conservación de la energía.*

🔑 **Evalúa tu comprensión**

**2.** RESPONDE LA PREGUNTA PRINCIPAL ¿Cómo se conserva la energía en una transformación?

_____

_____

_____

_____

_____

**¿comprendiste?** ............................

◯ **¡Comprendí!** Ahora sé que, según la ley de conservación de la energía, la energía _____

_____

◯ Necesito más ayuda con _____

*Consulta* MY SCIENCE ⬤ COACH *en línea para obtener ayuda en inglés sobre este tema.*

# Guía de estudio

La cantidad total de _____ es la misma antes y después de cualquier transformación.

## LECCIÓN 1 ¿Qué es la energía?

🔑 Como la transferencia de energía es trabajo, la potencia es la rapidez de la transferencia de energía, o la cantidad de energía que se transfiere en una unidad de tiempo.

🔑 Los dos tipos básicos de energía son la energía cinética y la energía potencial.

**Vocabulario**
- energía
- energía cinética
- energía potencial
- energía gravitatoria potencial
- energía elástica potencial

## LECCIÓN 2 Formas de energía

🔑 Puedes hallar la energía mecánica de un cuerpo sumando su energía cinética y su energía potencial.

🔑 Las formas de energía asociadas con las partículas de los cuerpos incluyen la energía nuclear, la energía térmica, la energía eléctrica, la energía electromagnética y la energía química.

**Vocabulario**
- energía mecánica
- energía eléctrica
- energía química
- energía nuclear
- energía electromagnética
- energía térmica

## LECCIÓN 3 Transformaciones y conservación de la energía

🔑 Todas las formas de energía se pueden transformar en otras formas de energía.

🔑 De acuerdo con la ley de conservación de la energía, la energía no se puede crear ni destruir.

**Vocabulario**
- transformación de la energía
- ley de conservación de la energía

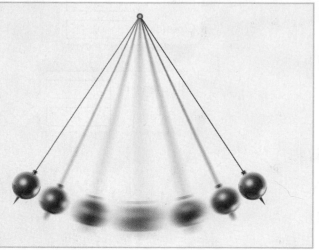

# Repaso y evaluación

**¿Qué es la energía?**

**1.** Cuando estiras una banda elástica, le das

  **a.** energía cinética.    **b.** energía eléctrica.

  **c.** energía potencial.    **d.** energía química.

**2.** Para calcular la potencia, divide la cantidad de energía que se transfiere entre _____

**3. Compara y contrasta** En la ilustración que sigue, ¿qué vehículo tiene mayor energía cinética? Explica tu respuesta.

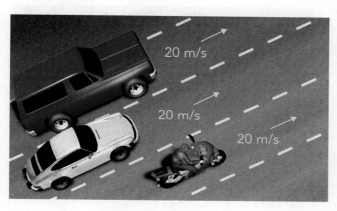

20 m/s

20 m/s

20 m/s

_____
_____
_____
_____

**4. Aplica conceptos** Si una sierra manual realiza el mismo trabajo en un leño que una motosierra, ¿cuál tiene más potencia? ¿Por qué?

_____
_____
_____
_____
_____

**5. ¡matemáticas!** Un automóvil de 1,350 kg viaja a 12 m/s. ¿Cuál es su energía cinética?

_____
_____
_____

**Formas de energía**

**6.** ¿Cómo se denomina la energía almacenada en el núcleo de un átomo?

  **a.** energía eléctrica    **b.** energía química

  **c.** energía térmica    **d.** energía nuclear

**7.** La energía mecánica de un cuerpo es la suma de

_____

**8. Clasifica** Cuando calientas una olla con agua sobre una llama, ¿qué forma de energía se le agrega al agua?

_____

La gráfica muestra la energía cinética de un clavadista de 500 N durante un clavado desde una plataforma de 10 m. Usa la gráfica para responder las preguntas 9 y 10.

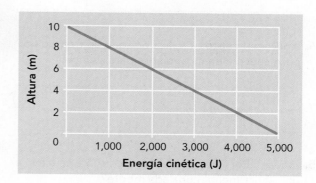

**9. Lee gráficas** ¿Cómo cambia la energía cinética del clavadista a medida que cae? ¿Por qué?

_____
_____
_____
_____

**10. Calcula** ¿Cuál es la energía gravitatoria potencial del clavadista justo antes del clavado?

_____
_____
_____

**LECCIÓN 3** **Transformaciones y conservación de la energía**

**11.** Cuando un automóvil derrapa hasta detenerse, la fricción transforma la energía cinética en

   **a.** energía térmica.     **b.** energía potencial.

   **c.** energía química.     **d.** energía eléctrica.

**12.** La ley de conservación de la energía establece que

_____

_____

_____

_____

**13.** **Clasifica** Describe la transformación de energía que ocurre en un reloj digital.

_____

_____

_____

**14.** **Aplica conceptos** Explica por qué un trompo no permanecerá en movimiento para siempre.

_____

_____

_____

_____

**15.** **Infiere** ¿Por qué una pelota que rebota se eleva a una altura menor con cada rebote?

_____

_____

_____

_____

_____

**16.** **Escríbelo** Un águila vuela desde su lugar en un árbol hasta el suelo para capturar y comer a su presa. Describe sus transformaciones de energía.

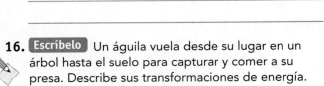

 **¿Cómo se conserva la energía en una transformación?**

**17.** El golfista de la foto está por golpear la bola. El palo de golf comienza en el punto A y termina en el punto E. (1) Describe las transformaciones de energía del palo de golf entre los puntos A y E. (2) La energía cinética del palo en el punto C es mayor que la energía potencial del palo en el punto B. ¿Esto significa que se viola la ley de conservación de la energía? ¿Por qué?

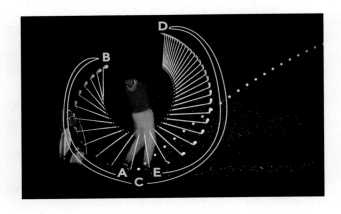

_____

_____

_____

_____

_____

_____

_____

_____

_____

_____

_____

_____

_____

_____

_____

# Preparación para exámenes estandarizados

## Selección múltiple

**Encierra en un círculo la letra de la mejor respuesta.**

1. La tabla muestra la energía cinética y potencial de un gato que pesa 6 kg mientras realiza distintas actividades.

| Actividad | Energía cinética (J) | Energía potencial (J) |
|---|---|---|
| Correr | 200 | 0 |
| Saltar | 150 | 100 |
| Trepar un árbol | 3 | 300 |
| Dormir en una silla | 0 | 30 |

¿Durante qué actividad tiene el gato mayor energía mecánica?

A   trepar un árbol     B   saltar

C   correr     D   dormir en una silla

2. ¿Por qué el viento tiene energía?

A   Puede cambiar de dirección.

B   Puede realizar trabajo.

C   Se mueve a través del espacio en forma de ondas.

D   Tiene carga eléctrica.

3. ¿Cuál es la unidad del SI usada para representar la energía gravitatoria potencial?

A   newton

B   kilovatio

C   caballo de fuerza

D   julio

4. ¿Qué hace que un péndulo se mueva más despacio con el tiempo y finalmente detenga su balanceo?

A   la fricción

B   la energía cinética

C   el peso

D   la energía potencial

5. ¿Qué transformación de energía ocurre cuando se quema madera?

A   La energía nuclear se transforma en energía térmica.

B   La energía térmica se transforma en energía eléctrica.

C   La energía química se transforma en energía térmica.

D   La energía mecánica se transforma en energía térmica.

## Respuesta elaborada

**Usa la tabla que sigue para responder la pregunta 6. Escribe tu respuesta en una hoja aparte.**

| Tiempo | Rapidez al final del balanceo (m/s) |
|---|---|
| 8:00 a.m. | 2.2 |
| 10:00 a.m. | 1.9 |
| 12:00 p.m. | 1.7 |
| 2:00 p.m. | 1.6 |

6. Un péndulo grande en un museo de ciencias se pone en movimiento al comienzo del día. La tabla muestra cómo su rapidez en el punto más bajo del balanceo cambia durante el día. Usa esta información para determinar cómo cambia la altura del balanceo del péndulo. Explica tu respuesta.

TECNOLOGÍA Y DISEÑO

Museo de Ciencias

# ¡CÁRGALA!

¿Has notado alguna vez cuántas pilas usas diariamente? Hay pilas en los coches, las linternas, los teléfonos celulares, las computadoras portátiles, ¡e incluso en los exterminadores de insectos! Las pilas descartables producen mucho desperdicio. Afortunadamente, las pilas recargables ayudan a mantener el flujo de energía y reducen el número de pilas que se tiran. ¿Te imaginas cuántas pilas no recargables usaría un teléfono celular en un mes?

Las pilas transforman energía química en energía eléctrica. Para recargar una pila recargable, la enchufas a una fuente de energía, como un enchufe en la pared. La energía eléctrica revierte los cambios químicos, almacenando energía eléctrica como energía química. ¡La pila está nuevamente "recargada" y lista para usarse!

**Investígalo** Los automóviles a gasolina y los híbridos tienen pilas recargables. Investiga cómo se recargan las pilas en estos dos tipos de automóvil.

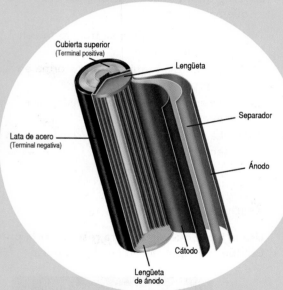

Cubierta superior
(Terminal positiva)

Lengüeta

Separador

Lata de acero
(Terminal negativa)

Ánodo

Cátodo

Lengüeta
de ánodo

▲ El interior de esta pila recargable tiene tres capas largas y delgadas. Un separador divide un electrodo positivo de un electrodo negativo. La utilización de la pila hace que los iones de litio se muevan desde el material positivo al negativo. La aplicación de una carga eléctrica mueve los iones nuevamente hacia el electrodo positivo.

**Museum of Science®**

# ATRAPADO SIN SALIDA

Una telaraña es más que una red pegajosa suspendida en un espacio abierto. La naturaleza fuerte y elástica de la seda de la araña se asegura de que un insecto no pueda irse una vez que toca la tela. Para hacer sus telas, las arañas producen dos tipos de seda: seda de seguridad y seda de captura.

La seda de seguridad conforma el gran marco de la tela. Cuando un insecto choca con una telaraña, la seda de seguridad absorbe la fuerza del impacto y la distribuye por toda el área del marco. Sin importar la masa o la rapidez del insecto, la seda de seguridad es lo suficientemente fuerte como para absorber la fuerza.

La seda de captura es la seda pegajosa del centro de la tela. Es más elástica que la seda de seguridad, de manera que se estira y luego regresa a su forma cuando un insecto la golpea. Al estirarse, transforma la energía cinética del insecto en energía elástica potencial. Como resultado, el insecto disminuye gradualmente su velocidad y no rebota contra la red inmediatamente. Una vez que el insecto se detiene, la pegajosidad del hilo de captura previene que la presa se escape.

La seda de araña tiene tan sólo una décima parte del diámetro de un cabello humano, pero es muy fuerte. De hecho, un hilo de seda de araña puede resistir más fuerza que una pieza de acero del mismo tamaño. Recuerda eso la próxima vez que te enredes en una telaraña.

**Investígalo** Identifica un objeto que podría estar hecho de seda de araña en lugar de acero o Kevlar. Luego, escribe una propuesta que incluya una lista de las ventajas de la seda de araña y una petición de ayuda financiera para construir un prototipo del objeto.

# ¿QUÉ CREES QUE REPRESENTAN ESTOS COLORES?

PREGUNTA PRINCIPAL

### ¿Cómo se transfiere el calor de un cuerpo a otro?

La imagen de la derecha es un termograma. Una cámara especial mide la radiación electromagnética, o infrarroja, de un cuerpo y crea un "mapa" de temperaturas. Una cámara termográfica puede usarse para hallar personas en un incendio, para detectar si un caballo de carrera está lastimado y para hallar tumores en personas. Al registrar un calor excesivo en motores, transformadores y bombas, la cámara puede detectar problemas en los equipos antes de que fallen, y de esta manera se pueden ahorrar millones de dólares.

**Infiere** Dado que un termograma muestra la temperatura, ¿qué podrían indicar los colores que ves?

_____

_____

_____

_____

> **UNTAMED SCIENCE** Mira el video de *Untamed Science* para aprender más sobre el calor.

# Energía térmica y calor

# 5 Para comenzar

## Verifica tu comprensión

**1. Preparación**  Lee el párrafo siguiente y luego responde la pregunta.

Kiara está nadando en el mar. Como se está moviendo, tiene **energía cinética.** La energía se mide en **julios.** Su hermano, que nada a la misma velocidad, tiene más energía cinética porque tiene más masa. Si él disminuye la velocidad, tendrá la misma energía cinética que Kiara. Mientras Kiara nada, nota que es más fácil flotar en agua salada porque tiene mayor **densidad** que el agua dulce.

La **energía cinética** es la energía que tiene un cuerpo debido a su movimiento.

Un **julio** es una unidad de trabajo equivalente a un newton-metro.

La **densidad** es la relación entre la masa y el volumen de una sustancia.

- ¿De qué dos maneras se puede aumentar la energía cinética?

> **MY READING WEB**  Si tuviste dificultades para responder la pregunta anterior, visita *My Reading Web* y escribe *Thermal Energy and Heat*.

## Destreza de vocabulario

**Identificar significados múltiples**  Algunas palabras tienen varios significados. Las palabras que usas a diario pueden tener otros significados cuando se usan en ciencias.

| Palabra | Significado en la vida diaria | Significado científico |
|---|---|---|
| **conductor** | (s.) persona que conduce un vehículo<br>**Ejemplo:** El conductor del autobús indicó a los niños que no se levantaran de sus asientos. | (s.) material que puede conducir bien el calor<br>**Ejemplo:** El metal es un buen conductor. |
| **calor** | (s.) sensación que se experimenta cuando la temperatura corporal o ambiental es elevada<br>**Ejemplo:** Con este abrigo tengo mucho calor. | (s.) energía térmica que se transfiere de un objeto más cálido a uno menos cálido<br>**Ejemplo:** Al dejar una puerta abierta, el calor pasa de la habitación caliente al aire frío del exterior. |

**2. Verificación rápida**  Encierra en un círculo la oración que emplea el significado científico de la palabra *conductor*.

- El *conductor* del tren pudo evitar un accidente.
- Es más fácil cocinar huevos en una sartén hecha de un material que sea buen *conductor* del calor.

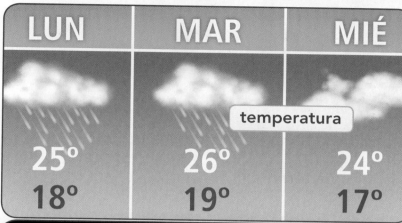

temperatura

| LUN | MAR | MIÉ |
|---|---|---|
| 25° | 26° | 24° |
| 18° | 19° | 17° |

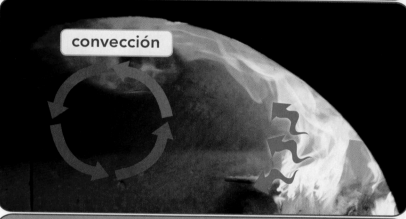

convección

radiación

conducción

# Vistazo al capítulo

**LECCIÓN 1**
- temperatura
- escala Fahrenheit
- escala Celsius
- escala Kelvin
- cero absoluto
- calor

↻ **Identifica la evidencia de apoyo**
△ **Comunica ideas**

**LECCIÓN 2**
- convección
- corriente de convección
- radiación
- conducción

↻ **Compara y contrasta**
△ **Infiere**

**LECCIÓN 3**
- conductor
- aislante
- calor específico
- expansión térmica

↻ **Identifica la idea principal**
△ **Calcula**

> **VOCAB FLASH CARDS** Para obtener más ayuda con el vocabulario, visita *Vocab Flash Cards* y escribe *Thermal Energy and Heat.*

# Temperatura, energía térmica y calor

🔑 **¿Qué determina la temperatura de un cuerpo?**

🔑 **¿Qué es la energía térmica?**

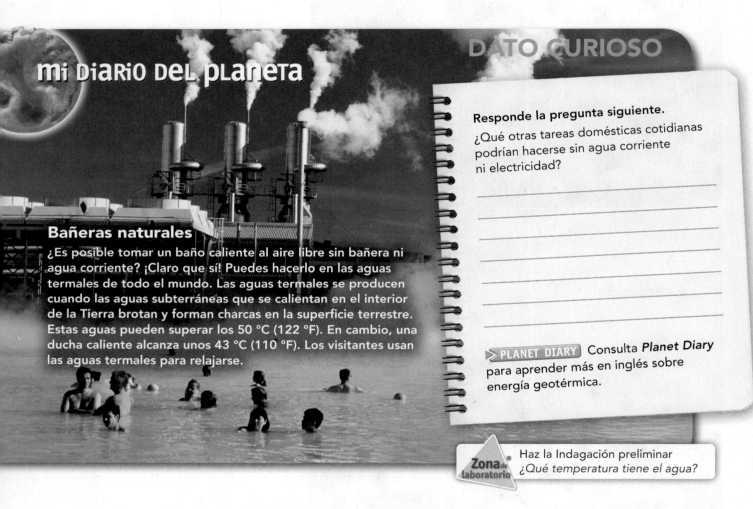

## mi DiaRio DeL pLaneta

DATO CURIOSO

### Bañeras naturales

¿Es posible tomar un baño caliente al aire libre sin bañera ni agua corriente? ¡Claro que sí! Puedes hacerlo en las aguas termales de todo el mundo. Las aguas termales se producen cuando las aguas subterráneas que se calientan en el interior de la Tierra brotan y forman charcas en la superficie terrestre. Estas aguas pueden superar los 50 °C (122 °F). En cambio, una ducha caliente alcanza unos 43 °C (110 °F). Los visitantes usan las aguas termales para relajarse.

**Responde la pregunta siguiente.**

¿Qué otras tareas domésticas cotidianas podrían hacerse sin agua corriente ni electricidad?

_____

_____

_____

_____

_____

_____

> **PLANET DIARY** Consulta *Planet Diary* para aprender más en inglés sobre energía geotérmica.

**Zona de laboratorio** Haz la Indagación preliminar *¿Qué temperatura tiene el agua?*

## ¿Qué determina la temperatura de un cuerpo?

Es posible que hayas usado un termómetro para tomarte la temperatura si te sentías mal. La **temperatura** es una medida de cuán caliente o frío está algo comparado con un punto de referencia. (Un punto de referencia es el punto de congelación del agua). ¿Qué hace que un cuerpo esté caliente o frío?

## Vocabulario

- temperatura
- escala Celsius
- cero absoluto
- escala Fahrenheit
- escala Kelvin
- calor

## Destrezas

Lectura: Identifica la evidencia de apoyo

Indagación: Comunica ideas

Recuerda que todos los cuerpos que se mueven tienen energía cinética. La materia está formada por partículas diminutas que están en constante movimiento; por lo tanto, esas partículas tienen energía cinética. **La temperatura es una medida de la energía cinética promedio de las partículas de un cuerpo.** Cuando un cuerpo se calienta, sus partículas se mueven con mayor rapidez. Por consiguiente, la energía cinética promedio de las partículas y la temperatura aumentan.

En los Estados Unidos se usa la **escala Fahrenheit** para medir la temperatura. En la mayoría de los países se usa la **escala Celsius.** Puedes usar una ecuación para convertir de una escala a otra, pero es más sencillo estimar con termómetros como los de la **ilustración 1**. Las temperaturas que están alineadas, como 32 °F y 0 °C, son equivalentes. Muchos científicos usan la **escala Kelvin.** Las escalas Celsius y Fahrenheit están divididas en grados. La escala Kelvin está dividida en kelvins (K). Un cambio de temperatura de 1 K es igual a un cambio de temperatura de 1 °C. La temperatura más baja posible es cero Kelvin o **cero absoluto.** A esta temperatura, las partículas no tienen energía cinética. Cero K es igual a −273 °C.

### ¿sabías que...?

Cuando Anders Celsius inventó la escala Celsius, tenía 100 °C como punto de *congelación* del agua y 0 °C como punto de *ebullición*.

| LUN | MAR | MIÉ | JUE | VIE |
|---|---|---|---|---|
| 25° | 26° | 24° | 25° | 24° |
| 18° | 19° | 17° | 17° | 18° |

ILUSTRACIÓN 1 ..............

> ART IN MOTION **Escalas de temperatura**
En la tabla de arriba se muestra el boletín meteorológico pero no se indica la escala de la temperatura.

✎ **Interpreta diagramas** Explica por qué este boletín tendría un significado distinto en Japón que en los Estados Unidos. Rellena el termómetro para mostrar una de las temperaturas en grados Celsius. ¿Cuál es el equivalente en grados Fahrenheit?

_____

_____

_____

_____

_____

**Zona de laboratorio**
Haz la Investigación de laboratorio *Construye tu propio termómetro*.

### 🔑 Evalúa tu comprensión
¿comprendiste?..............................

○ **¡Comprendí!** Ahora sé que la temperatura está

relacionada con _____

_____

○ **Necesito más ayuda con** _____

*Consulta* MY SCIENCE 🔊 COACH *en línea para obtener ayuda en inglés sobre este tema.*

137

# ¿Qué es la energía térmica?

A la misma temperatura, diferentes cuerpos pueden tener diferentes cantidades de energía. Para comprender esto, necesitas saber acerca de la energía térmica y el calor. La temperatura, la energía térmica y el calor están estrechamente relacionados pero no son lo mismo.

**Energía térmica** La temperatura es una medida de la energía cinética promedio de las partículas individuales de un cuerpo. Sin embargo, no es una medida de la cantidad total de energía de un cuerpo. 🔑 **La energía térmica es la energía total de las partículas de un cuerpo.** Depende de la temperatura del cuerpo, del número de partículas en el cuerpo y de cómo están distribuidas esas partículas. En esta lección nos concentraremos en los dos primeros factores.

Cuantas más partículas tenga un cuerpo a una temperatura dada, más energía térmica tendrá. Por ejemplo, una tetera de 1 litro a 75 °C tiene más energía térmica que una taza de té a 75 °C porque la tetera contiene más partículas de té. Por otro lado, cuanto mayor es la temperatura de un cuerpo, más energía térmica tendrá. Por lo tanto, si dos teteras de 1 litro tienen diferentes temperaturas, la tetera con mayor temperatura tiene más energía térmica.

**Identifica la evidencia de apoyo** Dado que la energía térmica es la energía total de las partículas de un cuerpo, la energía térmica depende de varios factores. Subraya las oraciones que apoyan esta idea.

# ¡aplícalo!

La cantidad total de energía térmica que tiene un cuerpo depende de su temperatura y del número de partículas que contiene.

**1 Identifica** En los dos recuadros de arriba, encierra en un círculo el pastel de pollo que contiene más energía térmica.

**2 Aplica conceptos** En el recuadro de abajo, dibuja y anota la temperatura de tres pasteles que tengan más energía térmica que el de la izquierda.

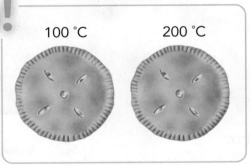

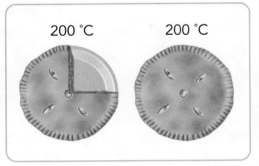

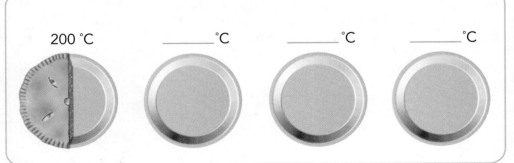

**El calor** Se puede decir que un cuerpo contiene calor, pero eso no es del todo cierto. Los cuerpos contienen energía térmica. El **calor** es la *transferencia* de energía térmica de un cuerpo más cálido a uno menos cálido. El cuerpo más cálido se enfriará y el cuerpo menos cálido se calentará hasta que tengan la misma temperatura. Cuando tienen la misma temperatura, se detiene la transferencia de calor. El calor se mide en unidades de energía: julios.

**Vocabulario** Escribe una oración que contenga el significado científico de *calor*.

_____

_____

ILUSTRACIÓN 2 ·············

▷ **VIRTUAL LAB** **El calor**
Cuando colocas la mano sobre un plato de comida, sentirás que tu mano se calienta si se transfiere calor hacia ti, y que se enfría si el calor se transfiere de tu mano.

✎ **Comunica ideas** En la fotografía de la izquierda, dibuja flechas que muestren la dirección de la transferencia del calor de al menos dos comidas. ¿Sentirías más calor en la mano si la colocaras sobre algunas comidas que sobre otras? ¿Qué características de la comida podrían afectar cuánto calor o frío sentirías en la mano? Comenta tus ideas con un compañero.

_____

_____

_____

**Zona** de **laboratorio** Haz la Actividad rápida de laboratorio *La temperatura y la energía térmica.*

🔑 **Evalúa tu comprensión**

**1a. Haz una lista** ¿Cuáles son dos factores que determinan la energía térmica de un cuerpo?

_____

_____

**b.** DESAFÍO El cuerpo A tiene menos energía térmica que el cuerpo B, pero el calor se transfiere del cuerpo A al cuerpo B. ¿Qué condiciones harían esto posible?

_____

_____

_____

**¿comprendiste?**

○ **¡Comprendí!** Ahora sé que la energía térmica de un cuerpo se define como _____

_____

_____

_____

_____

○ Necesito más ayuda con _____

*Consulta* MY SCIENCE ⓢ COACH *en línea para obtener ayuda en inglés sobre este tema.*

# Transferencia de calor

🔑 ¿Cómo se transfiere el calor?

## mi DiaRio DeL pLaneTa

**DESASTRE**

### Clima tormentoso

Los huracanes son tormentas intensas que pueden causar daños por miles de millones de dólares. Estas tormentas se forman cuando se eleva rápidamente aire muy cálido y húmedo, y crea un área de baja presión debajo. Cuando el aire sube, el vapor de agua en el aire se condensa y se libera una cantidad enorme de energía térmica. Esta energía provoca vientos arremolinados, que aportan más agua caliente, lo que hace crecer la tormenta. Si la trayectoria del huracán es sobre tierra firme, la tormenta puede causar daños muy graves. Sin embargo, a medida que la tormenta se mueve sobre la tierra, se reduce su fuente de energía (el agua cálida del mar) y finalmente la tormenta se disipa.

**Responde la pregunta siguiente.**

¿Por qué los huracanes suelen formarse en climas más cálidos?

_____

_____

_____

_____

_____

_____

▶ **PLANET DIARY** Consulta *Planet Diary* para aprender más en inglés sobre los huracanes.

**Zona de laboratorio** Haz la Indagación preliminar *¿Qué significa aumentar la temperatura?*

## ¿Cómo se transfiere el calor?

El calor se transfiere constantemente a tu alrededor. Si no lo hiciera, nunca cambiaría la temperatura de las cosas. El calor no se transfiere al azar. Viaja en una sola dirección y sigue tres métodos diferentes.

🔑 **El calor se transfiere de áreas más cálidas a áreas menos cálidas mediante los procesos de conducción, convección y radiación.**

## Vocabulario

- convección • corriente de convección
- radiación • conducción

## Destrezas

Lectura: Compara y contrasta

Indagación: Infiere

### Convección

La **convección** es un tipo de transferencia de calor que ocurre sólo en fluidos, como el agua y el aire. Cuando el aire se calienta, sus partículas se mueven más rápido y se separan. El aire caliente se vuelve menos denso, sube y flota sobre el aire más frío y denso. El aire más frío fluye hacia su lugar, se calienta y sube. El aire previamente calentado se enfría, desciende, y el ciclo se repite. Este flujo de aire crea un movimiento circular llamado **corriente de convección.** Estas corrientes causan cambios en los vientos y en el tiempo meteorológico.

### Radiación

La **radiación** es la transferencia de energía mediante ondas electromagnéticas. La radiación es la única forma de transferencia de calor que no requiere materia. Puedes sentir la radiación del fuego sin tocar las llamas. La energía solar cruza 150 millones de kilómetros de espacio vacío hasta llegar a la Tierra.

### Conducción

La **conducción** transfiere el calor de una partícula de materia a otra dentro de un cuerpo o entre dos cuerpos. Las partículas que se mueven rápido en el piso del horno chocan con las partículas que se mueven despacio en la pizza cruda. Así las partículas de la pizza se mueven más rápido, y la pizza se calienta.

ILUSTRACIÓN 1 ..............................................

## Transferencia de calor

Un horno a leña para pizza demuestra tres tipos de transferencia de calor.

✎ **Aplica conceptos** Describe una transferencia de calor que sucede después de que la pizza sale del horno. ¿Qué tipo de transferencia es?

**Compara y contrasta**
Encierra en un círculo las oraciones de la página anterior que describen qué tienen en común los diferentes tipos de transferencia de calor. Subraya las diferencias en esta página.

# ¿Dónde se transfiere calor en esta playa?

## ¿Cómo se transfiere el calor de un cuerpo a otro?

ILUSTRACIÓN 2

▶ **INTERACTIVE ART** El calor se transfiere constantemente a tu alrededor, hasta en la playa. ✎ **Aplica conceptos** Completa el diagrama siguiente para repasar los diferentes tipos de transferencia de calor. Luego, rotula al menos un ejemplo de cada tipo de transferencia de calor en la ilustración. Dibuja flechas para mostrar cómo se transfiere el calor en cada ejemplo.

| Tipo de transferencia de calor | Explicación |
|---|---|
| Conducción | |
| Convección | |
| Radiación | |

# ¡aplícalo!

Hay gran variedad de formas y tamaños de ollas, pero es más probable que veas una olla baja y ancha como ésta

que una alta y angosta como ésta.

**Infiere** Usa el concepto de conducción para explicar por qué sucede eso.

_____
_____
_____
_____
_____
_____
_____

**Zona de laboratorio®** Haz la Actividad rápida de laboratorio *Corrientes de convección*.

## 🔑 Evalúa tu comprensión

**1a. Clasifica** ¿Qué tipo de transferencia de calor se produce al cocinar huevos en una sartén? Antes de que se inventaran las tostadoras, las personas tostaban el pan sosteniéndolo sobre el fuego. ¿Qué tipo de transferencia de calor se producía? Menciona el tercer tipo de transferencia de calor y da un ejemplo de comida que se cocine de esa manera.

_____
_____

**b.** **RESPONDE LA PREGUNTA PRINCIPAL** ¿Cómo se transfiere el calor de un cuerpo a otro?

_____
_____
_____
_____
_____

**¿comprendiste?** ..........................................................................................................

○ **¡Comprendí!** Ahora sé que los tres métodos de transferencia de calor son _____

○ Necesito más ayuda con _____

*Consulta* MY SCIENCE 🔊 COACH *en línea para obtener ayuda en inglés sobre este tema.*

# Propiedades térmicas

## ¿Cómo reaccionan los diferentes materiales al calor?

## mi DiaRio DeL planeTa

PROFESIÓN

### Vestirse para la ocasión

Los superhéroes de las revistas de historietas a menudo usan trajes especiales que les permiten volar o protegerse de los enemigos. Pero hay otros héroes de la vida diaria que usan trajes que les dan superpoderes similares: ¡los astronautas! Cuando los astronautas salen de una estación o de una nave espacial, usan trajes que pesan cientos de libras. Estos trajes les permiten sobrevivir a pesar de los enormes cambios de temperatura que ocurren en el espacio. Los trajes están diseñados con un material aislante flexible para proteger a los astronautas de los cambios extremos de temperatura, de la radiación y de la baja presión que hay en el espacio. También les proporcionan aire para respirar, comunicación por radio y los protegen de los micrometeoroides.

**Comunica ideas** Responde la pregunta siguiente. Luego, comenta la respuesta con un compañero.

Tú también usas ropa especial para mantenerte caliente. ¿Qué materiales usas para mantenerte caliente?

_____

_____

_____

> **PLANET DIARY** Consulta *Planet Diary* para aprender más en inglés sobre los trajes espaciales.

**Zona** de **laboratorio** ® Haz la Indagación preliminar *Propiedades térmicas.*

## ¿Cómo reaccionan los diferentes materiales al calor?

Cuando cocinas algo en el horno, usas fuentes de vidrio, cerámica o metal en lugar de plástico. Algunos materiales pueden tolerar el calor del horno mejor que otros. Los materiales reaccionan de distintas maneras al calor. Las propiedades térmicas de un cuerpo determinan cómo responderá al calor.

## Vocabulario
- conductor
- aislante
- calor específico
- expansión térmica

## Destrezas
- ↻ Lectura: Identifica la idea principal
- △ Indagación: Calcula

**Conductores y aislantes** Si caminas descalzo de la alfombra de la sala de estar al piso de baldosas de la cocina, notarás que las baldosas se sienten más frías que la alfombra. Pero la temperatura de las baldosas y de la alfombra es la misma: ¡la temperatura ambiente! La diferencia está relacionada con la manera en que los materiales conducen el calor. 🗝 **Algunos materiales conducen bien el calor y otros no.**

**Conductores** Un material que conduce bien el calor se denomina **conductor.** Los metales como la plata son buenos conductores. Algunos materiales son buenos conductores por las partículas que contienen y por cómo están organizadas esas partículas. Un buen conductor, como un piso de baldosas, se siente frío al contacto porque el calor se transfiere fácilmente de tu piel a la baldosa. Sin embargo, el calor también se transfiere fuera de los conductores con facilidad. Un mástil de metal se siente mucho más caliente en un día de verano que un mástil de madera en el mismo lugar porque el calor se transfiere más fácilmente del mástil de metal a tu mano.

**Aislantes** Un poste de madera y la alfombra de la sala de estar son buenos aislantes. Los **aislantes** son materiales que no conducen bien el calor. Otros buenos aislantes son el aire y la lana. Por ejemplo, una manta de lana hace más lenta la transferencia del calor de tu cuerpo hacia afuera.

ILUSTRACIÓN 1 ··························
**▶ ART IN MOTION Conductores y aislantes**
Tanto los conductores como los aislantes son útiles en la cocina. Los conductores transfieren fácilmente el calor para cocinar la comida. Los aislantes permanecen frescos para poder manipularlos.

✏ **Clasifica Encierra en un círculo los conductores de la fotografía. En el espacio que sigue, haz una lista de los objetos de la cocina que pueden ser aislantes.**

_____

_____

_____

_____

## Calor específico

**Calor específico** Imagínate que corres por la arena caliente hacia el mar. Corres hacia la orilla del agua pero no avanzas más porque el agua está muy fría. ¿Cómo puede ser que la arena esté tan caliente y el agua esté tan fría? Después de todo, el sol calienta a ambos. La respuesta es que el agua necesita más calor para elevar la temperatura que la arena.

Cuando un cuerpo se calienta, su temperatura aumenta. Pero la temperatura no aumenta con la misma rapidez en todos los cuerpos. La cantidad de calor que se necesita para aumentar la temperatura de un cuerpo depende de la composición química del cuerpo. **Para lograr el mismo cambio de temperatura en cuerpos diferentes, se necesitan distintas cantidades de energía térmica.**

La cantidad de energía que se requiere para elevar la temperatura de 1 kilogramo de un material en 1 kelvin se denomina **calor específico.** Se mide en julios por kilogramo-kelvin, o J/(kg·K). Un material con un alto calor específico puede absorber una gran cantidad de energía térmica sin que sufra un cambio grande de temperatura.

Puedes calcular los cambios de energía térmica con una fórmula.

**Cambio de energía** = Masa × Calor específico × Cambio de temp.

**Identifica la idea principal**
Encierra en un círculo la idea principal de esta página. Subraya las oraciones que apoyan la idea principal.

## ¡Usa las matemáticas!

Puedes calcular la cantidad de energía térmica absorbida por 2 kg de agua a medida que su temperatura aumenta en 3 K.

**Cambio de energía** = Masa × Calor específico × Cambio de temp.

**Cambio de energía** = 2 kg × 4,180 J/(kg·K) × 3 K

**Cambio de energía** = 25,080 J

| Material | Calor específico (J/(kg·K)) |
|----------|------------------------------|
| Cobre    | 385                          |
| Agua     | 4,180                        |
| Vidrio   | 837                          |
| Plata    | 235                          |
| Hierro   | 450                          |

**1 Calcula** Usa la fórmula y la tabla de la derecha para calcular cuánta energía se pierde en 0.5 kg de plata que se enfría en 2 K.

_____

**2 Interpreta tablas** ¿Cuántas veces más energía debes transferir a un kilogramo de vidrio que a un kilogramo de plata para aumentar sus temperaturas en la misma cantidad?

_____

**3 Saca conclusiones** El agua de mar en una playa se calienta más lentamente que la arena de la playa. El calor específico del agua debe ser (mayor que/menor que) el calor específico de la arena.

**Expansión térmica** Para aflojar la tapa de un tarro, puedes colocarlo debajo de un chorro de agua caliente. Esto funciona porque la tapa de metal se expande más que el vidrio cuando se calienta. 🔑 **Cuando la energía térmica de la materia aumenta, sus partículas generalmente se dispersan y hacen que la sustancia se expanda.** Esto ocurre con casi toda la materia. La expansión de la materia cuando se calienta se conoce como **expansión térmica.** Cuando la materia se enfría, sucede lo opuesto. Se libera energía térmica. Esto hace que las partículas se muevan con menor rapidez y estén más juntas. A medida que la materia se enfría, generalmente se reduce en volumen, o se contrae. Los diferentes materiales se expanden y se contraen a diferentes velocidades.

Cables de alta tensión

Junta de la carretera

Vía de tren

ILUSTRACIÓN 2 ·············································

**Expansión térmica**

Muchos cuerpos están específicamente diseñados para que haya espacio adicional para la expansión térmica, como las juntas en las carreteras y las vías del tren.

✎ **Predice** Elige uno de los ejemplos. ¿Qué podría suceder si no se tiene en cuenta la expansión térmica cuando se diseña ese objeto?

_____

_____

_____

_____

_____

**Zona de laboratorio** ® Haz la Actividad rápida de laboratorio *Globos helados.*

🔑 **Evalúa tu comprensión**

**1a. Clasifica** Los refrigeradores para picnic hechos con espuma conservan la comida fría durante un día cálido. ¿La espuma es un conductor o un aislante? Explica tu respuesta.

_____

_____

**b. Calcula** El calor específico de la espuma es de aproximadamente 1,200 J/(kg·K). ¿Cuánto calor se necesita para elevar la temperatura de 1 kg de espuma en 2 K?

_____

_____

_____

**¿comprendiste?**·················································································

○ **¡Comprendí!** Ahora sé que la manera en que un material reacciona al calor depende de _____

_____

○ **Necesito más ayuda con** _____

*Consulta* MY SCIENCE ⬤ COACH *en línea para obtener ayuda en inglés sobre este tema.*

**147**

El calor se transfiere de cuerpos _____ a cuerpos _____. Los tres métodos de

transferencia de calor son _____.

## LECCIÓN 1 Temperatura, energía térmica y calor

🔑 La temperatura es una medida de la energía cinética promedio de las partículas de un cuerpo.

🔑 La energía térmica es la energía total de las partículas de un cuerpo.

**Vocabulario**

• temperatura   • escala Fahrenheit   • escala Celsius
• escala Kelvin   • cero absoluto   • calor

## LECCIÓN 2 Transferencia de calor

🔑 El calor se transfiere de áreas más cálidas a áreas menos cálidas mediante los procesos de conducción, convección y radiación.

**Vocabulario**

• convección   • corriente de convección
• radiación   • conducción

## LECCIÓN 3 Propiedades térmicas

🔑 Algunos materiales conducen bien el calor y otros no.

🔑 Para lograr el mismo cambio de temperatura en cuerpos diferentes, se necesitan distintas cantidades de energía térmica.

🔑 Cuando la energía térmica de la materia aumenta, sus partículas generalmente se dispersan y hacen que la sustancia se expanda.

**Vocabulario**

• conductor   • aislante   • calor específico   • expansión térmica

# Repaso y evaluación

## LECCIÓN 1 Temperatura, energía térmica y calor

**1.** ¿Cómo se denomina la energía total de todas las partículas de un cuerpo?

a. energía química          b. energía térmica

c. energía potencial        d. energía mecánica

**2.** La escala de temperatura usada en la mayor parte del mundo es _____

**3.** **Aplica conceptos** ¿Cómo se transfiere el calor cuando tomas un cubo de hielo con la mano?

_____

_____

Usa la ilustración para responder las preguntas que siguen.

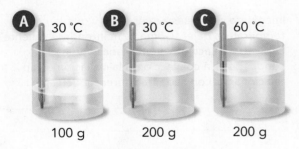

A  30 °C   B  30 °C   C  60 °C

100 g      200 g      200 g

**4.** **Interpreta datos** Compara el movimiento promedio de las partículas en los tres recipientes. Explica tu respuesta.

_____

_____

_____

_____

**5.** **Saca conclusiones** Compara la cantidad total de energía térmica en los recipientes A y B. Explica tu respuesta.

_____

_____

_____

_____

## LECCIÓN 2 Transferencia de calor

**6.** ¿Cuál es el proceso mediante el cual el calor se transfiere de una partícula de materia a otra cuando las partículas chocan?

a. conducción          b. convección

c. expansión           d. radiación

**7.** Una corriente de convección es _____

_____

_____

_____

**8.** **Clasifica** Identifica cada ejemplo de transferencia de calor como conducción, convección o radiación: abrir las ventanas de una habitación donde hace calor; una lagartija tomando sol; colocar hielo en un tobillo dolorido.

_____

_____

**9.** **Infiere** ¿Cómo puede transferirse el calor a través del espacio vacío? Explica tu respuesta.

_____

_____

_____

**10.** **Expresa opiniones** Imagínate que tratas de calentar tu casa usando una estufa en una de las habitaciones. ¿Un ventilador sería de ayuda? Explica tu respuesta.

_____

_____

_____

_____

**11.** 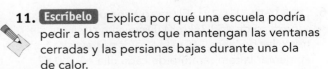 **Escríbelo** Explica por qué una escuela podría pedir a los maestros que mantengan las ventanas cerradas y las persianas bajas durante una ola de calor.

**149**

**LECCIÓN 3** **Propiedades térmicas**

**12.** Imagínate que quieres saber la cantidad de calor necesaria para aumentar la temperatura de 2 kg de cobre en 10 °C. ¿Qué propiedad del cobre necesitas conocer?

    **a.** la energía térmica del cobre

    **b.** la temperatura del cobre

    **c.** el calor específico del cobre

    **d.** el punto de fusión del cobre

**13.** La lana es un buen aislante, lo que significa que ____

_____

**14.** **Aplica conceptos** Cuando se cuelgan los cables de las líneas telefónicas, se los deja combados. Explica por qué.

_____

_____

_____

**15.** **Interpreta diagramas** ¿Por qué se usan dos hojas de vidrio en esta ventana? (*Pista*: El aire es aislante).

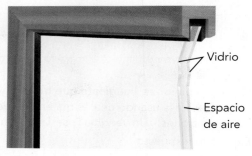

Vidrio

Espacio
de aire

_____

_____

_____

**16.** **¡matemáticas!** El hierro tiene un calor específico de 450 J/(kg·K). Diseña un conjunto de tres ollas de hierro. ¿Cuánto calor se necesita para aumentar la temperatura de cada olla en 100 K?

**APLICA LA PREGUNTA PRINCIPAL** **¿Cómo se transfiere el calor de un cuerpo a otro?**

**17.** Imagínate que estás acampando y que la temperatura baja. ¿Cómo te mantendrías caliente? Explica cada acción que tomarías. Indica si la conducción, la convección o la radiación están relacionadas con cada transferencia de calor.

_____

_____

_____

_____

_____

_____

_____

_____

_____

_____

_____

_____

_____

_____

_____

_____

# Preparación para exámenes estandarizados

## Selección múltiple

**Encierra en un círculo la letra de la mejor respuesta.**

1. A continuación se muestra la temperatura de cuatro pasteles.

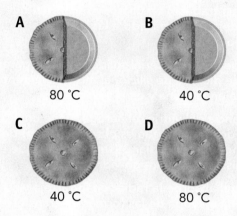

**A**

80 °C

**B**

40 °C

**C**

40 °C

**D**

80 °C

¿Qué enunciado es verdadero?

A   A y D tienen la misma energía térmica.

B   C y D tienen la misma energía térmica.

C   B tiene el doble de energía térmica que C.

D   D tiene el doble de energía térmica que A.

2. ¿Qué mide un termómetro?

A   temperatura

B   energía térmica

C   calor

D   calor específico

3. ¿Qué enunciado describe la dirección del flujo del calor?

A   El calor fluye entre dos cuerpos que tienen la misma temperatura.

B   La energía térmica sólo puede ser absorbida por cuerpos fríos.

C   El calor fluye de un cuerpo más cálido a un cuerpo menos cálido.

D   El calor fluye de un cuerpo menos cálido a un cuerpo más cálido.

4. El calor específico del hierro es 450 J/(kg·K). ¿Cuánta energía térmica se debe transferir a 15 kg de hierro para elevar su temperatura en 4.0 K?

A   450 J

B   2,700 J

C   5,400 J

D   27,000 J

5. ¿Cuál de estas opciones puede clasificarse como un buen conductor de energía térmica?

A   aire

B   madera

C   plata

D   lana

## Respuesta elaborada

**Usa tus conocimientos de ciencias para responder la pregunta 6. Escribe tu respuesta en una hoja aparte.**

6. Usa los principios de conducción, convección y radiación para explicar cómo se calienta el agua en la olla.

Horizontes de la tecnología

# Ventanas de aerogel

## ¡Cierra la ventana!

Incluso cuando están bien cerradas, las ventanas pueden liberar la mitad del calor del edificio. Los científicos de la Administración Nacional de Aeronáutica y del Espacio (NASA, por sus siglas en inglés) trabajan en un nuevo material que puede dejar en el pasado a las ventanas de vidrio.

El aerogel es un material sólido casi transparente hecho de dióxido de silicio, el mismo elemento que está en la arena y en el vidrio.

A diferencia del vidrio, el aerogel tiene un 99.8 % de aire. Aunque es el sólido menos denso del mundo, puede aislar 39 veces mejor que el mejor aislante de fibra de vidrio.

El aerogel absorbe la radiación infrarroja y así detiene la mayoría de las formas de transferencia de energía, incluido el calor. ¡Sería un material asombroso para ventanas! Lamentablemente, pequeños poros dispersan una parte de la luz visible y dan una bruma azul al aerogel. La NASA investiga cómo hacerlo realmente transparente. ¡Así sería el futuro de las ventanas!

▲ El aerogel es el sólido menos denso del mundo, no es inflamable y absorbe el calor.

**Escríbelo** Escribe un anuncio para aislantes o ventanas de aerogel. ¡Sé creativo! Promueve la idea de que el gobierno otorgaría una rebaja a los propietarios de viviendas para instalar una solución tecnológica de vanguardia para la energía.

# EXPANSIÓN TÉRMICA

## Problema

techo metálico
expansión/contracción
fuerza
fisuras
fisuras

## Solución

expansión/contracción
expansión/contracción
sin fuerza
junta de expansión

Cuando un techo metálico se expande por efecto del calor del sol, el metal expandido presiona la pared de hormigón. Una junta de expansión proporciona espacio para que el metal se expanda.

### Deja pasar el calor

A veces, cuando una situación se caldea, es mejor dar un paso al costado. Los funcionarios del consejo escolar detuvieron la construcción de una escuela en la Florida cuando los bloques de cemento del edificio empezaron a agrietarse. La escuela contrató a una firma de arquitectos para estudiar el problema. Un ingeniero descubrió que la causa era la expansión térmica. Pero ¿de dónde provenía el calor?

El techo de la escuela era de metal. Cuando el metal se calienta, se expande. Los bloques de hormigón unidos al metal debieron haberse instalado con juntas de expansión. Estas juntas se desplazan a los lados cuando el metal se expande. Lamentablemente, no había espacio de desplazamiento sobre una de las entradas del edificio. Algo sufriría las consecuencias… ¡y fueron los bloques de hormigón! Para solucionar el problema, los ingenieros colocaron juntas de expansión en el techo.

¿Piensas construir en un clima templado? ¡No te olvides de la expansión térmica!

**Diséñalo** Investiga sobre la expansión térmica y las juntas de expansión. Haz bosquejos de tu propio diseño de un edificio o un puente. Tu diseño debe incluir juntas de expansión para permitir la expansión térmica.

La presión de la expansión térmica fisura incluso el hormigón.

153

# ¿POR QUE LA GENTE DE ESTE EDIFICIO ESTÁ A SALVO DE LOS RAYOS?

**PREGUNTA PRINCIPAL**

### ¿Cómo funciona un circuito eléctrico?

Los rayos alcanzan la Tierra más de 100 veces por segundo. Los edificios utilizan postes altos de metal denominados pararrayos para impedir que los rayos lleguen a ellos. Es más probable que el rayo alcance el pararrayos antes que el edificio. El rayo pasa por el pararrayos y se descarga en el suelo a través de alambres. Esto evita que el edificio se dañe y que las personas que están adentro se lastimen.

▲ **Comunica ideas** ¿En qué se parecen un rayo y la electricidad que conducen los cables de alta tensión? Comenta esto con un compañero.

_____

_____

_____

_____

▶ **UNTAMED SCIENCE** Mira el video de *Untamed Science* para aprender más sobre la electricidad.

# Electricidad

# 6 | Para comenzar

## Verifica tu comprensión

**1. Preparación** Lee el párrafo siguiente y luego responde la pregunta.

Cuando levantas una pelota de básquetbol, aplicas una **fuerza** sobre ella. La **energía** que usas para levantarla se transfiere a la pelota en forma de **energía gravitatoria potencial.** Cuanto más alto levantas la pelota, más energía usas y más energía gravitatoria potencial se transfiere a la pelota.

La **fuerza** es el empuje o la atracción que se ejerce sobre un cuerpo.

La **energía** es la capacidad para realizar un trabajo o producir cambios.

La **energía potencial** es la energía almacenada que resulta de la posición o la forma de un cuerpo.

• ¿Qué sucede con la energía gravitatoria potencial si dejamos caer la pelota?

_____

> **MY READING WEB** Si tuviste dificultades para responder la pregunta anterior, visita *My Reading Web* y escribe *Electricity.*

## Destreza de vocabulario

**Palabras de origen latino** Muchas palabras científicas en español provienen del latín. Por ejemplo, la palabra *solar,* que significa "del sol", proviene del latín *solaris,* que significa "sol".

| Palabra en latín | Significado de la palabra en latín | Ejemplo |
|---|---|---|
| *circuitus* | rodeo, en círculo | circuito: *(s.)* trayecto completo e ininterrumpido |
| *currere* | correr | corriente: *(s.)* flujo continuo |
| *insula* | isla | aislante: *(s.)* material que no permite que las cargas eléctricas fluyan |

**2. Verificación rápida** Elige la palabra que mejor complete la oración.

• _____ eléctrica está formada por el flujo continuo de cargas eléctricas de un lugar a otro.

electricidad estática

descarga estática

circuito eléctrico

$$Resistencia = \frac{Voltaje}{Corriente}$$

ley de Ohm

# Vistazo al capítulo

### LECCIÓN 1
- fuerza eléctrica
- campo eléctrico
- electricidad estática
- conservación de carga eléctrica
- fricción
- conducción
- inducción
- polarización
- descarga estática

↻ **Relaciona causa y efecto**
▲ **Saca conclusiones**

### LECCIÓN 2
- corriente eléctrica
- circuito eléctrico
- conductor
- aislante
- voltaje
- resistencia

↻ **Pregunta**
▲ **Clasifica**

### LECCIÓN 3
- ley de Ohm
- circuito en serie
- circuito paralelo

↻ **Compara y contrasta**
▲ **Haz modelos**

### LECCIÓN 4
- potencia
- cortocircuito
- tercera terminal
- conectado a tierra
- fusible
- interruptor de circuito

↻ **Resume**
▲ **Calcula**

> **VOCAB FLASH CARDS** Para obtener más ayuda con el vocabulario, visita *Vocab Flash Cards* y escribe *Electricity.*

# Carga eléctrica y electricidad estática

**¿Cómo interactúan las cargas eléctricas?**

**¿Cómo se acumula la carga?**

## mi DiaRio DeL planeta

### Campos de fuerza

**Concepto erróneo:** Los campos de fuerza existen sólo en los relatos de ciencia ficción.

**Hecho:** Los campos de fuerza son una parte importante de la vida cotidiana.

Aunque no lo creas, ¡ahora mismo estás sentado sobre un campo de fuerza! Un campo de fuerza existe alrededor de todo objeto que repele o atrae otros objetos. La Tierra está rodeada por un campo de fuerza gravitatoria gigante que impide que flotes hacia el espacio. El campo magnético de la Tierra hace que las agujas de las brújulas apunten al Norte. ¡Tú creas tu propio campo de fuerza cuando recibes electricidad al tocar el picaporte de una puerta!

## CONCEPTOS ERRÓNEOS

Responde las preguntas siguientes.

1. Un campo gravitatorio es lo que te mantiene en la Tierra. ¿Qué otros usos podrían tener los campos de fuerza?

_____

_____

2. Describe cómo otro invento de la ciencia ficción podría estar basado en la ciencia real.

_____

_____

> **PLANET DIARY** Consulta *Planet Diary* para aprender más en inglés sobre los campos de fuerza.

**Zona de laboratorio** Haz la Indagación preliminar *¿Puedes mover una lata sin tocarla?*

## Vocabulario

- fuerza eléctrica • campo eléctrico • electricidad estática
- conservación de carga eléctrica • fricción • conducción
- inducción • polarización • descarga estática

## Destrezas

↺ Lectura: Relaciona causa y efecto

▲ Indagación: Saca conclusiones

# ¿Cómo interactúan las cargas eléctricas?

Ya estás llegando tarde a la escuela, ¡y uno de tus calcetines sigue sin aparecer! Finalmente lo encuentras en tu cama, pegado a la manta. ¿Cómo sucedió esto? La explicación tiene que ver con las cargas eléctricas.

**Tipos de carga** Los átomos contienen partículas cargadas denominadas electrones y protones. Cuando un electrón se acerca mucho a otro, los electrones no se juntan sino que se separan. En otras palabras, se repelen. Lo mismo ocurre con dos protones. Pero si un protón y un electrón se acercan, se atraen. Los protones atraen a los electrones porque los dos tienen cargas eléctricas opuestas. La carga del protón es positiva (+) y la carga del electrón es negativa (−).

Los dos tipos de cargas eléctricas interactúan de maneras específicas, como puedes ver en la **ilustración 1.** ⚷ **Las cargas iguales se repelen. Las cargas distintas se atraen.** La interacción entre cargas eléctricas se conoce como electricidad. La fuerza entre dos cuerpos cargados eléctricamente se denomina **fuerza eléctrica.**

ILUSTRACIÓN 1 ·······························································

## ¿Se repelen o se atraen?

✎ **Saca conclusiones** En cada esfera, escribe "+" si tiene carga positiva y "−" si tiene carga negativa. Compara tus respuestas en grupo. ¿Puedes determinar con certeza cuáles son las esferas con carga positiva y cuáles las que tienen carga negativa? ¿Qué conclusiones puedes sacar?

_____

_____

_____

_____

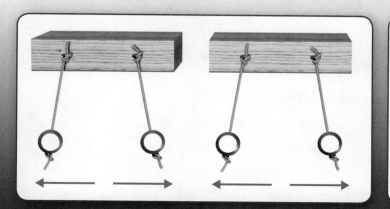

**Campos eléctricos** Quizás hayas oído hablar de un campo gravitatorio, que es el espacio alrededor de un objeto (como, por ejemplo, un planeta) donde se ejerce la fuerza gravitatoria de ese objeto. Del mismo modo, un **campo eléctrico** es una región alrededor de un objeto cargado en la que su fuerza eléctrica interactúa con otros objetos cargados eléctricamente. Los campos y las fuerzas eléctricas se debilitan a medida que se alejan de la carga.

El campo eléctrico es invisible. Puedes usar líneas de campo para representarlo, como en la **ilustración 2.** Una línea de campo muestra la fuerza que se ejercería sobre una carga positiva en cualquier punto a lo largo de esa línea. Las cargas positivas son repelidas por otras cargas positivas y atraídas hacia cargas negativas. Por lo tanto, las líneas de campo apuntan en dirección contraria a las cargas positivas y hacia las cargas negativas. Cada carga tiene líneas de campo rectas, ya que la carga positiva será repelida o atraída en línea recta. Cuando hay varias cargas, cada carga ejerce una fuerza. Estas fuerzas se combinan para crear líneas de campo más complicadas.

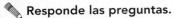

ILUSTRACIÓN 2

### Campos eléctricos

Las líneas de campo muestran la dirección de la fuerza que actúa sobre una carga positiva.

✎ **Responde las preguntas.**

1. **Identifica** Identifica qué carga es positiva y qué carga es negativa.

2. **Interpreta diagramas** Los dos recuadros que aparecen sobre el campo eléctrico tienen el mismo tamaño. ¿Cuántas líneas de campo hay dentro del recuadro blanco?

_____

3. **Interpreta diagramas** El recuadro azul está más cerca de las cargas. ¿Cuántas líneas de campo hay dentro de ese recuadro?

_____

4. ✎ **Saca conclusiones** ¿Cuál es la relación entre el número de líneas de campo en un área dada y la intensidad de la fuerza eléctrica?

_____

_____

_____

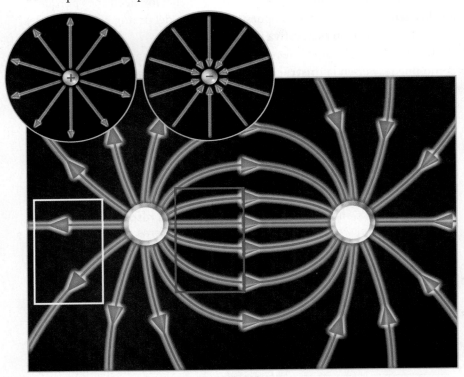

> **Zona de laboratorio**  Haz la Actividad rápida de laboratorio *Sacar conclusiones.*

## 🔑 Evalúa tu comprensión

**¿comprendiste?** ............................................................................................

○ **¡Comprendí!** Ahora sé que la forma en que las cargas eléctricas interactúan depende de _____

_____

○ Necesito más ayuda con _____

*Consulta* MY SCIENCE 🔊 COACH *en línea para obtener ayuda en inglés sobre este tema.*

# ¿Cómo se acumula la carga?

La mayoría de los objetos no tienen una carga total. Por lo general, un átomo tiene tantos electrones como protones, por lo tanto, cada carga positiva está equilibrada por una carga negativa. Esto genera que el átomo no esté cargado, o que sea neutral.

Un objeto no cargado se puede cargar si incorpora o pierde electrones. Si un objeto pierde electrones, tendrá más protones que electrones y, como consecuencia, tendrá una carga positiva total. Si el objeto incorpora electrones, tendrá una carga negativa. La acumulación de cargas eléctricas en un cuerpo se denomina **electricidad estática.** En la electricidad estática, las cargas se acumulan en un objeto, pero no fluyen continuamente.

ILUSTRACIÓN 3 ····································

### Acumulación de carga

Al frotar dos objetos uno con otro, se puede producir electricidad estática.

✎ **Interpreta fotos** Encierra en un círculo las frases que mejor completen los enunciados. Sigue las instrucciones para dibujar cómo se distribuyen las cargas en cada foto.

❶ El globo (no está cargado/tiene carga positiva/tiene carga negativa). El globo (atrae/repele/no atrae ni repele) el cabello de la chica.

❷ Al frotarse, el globo incorpora más electrones. El globo ahora tiene (carga positiva/carga negativa). **Dibuja cómo se ven ahora las cargas del globo.**

❸ Las cargas negativas del globo atraen las cargas (positivas/negativas) del cabello de la chica. **Dibuja cómo se distribuyen ahora las cargas del globo.**

161

## Cargar objetos

Las cargas no se crean ni se destruyen. Esta es una regla que se conoce como la ley de **conservación de carga eléctrica.** Un objeto no se puede cargar mediante la destrucción o creación de sus propios electrones. Si un objeto pierde electrones, otro objeto debe tomarlos para sí. 🔑 **Existen cuatro métodos por los cuales las cargas se pueden redistribuir y así acumular electricidad estática: por fricción, por conducción, por inducción y por polarización.**

### Carga por fricción

Cuando dos objetos no cargados se frotan uno con otro, algunos electrones de uno de ellos se pueden transferir al otro objeto. El objeto que incorpora electrones pasa a tener carga negativa. El objeto que pierde electrones pasa a tener carga positiva. La carga por **fricción** es la transferencia de electrones al frotarse un cuerpo no cargado con otro cuerpo no cargado.

### Carga por conducción

Cuando un objeto cargado toca otro objeto, se pueden transferir electrones. La carga por **conducción** es la transferencia de electrones de un objeto a otro por contacto directo. Los electrones se transfieren del objeto que tiene mayor carga negativa hacia el objeto que tiene mayor carga positiva. Un objeto con carga positiva, como una bola de metal, incorpora electrones cuando una persona no cargada lo toca. La chica comienza con una carga neutral, pero los electrones se mueven desde el cabello, por su brazo, hacia la bola. Esto hace que sus cabellos adquieran carga positiva y se repelan entre sí.

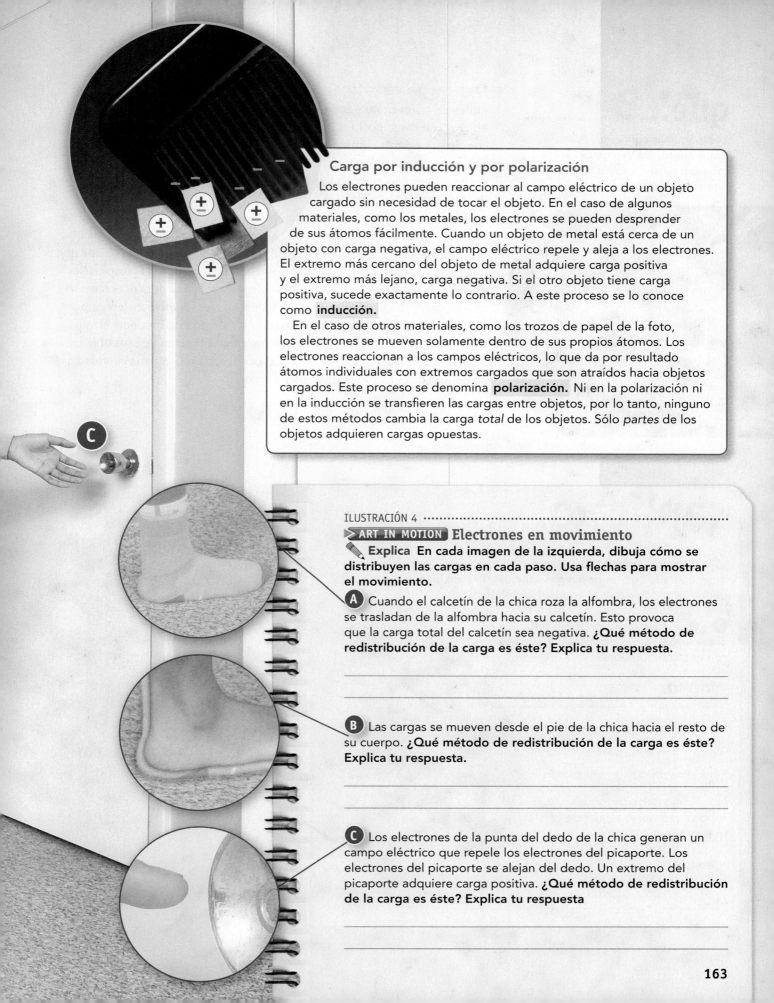

## Carga por inducción y por polarización

Los electrones pueden reaccionar al campo eléctrico de un objeto cargado sin necesidad de tocar el objeto. En el caso de algunos materiales, como los metales, los electrones se pueden desprender de sus átomos fácilmente. Cuando un objeto de metal está cerca de un objeto con carga negativa, el campo eléctrico repele y aleja a los electrones. El extremo más cercano del objeto de metal adquiere carga positiva y el extremo más lejano, carga negativa. Si el otro objeto tiene carga positiva, sucede exactamente lo contrario. A este proceso se lo conoce como **inducción.**

En el caso de otros materiales, como los trozos de papel de la foto, los electrones se mueven solamente dentro de sus propios átomos. Los electrones reaccionan a los campos eléctricos, lo que da por resultado átomos individuales con extremos cargados que son atraídos hacia objetos cargados. Este proceso se denomina **polarización.** Ni en la polarización ni en la inducción se transfieren las cargas entre objetos, por lo tanto, ninguno de estos métodos cambia la carga *total* de los objetos. Sólo *partes* de los objetos adquieren cargas opuestas.

ILUSTRACIÓN 4 ·····················

> **ART IN MOTION** **Electrones en movimiento**

✏️ **Explica** **En cada imagen de la izquierda, dibuja cómo se distribuyen las cargas en cada paso. Usa flechas para mostrar el movimiento.**

**A** Cuando el calcetín de la chica roza la alfombra, los electrones se trasladan de la alfombra hacia su calcetín. Esto provoca que la carga total del calcetín sea negativa. **¿Qué método de redistribución de la carga es éste? Explica tu respuesta.**

_____

_____

**B** Las cargas se mueven desde el pie de la chica hacia el resto de su cuerpo. **¿Qué método de redistribución de la carga es éste? Explica tu respuesta.**

_____

_____

**C** Los electrones de la punta del dedo de la chica generan un campo eléctrico que repele los electrones del picaporte. Los electrones del picaporte se alejan del dedo. Un extremo del picaporte adquiere carga positiva. **¿Qué método de redistribución de la carga es éste? Explica tu respuesta**

_____

_____

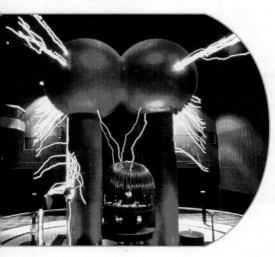

**Descarga estática** Si tu cabello se carga y se levanta cuando te quitas un pulóver, no permanecerá así para siempre. Gradualmente, los objetos con carga positiva incorporan electrones del aire y los objetos con carga negativa eliminan electrones hacia el aire. Finalmente, los objetos vuelven a ser neutrales. La pérdida de la electricidad estática cuando las cargas eléctricas se transfieren de un cuerpo a otro se denomina **descarga estática.**

En general, la descarga estática produce una chispa. Los electrones en movimiento pueden calentar el aire alrededor de su trayecto y provocar un pequeño resplandor en el aire; ésa es la chispa. Esa pequeña chispa que quizás has sentido o visto cuando te encuentras cerca de un picaporte es un ejemplo de descarga estática. Las chispas por la descarga ocurren con más frecuencia en invierno. Esto se debe a que los objetos se aferran más a la carga cuando el aire es seco. Cuando el tiempo está húmedo, el agua se junta sobre la superficie de los objetos y toma la carga de esos objetos. Esto hace que los objetos no permanezcan cargados la misma cantidad de tiempo que cuando el tiempo está seco.

# ¡aplícalo!

**Saca conclusiones** Los que trabajan con computadoras deben tener cuidado con las descargas estáticas. Incluso la descarga más pequeña puede dañar el equipamiento eléctrico.

**1** ¿Qué actividades deberías evitar para prevenir descargas estáticas mientras trabajas con una computadora?

_____

_____

_____

_____

**2** ¿Cómo deberían ser las condiciones del lugar donde te encuentras?

_____

_____

_____

Los rayos son un ejemplo de descarga estática. Durante las tronadas, el aire sopla violentamente. Las gotas de agua que se encuentran dentro de las nubes se cargan. Los electrones se trasladan desde áreas con carga negativa hacia áreas con carga positiva y generan así una chispa intensa. Esa chispa es el rayo.

Algunos rayos llegan a la Tierra. Las cargas negativas en la parte inferior de las nubes de tormenta crean un campo eléctrico. Esto provoca que la superficie terrestre adquiera carga positiva por inducción. Los electrones saltan entre las nubes y la superficie terrestre y producen una chispa gigante de luz mientras viajan por el aire.

**Relaciona causa y efecto**
Elige un ejemplo de causa y efecto de esta sección. Subraya la causa y encierra en un círculo el efecto.

ILUSTRACIÓN 5 ······························

### Descarga estática
Un rayo es simplemente una versión mucho mayor de las chispas que sientes cuando un picaporte te da una descarga.

✏️ **Relaciona el texto y los elementos visuales** En los círculos blancos, dibuja cómo se distribuyen las cargas positivas y negativas durante la descarga de un rayo.

 **Zona de laboratorio** ® Haz la Actividad rápida de laboratorio *Vuelan chispas.*

### 🔑 Evalúa tu comprensión

**1a. Describe** ¿Qué ocurre con los átomos de un objeto cuando ese objeto adquiere carga positiva?

_____

_____

**b.** [DESAFÍO] Explica cómo podrías usar un retazo de seda y una varilla de vidrio para atraer un chorro de agua corriente.

_____

_____

_____

**¿comprendiste?** ·····························

○ **¡Comprendí!** Ahora sé que los cuatro métodos de acumulación de electricidad estática son _____

_____

_____

○ Necesito más ayuda con _____

*Consulta* MY SCIENCE ⑤ COACH *en línea para obtener ayuda en inglés sobre este tema.*

# Corriente eléctrica

🔑 ¿Cómo se forma la corriente eléctrica?

🔑 ¿En qué se diferencian los conductores de los aislantes?

🔑 ¿Qué cosas afectan al flujo de corriente?

## mi DiaRiO DeL pLaneTa

### PROFESIONES

### ¡Sé un superconductor...de la ciencia!

John Vander Sande quiere que el funcionamiento de tu ciudad sea más eficaz. Su empresa, de la que es cofundador, trabaja para reemplazar los viejos cables de alta tensión por materiales que permitan que la corriente eléctrica fluya de forma más eficaz. Estos materiales se denominan superconductores. Por lo general, el equipamiento de los laboratorios utiliza superconductores, como se muestra a la izquierda, pero empresas como la de Vander Sande han encontrado otros usos para estos materiales. Vander Sande no comenzó su carrera trabajando con cables de alta tensión. Su trabajo en la ciencia de los materiales empezó como profesor del Instituto de Tecnología de Massachussets (MIT, por sus siglas en inglés). Un día, escuchando una exposición de uno de sus colegas, descubrió los superconductores. Vander Sande recomienda estar muy atentos a las nuevas oportunidades en la ciencia, porque pueden surgir en cualquier momento y lugar.

**Responde la pregunta siguiente.**

Describe un momento de tu vida en el que, accidentalmente, oíste hablar de algo que te condujo a una nueva oportunidad.

_____

_____

_____

_____

_____

_____

> **PLANET DIARY** Consulta *Planet Diary* para aprender más en inglés sobre superconductores.

**Zona de laboratorio** Haz la Indagación preliminar *¿Cómo podemos medir la corriente?*

## ¿Cómo se forma la corriente eléctrica?

La **ilustración 1** muestra cómo varios platos con sushi se desplazan sobre una cinta transportadora. La cinta transportadora lleva platos llenos de comida por donde están los clientes y devuelve los platos vacíos a la cocina. Probablemente te estés preguntando qué tiene que ver una cinta transportadora llena de arroz, vegetales y pescado con la electricidad. Tal como se hace con los platos con sushi, se puede lograr que las cargas eléctricas se muevan por un trayecto reducido.

## Vocabulario

- corriente eléctrica · circuito eléctrico
- conductor · aislante · voltaje
- resistencia

## Destrezas

- Lectura: Pregunta
- Indagación: Clasifica

**El flujo de las cargas eléctricas** Los rayos liberan una gran cantidad de energía eléctrica. Sin embargo, la carga eléctrica de un rayo no dura lo suficiente como para hacer funcionar tu radio o televisor. Estos aparatos necesitan cargas eléctricas que fluyan de forma continua. Requieren corriente eléctrica.

Recuerda que las cargas de electricidad estática no fluyen de forma continua. **Cuando las cargas eléctricas fluyen por un material, producen una corriente eléctrica.** La **corriente eléctrica** es el flujo continuo de cargas eléctricas a través de un material. La cantidad de carga que pasa a través de un cable durante un determinado período es la intensidad de la corriente eléctrica. La unidad en la que se mide la intensidad de la corriente eléctrica es el amperio, denominado así por André Marie Ampère, uno de los primeros investigadores de la electricidad. El nombre de esta unidad generalmente se abrevia A. El número de amperios describe la cantidad de carga que fluye por segundo en un punto determinado.

ILUSTRACIÓN 1 ·····························

### Corriente eléctrica

La cinta transportadora representa una corriente. Si representara una corriente mayor, pasarían más platos frente a ti en la misma cantidad de tiempo. Una forma de que esto ocurra sería que la cinta fuera más rápido.

✏️ **Haz modelos** Imagínate que la cinta no pudiera ir más rápido. Dibuja una manera diferente de representar una corriente mayor.

## Circuitos

Al igual que las cargas eléctricas en un cable, la gente se puede mover en circuitos. En esta foto, se marcó un posible circuito de ejercitación.

✎ **Interpreta fotos** Marca otro circuito posible. ¿Qué podría cortar este circuito?

_____

_____

_____

_____

**La corriente en un circuito** Las corrientes eléctricas que suministran electricidad a tu computadora y a tu reproductor de música necesitan trayectos muy específicos para trabajar. Para poder mantener una corriente eléctrica, las cargas deben poder fluir continuamente en un lazo. Un **circuito eléctrico** es un trayecto completo y continuo a través del cual pueden fluir las cargas eléctricas.

Una persona que corre por el trayecto de la **ilustración 2** se mueve como una carga en un circuito eléctrico. Si el camino forma un lazo completo, la persona se puede mover en una trayectoria continua. Sin embargo, si una parte del camino está cerrada, la persona no podrá continuar. De manera similar, si un circuito eléctrico está completo, las cargas pueden fluir continuamente; si está cortado, las cargas no fluirán.

Los circuitos eléctricos están a tu alrededor. Todos los aparatos eléctricos, desde tostadoras hasta televisores, contienen circuitos eléctricos.

Haz la Actividad rápida de laboratorio *Generar corriente eléctrica*.
**Zona** de **laboratorio**

## 🔑 Evalúa tu comprensión

**1a. Repasa** ¿Cuál es la unidad de medida de la corriente?

_____

**b. Predice** ¿Qué podría cortar el circuito entre tu casa y una central eléctrica?

_____

**¿comprendiste?**

○ **¡Comprendí!** Ahora sé que la corriente eléctrica está formada por _____

_____

○ Necesito más ayuda con _____

*Consulta* MY SCIENCE ⓢ COACH *en línea para obtener ayuda en inglés sobre este tema.*

# ¿En qué se diferencian los conductores de los aislantes?

Puedes tocar el recubrimiento de goma del cable de un artefacto sin correr peligro. Pero si tocas los alambres que están adentro, sentirás una descarga eléctrica. Esto se debe a que las cargas eléctricas fluyen más fácilmente a través de ciertos materiales.

Un **conductor** es un material que permite fácilmente que las cargas eléctricas fluyan. Los electrones se pueden mover libremente y los conductores se cargan por inducción. Los metales, como el cobre, son buenos conductores. Es por eso que los alambres que transportan corriente, por lo general, están hechos de metal.

Los alambres están rodeados por aislantes. Los **aislantes** son materiales, como la goma, que no permiten fácilmente que las cargas eléctricas fluyan. Sin embargo, los electrones se pueden mover dentro de sus propios átomos y permitir la polarización. También pueden ser eliminados cuando hay carga por fricción.

La diferencia que existe entre los conductores y los aislantes está relacionada con la intensidad con la que los electrones están unidos a los átomos. ⚷ **En los conductores, los electrones no están muy unidos a los átomos y se pueden mover libremente. En los aislantes, los electrones no se pueden mover libremente entre los átomos.**

✏️ **Pregunta** La corriente, los conductores y los aislantes están presentes en tu vida cotidiana. Escribe una pregunta cuya respuesta te gustaría saber sobre uno de estos temas.

_____

_____

_____

# ¡aplícalo!

Todos los objetos están compuestos por conductores o aislantes, no sólo los que ves comúnmente en los aparatos eléctricos.

**1 Identifica** Los guantes que los electricistas usan cuando trabajan en los cables de alta tensión deben estar hechos de materiales (aislantes/conductores).

**2 Clasifica** Encierra en un círculo los conductores que veas en estas fotos. Pero, ¡ten cuidado! No todas las partes de algunos de estos objetos son conductores.

**Zona de laboratorio** Haz la Actividad rápida de laboratorio *Conductores y aislantes.*

⚷ **Evalúa tu comprensión**

**¿comprendiste?** ..........................................

○ **¡Comprendí!** Ahora sé que los conductores y los aislantes se diferencian según _____

_____

_____

○ Necesito más ayuda con _____

*Consulta* my science 💬 coach *en línea para obtener ayuda en inglés sobre este tema.*

# ¿Qué cosas afectan al flujo de corriente?

Imagínate que estás en un tobogán de agua en un parque de diversiones. Subes la escalera, te sientas y ¡splash! La corriente de agua te lleva hacia abajo. Las cargas eléctricas fluyen casi de la misma manera en la que el agua se desliza por el tobogán.  **El flujo de corriente se ve afectado por la energía de las cargas eléctricas y por las propiedades de los objetos por los cuales fluyen las cargas.**

## Corrientes de agua

Un tobogán de agua completamente horizontal no sería muy divertido. Un tobogán de agua que midiera sólo unos pocos centímetros no sería mucho mejor. Los toboganes de agua son emocionantes por la energía gravitatoria potencial. (Recuerda que la energía gravitatoria potencial es la energía que depende de la altura a la que se encuentra el objeto). Mientras el agua cae por el tobogán, su energía potencial se convierte en energía cinética. El agua cae más rápido, ya que la rapidez aumenta a medida que la energía cinética aumenta. Cuanto más alto sea el tobogán, mayor energía potencial y rapidez adquirirá el agua a medida que cae. Al final del tobogán, el agua no tiene energía potencial. Toda esta energía se ha convertido en energía cinética. El agua vuelve a adquirir energía potencial cuando es bombeada hacia arriba y vuelve a iniciar la caída.

✎ **¿Cómo se podría interrumpir la corriente de agua del tobogán?**

_____

_____

## Corrientes eléctricas

Las corrientes eléctricas fluyen a través de alambres, como el agua fluye por las cañerías. Las cargas fluyen debido a las diferencias en la energía potencial eléctrica. La energía potencial de una fuente de energía (como una pila) se convierte en distintas formas de energía. Si un circuito tiene una bombilla, su energía potencial se convierte en luz y calor. Las cargas fluyen de regreso a la fuente de energía y el proceso vuelve a comenzar.

✎ **Los toboganes convierten la energía gravitatoria potencial en energía cinética. ¿En qué convierten la energía potencial eléctrica los circuitos?**

_____

ILUSTRACIÓN 3 ·············

▶ INTERACTIVE ART **Corrientes**

Las corrientes de agua tienen muchas cosas en común con las corrientes eléctricas. La tabla de la derecha resume estas semejanzas.

✎ **Haz modelos Completa la tabla.**

|  | Corriente de agua | Corriente eléctrica |
|---|---|---|
| La corriente está formada por | agua | cargas |
| La energía potencial se convierte en | _____ | calor, luz |
| La fuente de energía del circuito es | _____ | una pila |

## Voltaje

La *V* en una pila representa la palabra voltios, que es la unidad de medida del voltaje. El **voltaje** es la diferencia en el potencial eléctrico *por carga* que hay entre dos áreas de un circuito. (La energía potencial eléctrica por carga también se conoce como potencial eléctrico). Esta diferencia en la energía es la que hace que las cargas fluyan. Como el voltaje de una pila está relacionado con la energía por carga, no indica cuánta energía total suministra la pila. Tanto la pila de un automóvil como ocho pilas de reloj suministran 12 voltios, pero ocho pilas de reloj no pueden hacer funcionar un automóvil. Cada carga tiene la misma cantidad de energía, pero la pila de un automóvil puede suministrar esa energía a muchas más cargas. El resultado de esto es una energía *total* mayor. El voltaje se puede comparar con la energía gravitatoria potencial *por kilogramo*. La **ilustración 4** muestra la diferencia entre la energía total y la energía por kilogramo.

**1**

**Masa:** 50 kg
**Altura:** 20 m
**Energía/kg:** 200 J/kg
**Energía total:**

_____

ILUSTRACIÓN 4 ·····································

## Voltaje

La energía potencial eléctrica total de una carga depende del voltaje, al igual que la energía gravitatoria potencial de una persona depende de su altura. La energía gravitatoria potencial total es igual a la energía por kilogramo multiplicada por el número de kilogramos; y la energía potencial eléctrica total es igual a la energía por carga multiplicada por el número de cargas.

 **Interpreta diagramas** Responde las preguntas.

1. En los recuadros, calcula la cantidad de energía gravitatoria potencial que tiene cada persona.

2. ¿Qué dos personas representan pilas con el mismo voltaje?

   _____

3. Dibuja recuadros alrededor de las dos personas que representan pilas que suministran la misma cantidad de energía.

4. La energía gravitatoria potencial por kilogramo disminuye a medida que bajas por el tobogán. Esto significa que (el voltaje/la energía potencial total) disminuye.

**2**

**Masa:** 100 kg
**Altura:** 10 m
**Energía/kg:** 100 J/kg
**Energía total:**

_____
_____

**3**

**Masa:** 50 kg
**Altura:** 10 m
**Energía/kg:** 100 J/kg
**Energía total:**

_____
_____

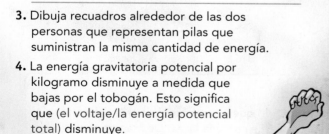

## Dimensiones y resistencia

La longitud y el diámetro de una pajilla determinan la dificultad que tendrás para beber a través de ella. De manera similar, la longitud y el diámetro de un cable determinan la dificultad que tendrá una carga para fluir por éste.

✎ **Interpreta fotos ¿Con cuál de las pajillas de la foto sería más difícil beber? Explica tu respuesta. ¿Es esta pajilla como un cable con alta o baja resistencia?**

_____

_____

_____

_____

_____

**Resistencia** La cantidad de corriente en un circuito depende de algo más que el voltaje. La corriente también depende de la resistencia del circuito. La **resistencia** es la medida de la dificultad de una carga eléctrica para fluir por un cuerpo. A mayor resistencia, menor corriente para un voltaje determinado. La unidad de medida de la resistencia es el ohmio ($\Omega$).

Los cuatro factores que determinan la resistencia de un objeto son el diámetro, la longitud, el material y la temperatura. Los objetos con diferentes características tienen diferentes resistencias. Si hay más de un trayecto disponible, fluirá más corriente por el trayecto que tenga la menor resistencia.

### Diámetro

La leche fluye más fácilmente por una pajilla ancha que por una estrecha. La corriente fluye mejor por un cable ancho que por uno estrecho.

✎ **¿Cómo afecta el diámetro del cable a su resistencia eléctrica? Explica tu respuesta.**

_____

_____

_____

_____

_____

### Longitud

Habrás notado que es más fácil beber leche con una pajilla corta que con una larga. De manera similar, los cables cortos tienen menos resistencia que los cables largos.

✎ **¿Cómo afecta la longitud de un objeto a su resistencia eléctrica?**

_____

_____

_____

## Materiales y resistencia

Cuando los cables de alta tensión se cortan durante las tormentas, los trabajadores que los reparan deben tener cuidado de no recibir descargas eléctricas.

✏️ **Resuelve problemas ¿Qué deben usar los trabajadores mientras hacen su tarea? ¿Qué deben evitar usar?**

_____

_____

_____

_____

**Origen de las palabras** La palabra *resistencia* deriva de la palabra *resistir*, y, a su vez, proviene del latín *resistere*. ¿Qué crees que significa *resistere*?

○ oponerse a

○ correr

○ acelerar

## Temperatura

La resistencia eléctrica de la mayoría de los materiales aumenta junto con la temperatura. A medida que la temperatura de los materiales disminuye, también disminuye la resistencia.

✏️ **¿Por qué sería necesario mantener los cables de tensión frescos durante el verano?**

_____

_____

_____

_____

## Material

Algunos materiales tienen electrones que están fuertemente unidos a sus átomos. Estos materiales tienen una alta resistencia porque dificultan el movimiento de las cargas. En otros materiales, los electrones no están muy unidos a sus átomos, por lo tanto, tienen baja resistencia, porque las cargas se pueden mover fácilmente.

✏️ **¿Cuáles tienen menor resistencia: los conductores o los aislantes? Explica tu respuesta.**

_____

_____

_____

_____

**Zona de laboratorio** Haz la Actividad rápida de laboratorio *Un modelo de la diferencia de potencial.*

## 🔑 Evalúa tu comprensión

**2a. Haz una lista** Haz una lista de los cuatro factores que determinan la resistencia de un objeto.

_____

_____

**b.** DESAFÍO La pila A suministra 500 cargas. Cada carga tiene 2 J de energía. La pila B suministra 50 cargas y cada una tiene 4 J de energía. ¿Cuál de estas pilas suministra más energía total? ¿Cuál tiene un voltaje mayor?

_____

_____

## ¿comprendiste? ·····································

○ **¡Comprendí!** Ahora sé que la corriente se ve

afectada por _____

○ Necesito más ayuda con _____

*Consulta* **MY SCIENCE** 🌐 **COACH** *en línea para obtener ayuda en inglés sobre este tema.*

# Circuitos eléctricos

**DESCUBRE LA PREGUNTA PRINCIPAL**

🔑 ¿Qué descubrió Ohm?

🔑 ¿Cómo está formado un circuito?

## mi DiaRio DeL planeta

### Luces fuera de servicio

Una noche de invierno, una tira de luces brillantes que adornan el escaparate de una tienda llama tu atención. Mientras la observas, una de las bombillas de luz de pronto se apaga, ¡pero las demás siguen encendidas! ¿Cómo es posible?

Por lo general, cuando una bombilla se quema, corta el flujo de corriente que fluye por un circuito. Pero muchas de esas tiras de luces están en circuitos que ofrecen más de una trayectoria posible para que la corriente eléctrica no se interrumpa. Este tipo de circuito ofrece una trayectoria para que la corriente fluya incluso si uno de los componentes deja de funcionar. Por eso, el resto de las luces permanecen encendidas.

## DATOS CURIOSOS

Comunica ideas **Comenta estas preguntas con un compañero y luego escribe tu respuesta en el espacio que sigue.**

1. ¿Qué otros aparatos has usado que pueden seguir funcionando incluso si una de sus partes deja de funcionar?

   _____

   _____

   _____

2. ¿En qué situaciones podría ser útil que un aparato se apague por completo cuando una de sus piezas se rompe?

   _____

   _____

   _____

**> PLANET DIARY** Consulta *Planet Diary* para aprender más en inglés sobre circuitos.

**Zona de laboratorio** Haz la Indagación preliminar *¿Las luces siguen brillando?*

## Vocabulario
- ley de Ohm
- circuito en serie
- circuito paralelo

## Destrezas
↻ Lectura: Compara y contrasta
▲ Indagación: Haz modelos

# ¿Qué descubrió Ohm?

A principios del siglo XIX, Georg Ohm realizó muchos experimentos relacionados con la resistencia eléctrica. 🔑 **Ohm descubrió que la corriente, el voltaje y la resistencia de un circuito siempre se relacionan de la misma manera.**

**Las observaciones de Ohm** Ohm creó un circuito con un determinado voltaje entre dos puntos de un conductor y midió la resistencia del conductor y la corriente entre esos dos puntos. Luego modificó el voltaje y volvió a medir.

Ohm descubrió que si los factores que afectan a la resistencia se mantienen constantes, la resistencia de la mayoría de los conductores no depende del voltaje que pasa a través de ellos. Al cambiar el voltaje de un circuito, la corriente cambia, pero no así la resistencia. Ohm concluyó que los conductores y la mayoría de los aparatos tienen una resistencia constante, sin importar el voltaje que se les aplique.

ILUSTRACIÓN 1 ·······································································

▷ **VIRTUAL LAB** **La relación entre los circuitos**

El trabajo que realizó Ohm sobre los circuitos a principios del siglo XIX todavía se aplica a casi todos los circuitos eléctricos en la actualidad. La relación matemática que halló entre los componentes de un circuito guarda validez para los circuitos de los artefactos que usamos todos los días, como los teléfonos celulares.

✏️ **Interpreta datos** Imagínate que usas varias piezas de un teléfono celular para realizar experimentos similares al de Ohm y creas la tabla de datos siguiente. Usa los datos para predecir la relación que descubrió Ohm.

| Voltaje (V) | Corriente (A) | Resistencia (Ω) |
|-------------|---------------|-----------------|
| 6.0 | 2.0 | 3.0 |
| 6.0 | 1.5 | 4.0 |
| 6.0 | 1.0 | 6.0 |
| 4.2 | 2.0 | 2.1 |
| 4.2 | 0.7 | 6.0 |
| 4.2 | 1.4 | 3.0 |

**La ley de Ohm** Ohm creó una ley que describe cómo se relacionan el voltaje, la corriente y la resistencia. La **ley de Ohm** establece que la resistencia de un circuito es equivalente al voltaje dividido por la corriente. Esta relación se puede representar en una ecuación.

$$\text{Resistencia} = \frac{\text{Voltaje}}{\text{Corriente}}$$

Las unidades son ohmios ($\Omega$) = voltios (V) $\div$ amperios (A). Un ohmio es equivalente a un voltio por amperio. Cuando conoces la corriente y la resistencia, puedes reformular la ecuación de Ohm para hallar el voltaje.

$$\text{Voltaje} = \text{Corriente} \times \text{Resistencia}$$

Puedes usar la fórmula para descubrir cómo se relacionan los cambios en la resistencia, el voltaje y la corriente. Por ejemplo, ¿qué sucede con la corriente si el voltaje se duplica y la resistencia no cambia? Cuando la resistencia se mantiene constante y el voltaje se duplica, la corriente también se duplica.

# ¡Usa las matemáticas!

**1 Calcula** Un multímetro es un instrumento que se usa para medir la corriente de un circuito. Usa la lectura del multímetro y la indicación de la pila para hallar el voltaje y la corriente de este circuito. Calcula la resistencia de la bombilla.

**2 Calcula** Las pilas pierden voltaje gradualmente. Un circuito posee 2 ohmios de resistencia y una pila vieja de 9 voltios. Cuatro amperios de corriente fluyen por el circuito. ¿Cuál es el voltaje real?

**3 Predice** Imagínate que triplicas el voltaje de un circuito, pero mantienes la resistencia constante. La corriente del circuito se (triplicaría/mantendría igual/reduciría a un tercio) respecto de la corriente original.

Multímetro

**Zona de laboratorio** ® Haz la Actividad rápida de laboratorio *La ley de Ohm*.

## 🔑 Evalúa tu comprensión

¿comprendiste? .........................................................................................

○ ¡Comprendí! Ahora sé que la ley de Ohm _____

_____

○ Necesito más ayuda con _____

*Consulta* MY SCIENCE ⓢ COACH *en línea para obtener ayuda en inglés sobre este tema.*

# ¿Cómo está formado un circuito?

Los objetos que usan la electricidad contienen circuitos. **Todos los circuitos eléctricos tienen estas características fundamentales: aparatos que funcionan con energía eléctrica, fuentes de energía eléctrica y conductores.**

- Las pilas y las centrales eléctricas son ejemplos de fuentes de energía. Éstas proveen el voltaje que hace que la corriente fluya. Cuando la fuente de energía es una pila, la corriente fluye del extremo positivo al extremo negativo.

- La energía permanece siempre dentro del circuito. La energía eléctrica no se acaba, se transforma en otras formas de energía como el calor, la luz, la energía mecánica y la energía sonora. Algunos electrodomésticos, como la tostadora, transforman la energía eléctrica. Estos aparatos resisten la corriente, por lo que se los representa como resistores en un circuito.

- Los circuitos eléctricos están conectados por conductores. Los conductores completan el trayecto de la corriente. Éstos permiten que las cargas eléctricas fluyan desde la fuente de energía hacia el aparato que funciona con corriente eléctrica y regresen hacia la fuente de energía.

- Por lo general, también se incluye un interruptor para controlar la corriente. Al encender el interruptor se corta el circuito y esto apaga el aparato.

La **ilustración 2** muestra todas las partes de un circuito. Cada parte que se ve en la foto está representada en el diagrama por un simple símbolo.

ILUSTRACIÓN 2 ⋯⋯⋯⋯⋯⋯⋯⋯⋯⋯⋯⋯⋯

**Diagramas de circuitos**

En un diagrama de circuito, cada símbolo representa una parte del circuito.

✎ **Haz modelos** Dibuja el diagrama de un circuito que tenga dos resistores, dos pilas y un interruptor.

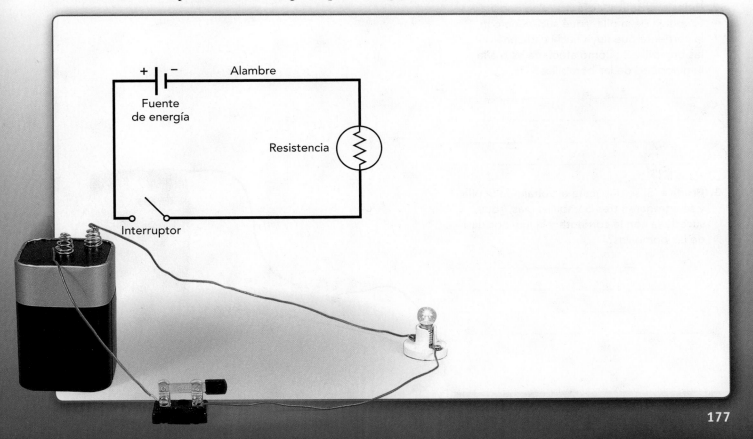

**Compara y contrasta** En estas dos páginas, subraya las diferencias entre los circuitos en serie y los circuitos paralelos. En el espacio que sigue, haz una lista de las semejanzas.

_____

_____

_____

_____

_____

## Circuitos en serie

Un circuito eléctrico en el que todas las partes se conectan una tras otra en una trayectoria se denomina **circuito en serie**. Un circuito en serie tiene una sola trayectoria por la que puede fluir la corriente.

Un circuito en serie es muy fácil de diseñar y armar, pero tiene algunas desventajas. ¿Qué sucede si se quema una bombilla en un circuito en serie? Una bombilla quemada corta el circuito y no existe otra trayectoria por la que pueda fluir la corriente. Por lo tanto, si una bombilla se apaga, las demás también se apagan.

Otra desventaja de los circuitos en serie es que a medida que se agregan más bombillas al circuito, menos ilumina cada bombilla. Piensa en lo que sucede con la resistencia general de un circuito en serie cuando agregas bombillas: la resistencia aumenta. Recuerda que, con un voltaje constante, si la resistencia aumenta, la corriente disminuye. Si agregas bombillas a un circuito en serie sin cambiar el voltaje, la corriente disminuye y las bombillas iluminan menos.

ILUSTRACIÓN 3 ·······································

### Circuitos en serie

El número de bombillas en un circuito en serie afecta la luminosidad de cada bombilla. Recuerda que voltaje = corriente × resistencia.

**Responde las preguntas siguientes.**

1. **Haz modelos** Dibuja el diagrama del circuito de la foto.

2. **Relaciona causa y efecto** Si se duplicara el voltaje de la pila, ¿qué sucedería con la corriente que fluye hacia cada una de las bombillas? ¿Cómo afectaría esto a la luminosidad de las bombillas?

_____

_____

_____

_____

3. **Predice** Si se duplicara el voltaje de la pila y se agregaran tres bombillas más, ¿qué sucedería con la corriente y la luminosidad de las bombillas?

_____

_____

_____

_____

## Circuitos paralelos

**Circuitos paralelos** En un **circuito paralelo,** las distintas partes del circuito se encuentran en ramas separadas. Existen varias trayectorias por las que la corriente puede fluir. Cada bombilla está conectada por una trayectoria distinta desde y hacia la pila.

¿Qué sucede si se quema una bombilla en un circuito paralelo? Si se produce un corte en alguna rama, las cargas pueden seguir moviéndose por las otras ramas. Por lo tanto, si una bombilla se quema, las demás siguen encendidas. Se pueden agregar interruptores a cada rama para prender y apagar las luces sin afectar a las otras ramas.

¿Qué sucede con la resistencia de un circuito paralelo cuando se agrega otra rama? La resistencia general en realidad *disminuye*. Si se agregan nuevas ramas al circuito paralelo, la corriente eléctrica tiene más trayectorias para seguir y, entonces, la resistencia disminuye. Recuerda que, con un voltaje determinado, si la resistencia disminuye, la corriente aumenta. La corriente adicional viaja por cada una de las ramas nuevas sin afectar a las ramas originales. Por lo tanto, si agregas ramas a un circuito paralelo, la luminosidad de las bombillas no cambia.

ILUSTRACIÓN 4 ·······························

### Circuitos paralelos

Una lámpara de pie con varias bombillas se puede representar con el mismo diagrama de circuito que el circuito de la izquierda. Puedes prender y apagar cada bombilla individualmente.

✎ **Haz modelos** En el diagrama de circuito, dibuja dónde deben estar los interruptores en una lámpara como ésta. Dibuja también la o las trayectorias del circuito por donde fluye la corriente si la lámpara está encendida como en la foto que sigue.

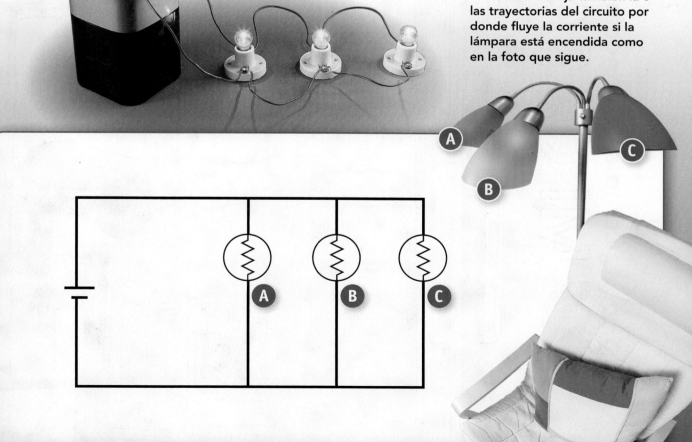

## ¿Cómo funciona un circuito eléctrico?

ILUSTRACIÓN 5
▶ INTERACTIVE ART Tu casa está llena de aparatos eléctricos. Cuando enciendes o apagas un aparato, esto no afecta a los demás artefactos. Esto significa que tu casa tiene un circuito (en serie/paralelo). Como los aparatos de tu casa forman parte de circuitos completos, cada aparato debe tener un cable que entre y otro que salga de él.

✏ Marca cada elemento del circuito con su símbolo específico (resistor, interruptor o fuente de energía). Dibuja los conectores correspondientes. Luego, responde las preguntas en la hoja de papel de la página siguiente.

### EXPLORA LA PREGUNTA PRINCIPAL
# ¿Cómo está conectada
# MI CASA?

**Clave**

| | |
|---|---|
| ══ | Cable |
| ─o⁄o─ | Interruptor |
| ─⋁⋁⋁─ | Resistencia |
| ─┤⊦├─ | Fuente de energía |

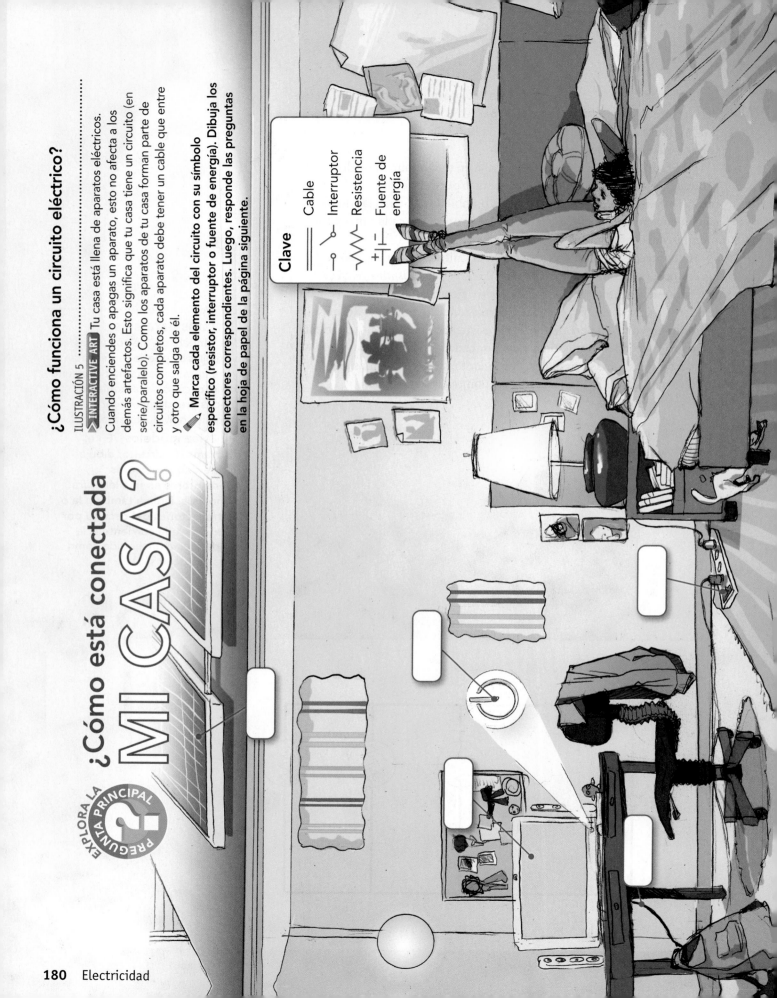

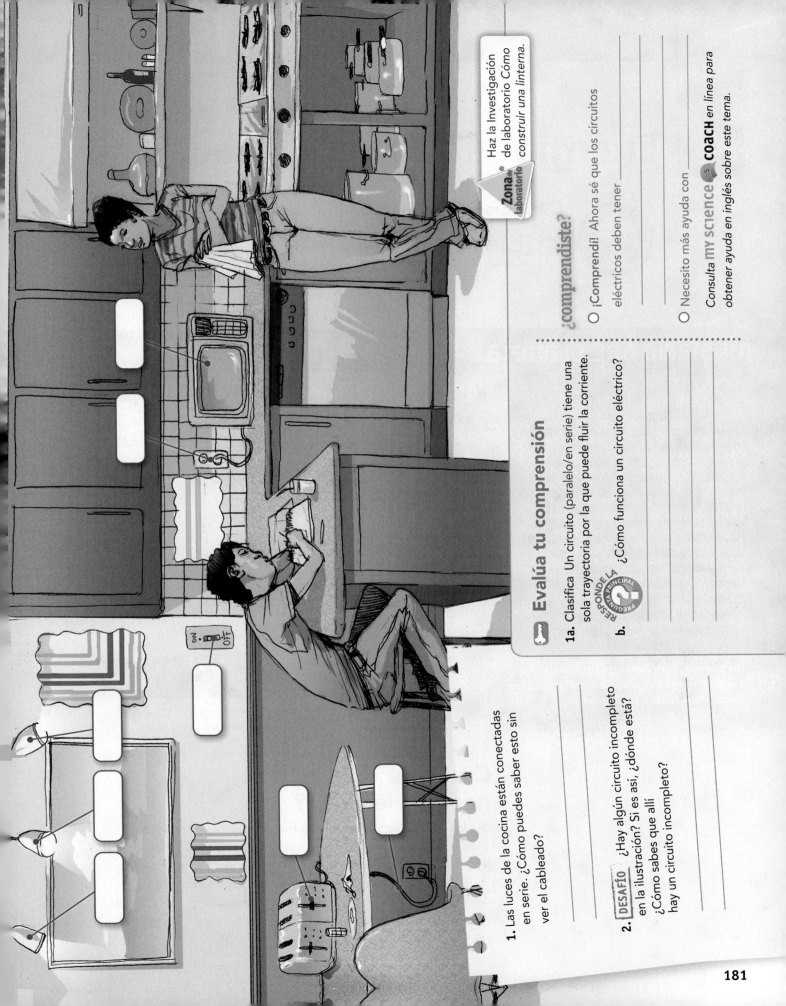

1. Las luces de la cocina están conectadas en serie. ¿Cómo puedes saber esto sin ver el cableado?

2. **DESAFÍO** ¿Hay algún circuito incompleto en la ilustración? Si es así, ¿dónde está? ¿Cómo sabes que allí hay un circuito incompleto?

Haz la Investigación de laboratorio *Cómo construir una linterna.*

**Zona®** de laboratorio

## ⚷ Evalúa tu comprensión

**1a. Clasifica** Un circuito (paralelo/en serie) tiene una sola trayectoria por la que puede fluir la corriente.

**b.** RESPONDE LA PREGUNTA PRINCIPAL ¿Cómo funciona un circuito eléctrico?

### ¿comprendiste?

○ ¡Comprendí! Ahora sé que los circuitos eléctricos deben tener

○ Necesito más ayuda con

Consulta **MY SCIENCE COACH** *en línea para obtener ayuda en inglés sobre este tema.*

# Energía eléctrica y seguridad

**DESCUBRE LA PREGUNTA PRINCIPAL**

🔑 ¿Cómo se calcula la energía eléctrica?

🔑 ¿Cómo se pueden prevenir las descargas eléctricas?

## mi DiaRio DeL planeta

### Una idea brillante

¿Querías ser una estrella? Ahora gracias al traje de LED ¡realmente puedes brillar! Los diodos emisores de luz (LED, por sus siglas en inglés) son pequeñas bombillas. Lo especial de los LED es que pueden brillar tanto como las bombillas comunes que usas en tu casa, pero consumen mucha menos energía. Las bombillas comunes gastan mucha energía eléctrica al convertirla en calor. Un vestido como éste, pero hecho con bombillas comunes, ¡sería irresistiblemente caluroso! Los científicos trabajan para lograr que los LED sean más económicos. De esta manera, se podrían usar tanto en vestidos como en las lámparas de tu casa. Esto haría que tu cuenta de suministro eléctrico sea menor y también ayudaría al medio ambiente.

## DESCUBRIMIENTO

**Responde la pregunta siguiente.**

¿Qué otros aparatos eléctricos podrían funcionar de manera más eficaz si usaran LED?

_____

_____

_____

_____

▶ **PLANET DIARY** Consulta **Planet Diary** para aprender más en inglés sobre los LED.

**Zona de Laboratorio®** Haz la Indagación preliminar *¿Cómo puedes hacer que una bombilla ilumine más?*

## ¿Cómo se calcula la energía eléctrica?

Todos los electrodomésticos transforman la energía eléctrica en otras formas. Los secadores de cabello transforman la energía eléctrica en energía térmica para que puedas secar tu cabello. El amplificador que usa un guitarrista transforma la energía eléctrica en sonido. Una lavadora transforma la energía eléctrica en energía mecánica. La rapidez de la conversión de una forma de energía en otra se conoce como **potencia.** La unidad de medida de la potencia es el vatio (W).

## Vocabulario
- potencia • cortocircuito
- tercera terminal • conectado a tierra
- fusible • interruptor de circuito

## Destrezas
↪ Lectura: Resume
△ Indagación: Calcula

## Potencia nominal
Ya conoces diferentes cantidades de energía eléctrica. La potencia nominal de una bombilla muy luminosa podría ser, por ejemplo, 100 W. La potencia nominal de una bombilla menos luminosa podría ser 60 W. La bombilla más luminosa convierte (o usa) energía eléctrica a una mayor rapidez que la bombilla menos luminosa.

## Calcular la potencia
La potencia de una bombilla o un electrodoméstico depende de dos factores: el voltaje y la corriente.

🗝 **La potencia se calcula multiplicando el voltaje por la corriente.**

$$\text{Potencia} = \text{Voltaje} \times \text{Corriente}$$

Las unidades de medida son vatio (W) = voltios (V) × amperios (A). La ecuación también se puede reformular para hallar la corriente si conoces la potencia y el voltaje.

$$\text{Corriente} = \frac{\text{Potencia}}{\text{Voltaje}}$$

↪ **Resume** Resume lo que has aprendido en estas dos páginas.

_____

_____

_____

_____

_____

_____

_____

## ¡Usa las matemáticas!
TECNOLOGÍA Y DISEÑO

Muchos electrodomésticos de tu casa tienen un rótulo que indica sus respectivas potencias nominales. En los Estados Unidos, los tomacorrientes de pared comunes suministran 120 voltios.

△ **Calcula** Determina la corriente que fluye por cada uno de estos electrodomésticos. (La tostadora se da como ejemplo).

850 W

$$\text{Corriente} = \frac{\text{Potencia}}{\text{Voltaje}}$$

$$7.08\ \text{A} = \frac{850\ \text{W}}{120\ \text{V}}$$

4000 W

☐ = ☐
    ☐

85 W

☐ = ☐
    ☐

300 W

☐ = ☐
    ☐

**Pagar por la energía eléctrica** La cuenta del suministro eléctrico que llega a tu casa muestra el consumo mensual de energía, no de potencia. La potencia indica cuánta energía usa un artefacto en una determinada cantidad de tiempo. 🗝 **La cantidad total de energía utilizada es igual a la potencia del artefacto multiplicada por la cantidad de tiempo que se usa el artefacto.**

Energía = **Potencia** × Tiempo

La energía eléctrica por lo general se mide en miles de vatios, o kilovatios (kW). Para pasar de vatios a kilovatios, debes dividir entre 1,000. El tiempo se mide en horas. Una unidad de medida común de la energía eléctrica es el kilovatio-hora (kWh).

Kilovatio-hora = **Kilovatios** × Horas

La potencia promedio de un refrigerador es 0.075 kW (75 W). Con este dato, puedes calcular cuánta energía consumirá en un mes (aproximadamente 720 horas).

Energía = **0.075 kW** × 720 horas

Energía = 54 kWh

ILUSTRACIÓN 1 ·······························
▶ **REAL-WORLD INQUIRY**
**Energía eléctrica**
Existen instrumentos que te permiten medir el consumo de energía de los aparatos electrónicos.

✎ **Aplica conceptos** Elige un electrodoméstico de la página anterior. Luego, responde las preguntas del cuaderno.

1. ¿Cuánto mostraría el monitor si el electrodoméstico que escogiste estuviera enchufado durante tres horas?

2. [DESAFÍO] Calcula la potencia nominal del electrodoméstico que está enchufado al medidor de la izquierda. Imagínate que ha estado funcionando durante tres horas.

**Zona de laboratorio** ® Haz la Actividad rápida de laboratorio *Calcular el consumo de energía eléctrica.*

---

🗝 **Evalúa tu comprensión**

**1a. Repasa** La potencia de un electrodoméstico se puede calcular multiplicando _____

por_____

**b. Calcula** ¿Cuánta energía consume una tostadora de 850 W si se usa durante 1.5 horas en el transcurso de un mes?

_____

_____

¿**comprendiste?**

○ **¡Comprendí!** Ahora sé que la energía eléctrica y la potencia dependen de _____

_____

○ Necesito más ayuda con _____

*Consulta* **MY SCIENCE** ⓢ **COACH** *en línea para obtener ayuda en inglés sobre este tema.*

# ¿Cómo se pueden prevenir las descargas eléctricas?

Un **cortocircuito** es una conexión que permite que la corriente siga el camino de menor resistencia. Tocar un cable desgastado provoca un cortocircuito, porque la corriente puede fluir por la persona en lugar de fluir por el cable. Como la nueva trayectoria tiene menos resistencia, la corriente puede ser muy alta. Muchas funciones corporales, como los latidos del corazón, la respiración y el movimiento de los músculos, son controladas por señales eléctricas. Por esta razón, una descarga eléctrica puede ser mortal.

🔑 **Las descargas eléctricas se pueden prevenir a través de instrumentos que redirigen la corriente o interrumpen los circuitos.** Los cables a tierra conectan los circuitos de un edificio directamente a la tierra y ofrecen a las cargas eléctricas un camino alternativo en caso de cortocircuito. La **tercera terminal** que puedes haber visto en cualquier enchufe conecta las piezas de metal de un artefacto con el cable a tierra de un edificio. Todo circuito conectado de esta manera está **conectado a tierra.**

Los circuitos de tu casa también tienen instrumentos que evitan que los circuitos se sobrecalienten, ya que los circuitos sobrecalentados pueden provocar incendios. Los **fusibles** son elementos de seguridad que se derriten si se sobrecalientan. Esto corta el circuito. Los **interruptores de circuito** son interruptores de seguridad que cortan un circuito cuando la corriente es demasiado alta. A diferencia de los fusibles, los interruptores de circuito son reutilizables.

ILISTRACIÓN 2 ·······················································

## Fusibles

Por lo general, los fusibles se encuentran en electrodomésticos como las cafeteras. Un fusible se derretirá, se romperá y cortará el circuito antes de que el artefacto se caliente demasiado y se prenda fuego.

✏️ **Infiere** ¿Qué otros aparatos eléctricos pueden tener fusibles? Explica tu razonamiento.

_____

_____

 **Zona de laboratorio** ® Haz la Actividad rápida de laboratorio *Cómo evitar descargas eléctricas y cortocircuitos.*

🔑 **Evalúa tu comprensión**

¿comprendiste? ···································

○ **¡Comprendí!** Ahora sé que los elementos de seguridad _____

_____

_____

○ Necesito más ayuda con _____

Consulta **my science** Ⓢ **coach** *en línea para obtener ayuda en inglés sobre este tema.*

# Guía de estudio

REPASA LA PREGUNTA PRINCIPAL

Las características fundamentales de un circuito eléctrico son _____

_____

_____

## LECCIÓN 1 Carga eléctrica y electricidad estática

🔑 Las cargas iguales se repelen. Las cargas distintas se atraen.

🔑 Existen cuatro métodos por los cuales las cargas se pueden redistribuir y así acumular electricidad estática: por fricción, por conducción, por inducción y por polarización.

**Vocabulario**
• fuerza eléctrica • campo eléctrico
• electricidad estática • conservación de carga eléctrica
• fricción • conducción • inducción
• polarización • descarga estática

## LECCIÓN 2 Corriente eléctrica

🔑 Cuando las cargas eléctricas fluyen por un material, producen una corriente eléctrica.

🔑 En los conductores, los electrones no están muy unidos a los átomos se pueden mover libremente. En los aislantes, los electrones no se pueden mover libremente entre los átomos.

🔑 El flujo de corriente se ve afectado por la energía de las cargas eléctricas y por las propiedades de los objetos por los cuales fluyen las cargas.

**Vocabulario**
• corriente eléctrica • circuito eléctrico
• conductor • aislante • voltaje • resistencia

## LECCIÓN 3 Circuitos eléctricos

🔑 Ohm descubrió que la corriente, el voltaje y la resistencia de un circuito siempre se relacionan de la misma manera.

🔑 Todos los circuitos eléctricos tienen estas características fundamentales: aparatos que funcionan con energía eléctrica, fuentes de energía eléctrica y conductores.

**Vocabulario**
• ley de Ohm • circuito en serie • circuito paralelo

## LECCIÓN 4 Energía eléctrica y seguridad

🔑 La potencia se calcula multiplicando el voltaje por la corriente.

🔑 La cantidad total de energía utilizada es igual a la potencia del artefacto multiplicada por la cantidad de tiempo que se usa el artefacto.

🔑 Las descargas eléctricas se pueden prevenir a través de instrumentos que redirigen la corriente o interrumpen los circuitos.

**Vocabulario**
• potencia • cortocircuito • tercera terminal
• conectado a tierra • fusible • interruptor de circuito

# Repaso y evaluación

## LECCIÓN 1 Carga eléctrica y electricidad estática

**1.** ¿Qué tipo de transferencia de carga ocurre cuando se frotan dos objetos?

   **a.** fricción       **b.** inducción

   **c.** conducción    **d.** polarización

**2.** La transferencia de electrones de una nube a la tierra cuando cae un rayo es un ejemplo de

_____

**3. Aplica conceptos** Dibuja el campo eléctrico de una sola carga positiva. Asegúrate de marcar en qué dirección apuntan las líneas de campo.

**4. Relaciona causa y efecto** Explica qué sucede con los electrones de un objeto metálico cuando está cerca de otro objeto con carga negativa. ¿Qué sucede con la carga total del objeto metálico?

_____

_____

_____

_____

_____

**5.** 🖊 **Escríbelo** Un parque necesita un cartel que indique a los visitantes qué deben hacer durante una tronada. Escribe un párrafo en el que expliques por qué es peligroso pararse debajo de un árbol alto durante una tormenta eléctrica.

## LECCIÓN 2 Corriente eléctrica

**6.** ¿Cuál de los siguientes objetos es aislante?

   **a.** un anillo de oro    **b.** una moneda de cobre

   **c.** una varilla de vidrio    **d.** un tenedor de acero

**7.** Una corriente eléctrica es _____

_____

**8. Clasifica** Los electrodomésticos de tu casa pueden estar hechos de diferentes materiales. ¿De qué tipo de materiales están hechos los alambres? ¿Qué tipos de materiales envuelven a los cables por seguridad?

_____

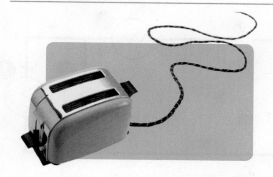

**9. Infiere** Los alambres de cobre transportan corriente eléctrica desde las centrales eléctricas hasta los usuarios. ¿Cuál podría ser la variación en la resistencia de los cables de alta tensión durante un año, en un área en la que los veranos son muy calurosos? Explica tu respuesta.

_____

_____

_____

_____

**10. Haz modelos** El agua no correrá por un tobogán sin inclinación porque no hay diferencia en la energía potencial entre los dos extremos. ¿Cómo se podría representar esta situación en un circuito eléctrico? Explica tu razonamiento.

_____

_____

_____

_____

# 6 Repaso y evaluación

**Circuitos eléctricos**

**11.** Lisa construyó un circuito eléctrico. Cuando agregó una segunda bombilla, la primera se volvió menos luminosa. ¿Qué tipo de circuito construyó Lisa?

**a.** en serie      **b.** paralelo

**c.** abierto      **d.** corto

**12.** Según la ley de Ohm, la resistencia de un circuito se puede calcular si se _____

_____

Usa el diagrama siguiente para responder las preguntas 13 y 14.

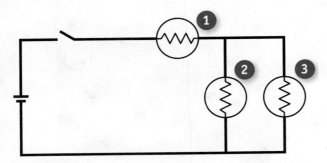

**13. Predice** ¿Se encenderá alguna de las bombillas si accionas el interruptor? Explica tu respuesta.

_____

_____

**14. Controla variables** ¿Qué bombillas seguirían dando luz si la bombilla 1 se quemara? ¿Cuáles seguirían dando luz si se quemara, en cambio, la bombilla 2? Explica tu respuesta.

_____

_____

_____

_____

**15. ¡matemáticas!** La mayoría de las casas tienen tomacorrientes de 120 V. Imagínate que tienes lámparas con resistencias de 120 Ω, 144 Ω y 240 Ω. Predice cuál de ellas necesitará más corriente. Calcula la corriente que fluye por cada lámpara para comprobar tu predicción.

**Energía eléctrica y seguridad**

**16.** ¿Qué unidad se usa para medir la energía eléctrica?

**a.** amperios (A)      **b.** voltios (V)

**c.** vatios (W)      **d.** ohmios (Ω)

**17.** El consumo total de energía eléctrica de un artefacto se calcula _____

_____

**18. Infiere** Si tocas un cable y recibes una descarga eléctrica, ¿qué puedes inferir sobre la resistencia de tu cuerpo comparada con la resistencia del circuito?

_____

_____

**19. Calcula** Un aparato requiere 40 A de corriente y tiene una pila de 12 V. ¿Cuál es su potencia?

_____

**¿Cómo funciona un circuito eléctrico?** .....................

**20.** Identifica las partes que componen un circuito en una computadora portátil. Describe qué sucede dentro del circuito cuando la computadora está encendida.

_____

_____

_____

_____

_____

_____

_____

_____

_____

_____

_____

# Preparación para exámenes estandarizados

## Selección múltiple

**Encierra en un círculo la letra de la mejor respuesta.**

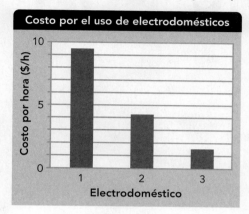

**Costo por el uso de electrodomésticos**

1. ¿Cuál de estas opciones es una interpretación válida de la gráfica?

   A  El voltaje es mayor en el electrodoméstico 1.

   B  El electrodoméstico 1 es el que más energía consume.

   C  Durante un mes, una familia paga más por usar el electrodoméstico 1 que el electrodoméstico 2.

   D  El electrodoméstico 1 es el que menos corriente consume.

2. Tu reloj despertador tiene un voltaje de 120 V y una resistencia de 1200 Ω. ¿Qué corriente necesita el reloj despertador?

   A  0.10 A

   B  10.0 A

   C  12.0 A

   D  100 A

3. Deseas construir un aparato que conduzca corriente, pero que sea seguro si lo toca una persona. ¿Cuál de estos pares de materiales podrías usar?

   A  vidrio como conductor y goma como aislante

   B  cobre como conductor y plata como aislante

   C  arena como conductor y plástico como aislante

   D  plata como conductor y plástico como aislante

4. ¿Cómo evita un fusible un incendio eléctrico?

   A  Proporciona una trayectoria para que las cargas excesivas lleguen a la tierra.

   B  Se derrite si la corriente es muy alta.

   C  Reduce el voltaje suministrado a los aparatos eléctricos.

   D  Almacena energía potencial para un uso posterior.

5. ¿Qué sucede cuando se frotan dos objetos para que haya carga por fricción?

   A  Los electrones se transfieren de un objeto al otro.

   B  Los electrones de uno de los objetos desaparecen.

   C  Los electrones de uno de los objetos adquieren carga negativa.

   D  Se crean electrones por la fricción entre los objetos.

## Respuesta elaborada

**Usa tus conocimientos de ciencias para responder la pregunta 6. Escribe tu respuesta en una hoja aparte.**

6. Un rayo puede tener un voltaje de más de 100 millones de voltios. Explica por qué un rayo no puede hacer funcionar tu teléfono celular cuando una pila de 6 voltios sí puede hacerlo. Luego, explica qué sucedería si se enchufara una pila de 100 millones de voltios a un teléfono celular. Usa la ley de Ohm en tu respuesta.

Piensa como un científico

# ALGO A CAMBIO de NADA

Este aparato complicado supuestamente puede aprovechar energía gratuita.

Ya comenzó la carrera por encontrar una fuente de energía nueva y económica. Si escribes las palabras "energía gratis" en cualquier buscador de Internet, obtendrás como resultado muchos sitios web. Estos sitios prometen electricidad limpia y gratuita si compras sus aparatos o inviertes en ellos.

Pero ¿pueden en realidad respaldar sus promesas? Muchos sitios web sugieren que las empresas que suministran electricidad han conspirado contra aquellas personas que descubrieron e inventaron aparatos que generan energía gratuita. Uno de esos sitios incluso llega a afirmar que existe una cuarta ley de movimiento. Esta cuarta ley sería una extensión de la tercera ley de movimiento de Newton. Este sitio dice que si toda acción tiene una reacción igual y opuesta, entonces esa reacción puede potenciar la acción original.

**Debate** Se dice que algunos aparatos que generan energía gratuita son capaces de producir electricidad usando una máquina de movimiento perpetuo. Algunos aprovechan el calor latente del aire. Otros usan imanes. Investiga cómo se genera la energía y evalúa estas afirmaciones. Debate en clase si es posible obtener energía realmente gratuita.

¿Realmente existe la energía gratuita? Algunas personas dicen que sí.

En 1913, Nikola Tesla patentó una turbina que funcionaba a vapor. Muchas personas han buscado la manera de usar el motor de Tesla para generar electricidad gratuita.

# Volverse ECOLÓGICO

Cada vez que enciendes una luz, consumes energía. Todos sabemos esto, pero no siempre somos conscientes de dónde proviene la energía. En la mayoría de los casos, la energía provino de combustibles fósiles que se extrajeron del suelo, se refinaron y se quemaron para obtener energía, en un proceso que genera mucha contaminación. Algunos científicos y autoridades de diferentes gobiernos están investigando fuentes de energía ecológicas (que no dañan al medio ambiente).

De acuerdo con la Agencia de Protección Ambiental de los Estados Unidos (EPA, por sus siglas en inglés), la energía ecológica proviene de tecnologías que no generan residuos que dañan el medio ambiente. Esto incluye recursos como la energía solar, la energía eólica y la energía geotérmica que se obtiene de las aguas termales que corren por debajo de la corteza terrestre.

La reducción de la contaminación del aire es sólo uno de los tantos beneficios de la energía ecológica. Este tipo de energía disminuye además la emisión de gases de efecto invernadero y puede ser mucho menos costosa para los consumidores, ¡como tu familia! Volverse ecológico también genera puestos de trabajo. Al tener diferentes fuentes de energía, la red de suministro sería más estable. Si una fuente dejara de funcionar, seguiríamos teniendo la energía que proveen otras fuentes. Entonces, ¿cuál es el lado negativo? Lamentablemente, el desarrollo de las tecnologías para la obtención de energía ecológica es muy costoso.

**Debate** Investiga los beneficios y los costos de desarrollar tecnologías para la obtención de energía ecológica. Organiza un debate con toda la clase sobre los costos y los beneficios de la energía ecológica. Deberás estar preparado para defender ambas posturas sobre el tema.

▲ El flujo de agua es una energía renovable. Sin embargo, las represas hidroeléctricas pueden dañar los hábitats ya que modifican el curso de los ríos.

# ¿CÓMO PUEDE MOVERSE ESTE TREN SIN TOCAR LA VÍA?

**¿Cuál es la relación entre la electricidad y el magnetismo?**

Este tipo de tren se conoce como Maglev, o tren de levitación magnética, y funciona a una velocidad de 430 km/h (casi dos veces más rápido que un tren convencional). Su motor no es un motor común; eso significa que no libera contaminantes. En cambio, el tren Maglev usa la electricidad de la vía, para activar imanes que lo impulsan, y la levitación magnética, para quedar suspendido alrededor de 10 mm por encima de las vías.

**Saca conclusiones** ¿Cómo puede moverse este tren sin tocar la vía?

_____
_____
_____
_____

> **UNTAMED SCIENCE** Mira el video de *Untamed Science* para aprender más sobre el magnetismo y el electromagnetismo.

# Magnetismo y electromagnetismo

# Para comenzar

## Verifica tu comprensión

**1. Preparación** Lee el párrafo siguiente y luego responde la pregunta.

Chung está trabajando cuando, de pronto, su computadora se apaga. La calle y su casa están a oscuras. Sabe que no hay **electricidad.** Un árbol estropeó un cable eléctrico al caer. El cable era el **conductor** que le proporcionaba electricidad. Chung extiende la mano hacia el interruptor pero entonces recuerda que no hay flujo de **corriente eléctrica** para poder encenderlo.

La **electricidad** es una forma de energía que a veces se crea por el movimiento de partículas con carga.

Un **conductor** es un material a través del cual las cargas eléctricas pueden fluir con facilidad.

La **corriente eléctrica** es el flujo continuo de cargas eléctricas a través de un material.

- ¿Cómo puede restablecerse la electricidad en la casa de Chung?

_____

_____

> **MY READING WEB** Si tuviste dificultades para responder la pregunta anterior, visita **My Reading Web** y escribe **Magnetism and Electromagnetism.**

## Destreza de vocabulario

**Usar el contexto para determinar el significado** En los libros de ciencias, a menudo se usan palabras desconocidas. Busca pistas del contexto en las palabras y frases que rodean a un nuevo término para descubrir su significado. En el párrafo siguiente, busca pistas para identificar el significado de *fuerza magnética*.

La **fuerza magnética** es la atracción o la repulsión entre los polos magnéticos. Una fuerza es un empuje o una atracción que puede ocasionar un cambio en el movimiento de un objeto. Una fuerza magnética se produce cuando los polos magnéticos interactúan.

**2. Verificación rápida** En el párrafo de arriba, encierra en un círculo la explicación de la palabra *fuerza.*

| Ejemplo | Fuerza magnética |
|---|---|
| Definición | (s.) atracción o repulsión entre los polos magnéticos |
| Explicación | La fuerza es un empuje o una atracción. |
| Información adicional | La fuerza magnética se produce cuando los polos magnéticos interactúan. |

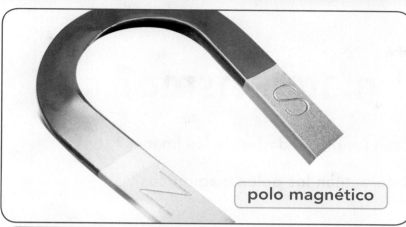

polo magnético

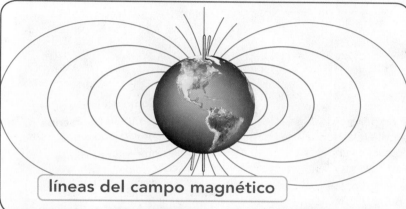

líneas del campo magnético

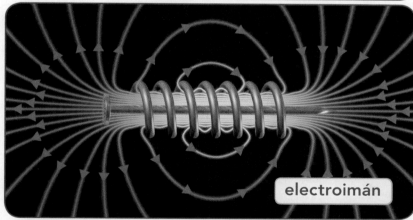

electroimán

generador

# Vistazo al capítulo

**LECCIÓN 1**

- imán
- magnetismo
- polo magnético
- fuerza magnética

 **Resume**
  ▲ Infiere

**LECCIÓN 2**

- campo magnético
- líneas del campo magnético
- brújula
- declinación magnética

 **Identifica la idea principal**
  ▲ Observa

**LECCIÓN 3**

- electromagnetismo
- solenoide
- electroimán

 **Relaciona causa y efecto**
  ▲ Predice

**LECCIÓN 4**

- galvanómetro
- motor eléctrico

  **Sigue la secuencia**
  ▲ Haz una gráfica

**LECCIÓN 5**

- inducción electromagnética
- corriente directa
- corriente alterna
- generador
- transformador

  **Pregunta**
  ▲ Haz modelos

> **VOCAB FLASH CARDS** Para obtener más ayuda con el vocabulario, visita *Vocab Flash Cards* y escribe *Magnetism and Electromagnetism.*

# ¿Qué es el magnetismo?

DESCUBRE LA PREGUNTA PRINCIPAL

🔑 ¿Cuáles son las propiedades de los imanes?

🔑 ¿Cómo interactúan los polos magnéticos?

## mi Diario Del planeta

### Cocodrilos orientados

Los cocodrilos son animales amenazados. Es decir que, si no se les protege, pueden convertirse en animales en peligro de extinción y desaparecer por completo. Sin embargo, en la Florida, muchos cocodrilos viven cerca de las personas, lo cual es una amenaza para la seguridad de esas personas.

Para que los cocodrilos y los seres humanos estén a salvo, los biólogos intentaron alejar a los cocodrilos. Pero hubo un problema. Los cocodrilos usan el campo magnético de la Tierra para orientarse. Siempre que trasladaban a un cocodrilo, finalmente regresaba, si no lo mataban en el camino de regreso. Un tiempo después, los biólogos se enteraron de que, en México, algunos científicos habían colocado un imán a cada lado de la cabeza de un cocodrilo antes de trasladarlo. Pensaban que los imanes podrían interferir con su habilidad de usar el campo magnético de la Tierra para encontrar el camino de regreso. Los biólogos estadounidenses hicieron lo mismo. Hasta ahora, el experimento ha funcionado.

## DATOS CURIOSOS

Comunica ideas **Comenta la pregunta siguiente con un compañero. Escribe tu respuesta en el espacio que sigue.**

¿Por qué piensas que es importante trasladar a los cocodrilos?

_____

_____

_____

_____

_____

> **PLANET DIARY** Consulta *Planet Diary* para aprender más en inglés sobre el magnetismo.

**Zona de laboratorio** Haz la Indagación preliminar *Imanes naturales.*

## ¿Cuáles son las propiedades de los imanes?

Imagínate que estás en Shanghai, China, viajando en un tren Maglev a toda velocidad gracias a los imanes que lo impulsan. Tu viaje de 30 kilómetros desde el aeropuerto hasta la ciudad es de menos de ocho minutos. El mismo viaje en taxi te llevaría una hora.

## Vocabulario

- imán • magnetismo
- polo magnético • fuerza magnética

## Destrezas

↻ Lectura: Resume

△ Indagación: Infiere

**Imanes** Cuando piensas en imanes, tal vez pienses en los objetos que sostienen las notas en tu refrigerador. Sin embargo, los imanes pueden ser grandes, como el de la ilustración 1. También pueden ser pequeños, como los de tu refrigerador, tu billetera, los armarios de la cocina o las etiquetas de seguridad de las tiendas. Un imán es un material que atrae hierro o materiales que contienen hierro.

## El descubrimiento de los imanes

Los imanes tienen usos modernos pero, en realidad, no son nuevos. Los antiguos griegos descubrieron que una roca denominada magnetita atraía los materiales que contenían hierro. Esas rocas también atraían o repelían otras magnetitas. La atracción o repulsión de los materiales magnéticos se conoce como magnetismo.

Los imanes tienen las mismas propiedades que las magnetitas. ⊶ Los imanes atraen hierro o materiales que contienen hierro. Los imanes atraen o repelen otros imanes. Además, uno de los extremos del imán siempre apunta hacia el Norte si se deja girar libremente.

ILUSTRACIÓN 1 ·····················

### ¿Cuál es el problema de esta foto?

Casi nadie esperaría que este poderoso imán que se usa en un depósito de chatarra pudiese atraer madera.

✎ **Explica** Usa lo que aprendiste sobre imanes para explicar por qué esta escena es imposible.

_____

_____

_____

_____

↻ **Resume** Resume las propiedades de la magnetita.

_____

_____

_____

_____

**Zona de laboratorio** ® Haz la Investigación de laboratorio *Detectar monedas falsas.*

## ⊶ Evalúa tu comprensión

¿comprendiste?·····················································

○ **¡Comprendí!** Ahora sé que tres propiedades de los imanes son _____

_____

_____

○ Necesito más ayuda con _____

Consulta MY SCIENCE 🅢 COACH en línea para obtener ayuda en inglés sobre este tema.

Polo sur

## ¿Cómo interactúan los polos magnéticos?

Todos los imanes, sin importar su tamaño o su forma, tienen dos extremos. Cada uno de ellos se denomina **polo magnético.** La fuerza magnética del imán es más fuerte en los polos. El polo de un imán que señala el Norte se denomina *polo norte*. El otro polo recibe el nombre de *polo sur*. Un imán siempre tiene un polo norte y un polo sur.

### Interacciones magnéticas
¿Qué sucede si acercas dos imanes? La respuesta depende de cómo sostengas los polos de los imanes. Si acercas el polo norte de un imán al polo sur de otro imán, los dos polos se atraerán, pues son diferentes. Sin embargo, si acercas dos polos norte, se rechazan por ser iguales.

🔑 **Los polos magnéticos que son diferentes se atraen y los polos magnéticos que son iguales se repelen.**

En la **ilustración 2,** puedes ver cómo interactúan las barras imantadas.

ILUSTRACIÓN 2 ·······························

▶ ART IN MOTION **Atracción y repulsión**
En estos pares de imanes se muestra cómo interactúan los polos.

✎ **Relaciona el texto y los elementos visuales**
**Dibuja y rotula lo que sucede cuando dos polos sur están cerca uno de otro.**

Polo norte

| Los polos opuestos se atraen. | Los polos iguales se repelen. | |
|---|---|---|
| S N S N | S N N S | |

**Fuerza magnética** La atracción o la repulsión entre los polos magnéticos se conoce como **fuerza magnética.** Una fuerza es un empuje o una atracción que puede provocar el movimiento de un objeto. Una fuerza magnética se produce cuando se acercan los polos magnéticos y hay actividad entre ellos. Cualquier material que ejerce una fuerza magnética es un imán.

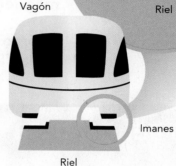

Vagón

Fuerza de repulsión

Riel

# ¡aplícalo!

Vagón

El tren Maglev sobre el cual leíste antes depende de la fuerza magnética para suspenderse por encima del riel, o la vía. La fuerza magnética se produce por efecto de los imanes que están debajo del tren, en las vías.

Imanes

**1** **Infiere** Para que el tren flote, ¿qué polo del imán del riel debe enfrentar el polo norte del imán del vagón?

Riel

**2** **DESAFÍO** Haz una lista de algunas de las ventajas de que este tren se desplace sin tocar el riel.

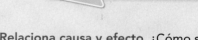

Zona de laboratorio

Haz la Actividad rápida de laboratorio *Polos magnéticos.*

## 🔑 Evalúa tu comprensión

**1a. Identifica** ¿Qué partes de un imán tienen la máxima fuerza magnética?

**b. Relaciona causa y efecto** ¿Cómo se puede demostrar la fuerza magnética con dos imanes?

¿comprendiste?...........................................................................

○ **¡Comprendí!** Ahora sé que los polos magnéticos que son diferentes _____ y que los polos magnéticos que son iguales _____

○ Necesito más ayuda con _____

*Consulta* my science **coach** *en línea para obtener ayuda en inglés sobre este tema.*

# Campos magnéticos

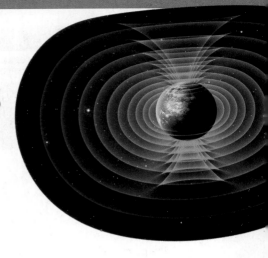

DESCUBRE LA PREGUNTA PRINCIPAL ?

🔑 ¿Qué forma tiene un campo magnético?

🔑 ¿Cómo es el campo magnético de la Tierra?

## mi DiaRio Del planeta

### Vacas magnéticas

Probablemente ya sabes que las vacas comen hierba. Pero, ¿sabías que también comen metal? Cuando las vacas pastan, a veces ingieren objetos de metal que contienen hierro, entre ellos, clavos, alambres y latas viejas. Si el metal es filoso, puede llegar a perforar el estómago de la vaca y provocar infecciones, enfermedades o incluso la muerte.

Para garantizar su seguridad, los granjeros hacen que las vacas traguen un imán. Una vez dentro del estómago de la vaca, el imán atrae el hierro del metal ingerido. Eso evita que el metal se mueva dentro del cuerpo y eventualmente perfore otros órganos. Un imán puede proteger a una vaca de por vida.

## DATOS CURIOSOS

Lee las preguntas siguientes. Escribe tus respuestas en el espacio que sigue.

1. ¿Por qué es peligroso que una vaca ingiera metal?

_____

_____

_____

_____

2. Si fueras un granjero, ¿qué más podrías hacer para evitar que los objetos metálicos lastimen a las vacas?

_____

_____

> PLANET DIARY Consulta *Planet Diary* para aprender más en inglés sobre los campos magnéticos.

Zona de laboratorio® Haz la Indagación preliminar *Predecir el campo.*

## Vocabulario

- campo magnético • líneas del campo magnético • brújula • declinación magnética

## Destrezas

↻ Lectura: Identifica la idea principal

△ Indagación: Observa

# ¿Qué forma tiene un campo magnético?

Ya sabes que una fuerza magnética es mayor en los polos de un imán. Pero la fuerza magnética no se limita sólo a los polos sino que se ejerce en todo el imán. El área alrededor de un imán donde actúa la fuerza magnética se conoce como **campo magnético.** Gracias a los campos magnéticos, los imanes pueden interactuar sin siquiera tocarse.

**Representar líneas del campo magnético** En la **ilustración 1** se muestra el campo magnético de una barra imantada. Las **líneas del campo magnético** se muestran en color púrpura. Estas líneas representan el campo magnético invisible que rodea al imán. 🔑 **Las líneas del campo magnético se extienden desde un polo, rodean al imán y llegan al otro polo.** Las líneas forman anillos de un polo a otro y nunca se cruzan. Las puntas de las flechas indican la dirección que toman las líneas del campo magnético. Siempre parten desde el polo norte hacia el polo sur. Cuanto mayor es el acercamiento de los anillos, mayor es la fuerza del campo. El mayor acercamiento de las líneas del campo magnético se produce en los polos.

ILUSTRACIÓN 1 ······

## Líneas del campo magnético

Los campos magnéticos son invisibles pero puedes usar las líneas del campo magnético para representar un campo.

✎ **Completa las actividades siguientes.**

1. **Relaciona el texto y los elementos visuales** En los recuadros, identifica dónde es fuerte la fuerza del campo magnético y dónde es débil.

2. DESAFÍO Las fuerzas que actúan sobre los objetos sin tocarlos se denominan *campos de fuerza.* ¿La gravedad es un campo de fuerza? Explica tu respuesta.

_____

_____

_____

_____

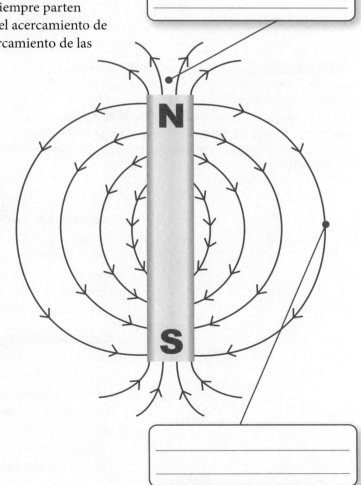

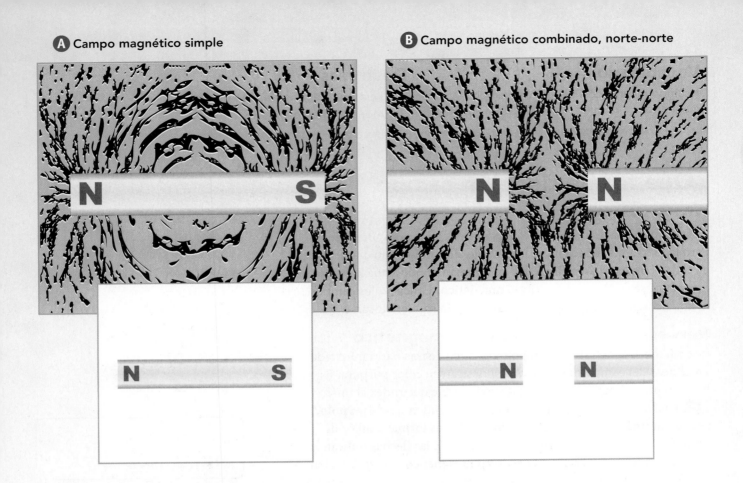

ILUSTRACIÓN 2 ································································

**▷ INTERACTIVE ART** **Campos magnéticos**

Las diferentes posiciones de los polos magnéticos producen diferentes campos magnéticos.

✎ **Haz modelos** En el recuadro que está debajo de cada diagrama, dibuja las líneas del campo magnético según corresponda y también incluye puntas de flechas para indicar su dirección.

## Campo magnético simple

Aunque no puedes ver un campo magnético, sí puedes ver el efecto que produce. En la **ilustración 2A** se muestran limaduras de hierro distribuidas en una lámina de plástico transparente que cubre un imán. Las fuerzas magnéticas del imán actúan sobre las limaduras de hierro y las disponen sobre las líneas invisibles del campo magnético. El resultado es que las limaduras de hierro forman un patrón similar al de las líneas del campo magnético.

## Campos magnéticos combinados

Cuando los campos magnéticos de dos o más imanes se superponen, se forma un campo combinado. En las **ilustraciones 2B** y **2C** se muestran los efectos de la fuerza magnética sobre las limaduras de hierro cuando se acercan los polos de dos barras imantadas. Compara el patrón de polos norte-norte y el patrón de polos norte-sur. Los campos de dos polos iguales se rechazan, pero los campos de polos opuestos se atraen, lo cual forma un fuerte campo magnético entre los imanes.

**C** Campo magnético combinado, norte-sur

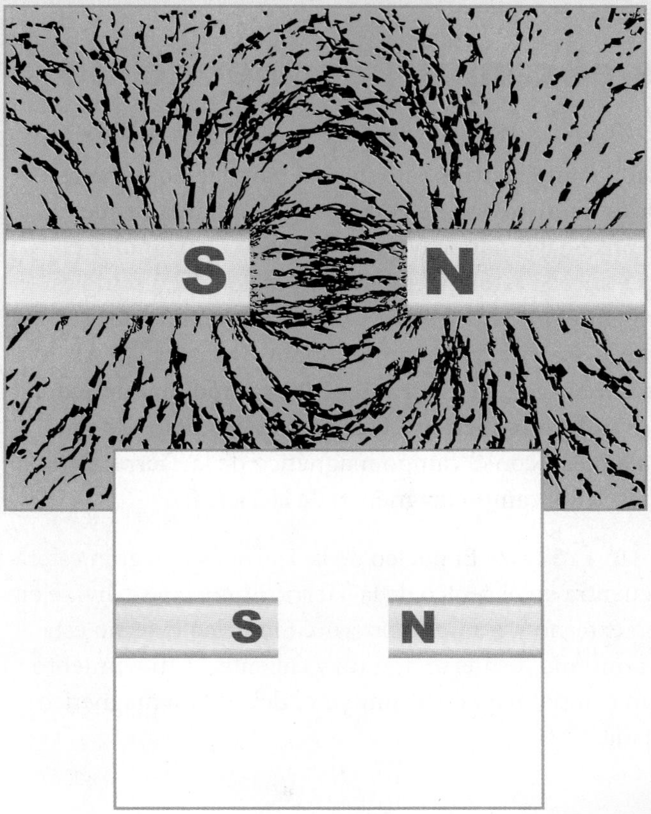

S    N

S    N

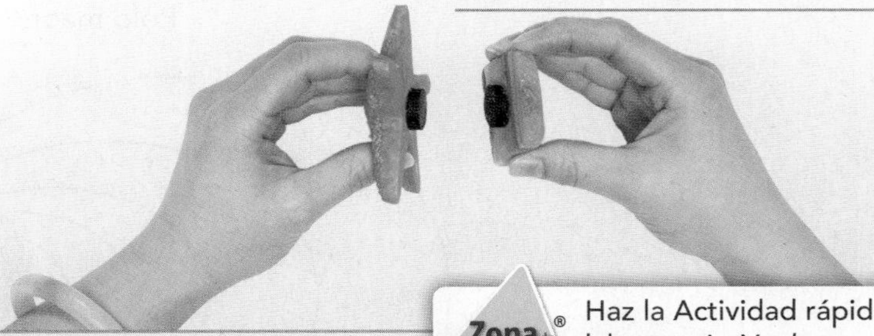

**Zona de laboratorio** Haz la Actividad rápida de laboratorio *Vueltas en círculos*.

## Evalúa tu comprensión

**1a. Define** ¿Qué es un campo magnético?

_____

_____

_____

_____

_____

**b. Describe** Describe el campo magnético que se produce cuando se encuentran dos polos sur.

_____

_____

_____

_____

**¿comprendiste?** ........................................................................

○ **¡Comprendí!** Ahora sé que la forma de un campo magnético es _____

_____

○ Necesito más ayuda con _____

*Consulta* **MY SCIENCE COACH** *en línea para obtener ayuda en inglés sobre este tema.*

# ¿Cómo es el campo magnético de la Tierra?

La brújula se ha usado como instrumento para la navegación durante siglos. Una **brújula** es un instrumento con una aguja imantada que puede girar libremente. Se usa para navegar porque su aguja indica el Norte. Pero, ¿por qué sucede esto? Hacia fines del siglo XVI, un inglés llamado Sir William Gilbert demostró que la brújula funciona de esa manera debido a que la Tierra actúa como un imán gigante. 🔑 **Al igual que una barra imantada, la Tierra tiene un campo magnético a su alrededor y dos polos magnéticos.** Por lo tanto, los polos de una brújula imantada se alinean con el campo magnético de la Tierra. En la **ilustración 3,** puedes ver el campo magnético de la Tierra.

## El núcleo de la Tierra
El núcleo de la Tierra es una gran esfera de metal que se encuentra en el centro de la Tierra. El núcleo se divide en dos partes: el núcleo externo y el núcleo interno. El núcleo externo está compuesto por un remolino de hierro líquido y caliente. El movimiento de ese hierro crea un campo magnético similar al del campo magnético de una barra imantada.

✏️ **Identifica la idea principal**
¿Cuál es la idea principal de la sección sobre el núcleo de la Tierra?

_____

_____

_____

_____

_____

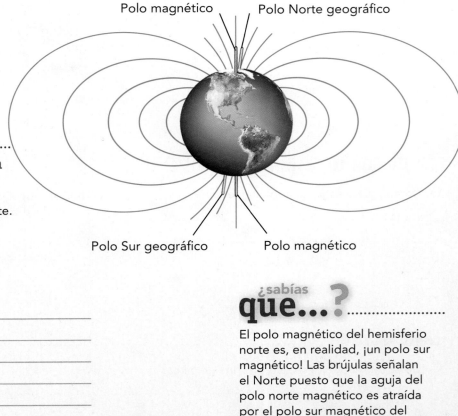

Polo magnético          Polo Norte geográfico

Polo Sur geográfico          Polo magnético

ILUSTRACIÓN 3 ........................................
**El campo magnético de la Tierra**
Las agujas imantadas de una brújula generalmente se alinean con el campo magnético de la Tierra y señalan el Norte. Eso ayuda a excursionistas y viajeros a orientar sus mapas de forma correcta.

✏️ **Explica** ¿Por qué es probable que una brújula funcione mal cuando está cerca de un imán fuerte?

_____

_____

_____

_____

_____

_____

_____

¿sabías
# que...? ........................
El polo magnético del hemisferio norte es, en realidad, ¡un polo sur magnético! Las brújulas señalan el Norte puesto que la aguja del polo norte magnético es atraída por el polo sur magnético del hemisferio norte.

## Los polos magnéticos de la Tierra

Ya sabes que la Tierra tiene polos geográficos. Pero la Tierra además tiene polos magnéticos que están ubicados sobre su superficie, donde la fuerza magnética es mayor. Tal como observaste en la **ilustración 3**, los polos magnéticos no están en el mismo lugar que los polos geográficos. Imagínate que puedes dibujar una línea entre el Polo Norte geográfico y tú. Luego, imagínate una segunda línea entre el polo magnético del hemisferio norte y tú. El ángulo que se forma entre las dos líneas es el ángulo entre el Norte geográfico y el norte hacia el que apunta la aguja de la brújula. Ese ángulo se conoce como **declinación magnética.**

La declinación magnética de una ubicación en particular va cambiando. Los polos magnéticos de la Tierra no permanecen en un lugar fijo, como sucede con los polos geográficos.

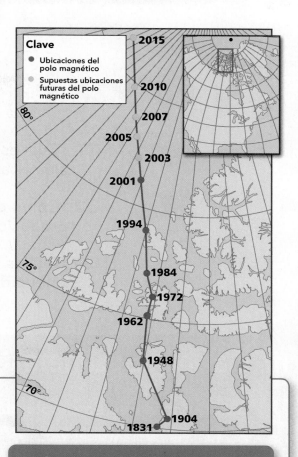

**Clave**
- Ubicaciones del polo magnético
- Supuestas ubicaciones futuras del polo magnético

# ¡Usa las matemáticas!

La última expedición para observar en forma directa la ubicación de los polos fue en mayo de 2001. El mapa muestra las ubicaciones estimadas de los polos después del año 2001.

**1 Calcula** ¿Cuál es la distancia total recorrida por el polo desde 1948 hasta 2001?

_____

_____

_____

**2 Interpreta datos** ¿Cuál fue la velocidad promedio a la que se desplazó el polo desde 1948 hasta 2001?

_____

_____

| Desplazamiento del polo norte magnético | |
|---|---|
| Año de lectura | Distancia recorrida desde la última lectura (en km) |
| 1948 | 420 |
| 1962 | 150 |
| 1972 | 120 |
| 1984 | 120 |
| 1994 | 180 |
| 2001 | 287 |

**Zona de laboratorio** Haz la Actividad rápida de laboratorio *El campo magnético de la Tierra.*

## 🔑 Evalúa tu comprensión

### ¿comprendiste? ..............................................................................

○ **¡Comprendí!** Ahora sé que la Tierra tiene un campo magnético que consta de _____

○ Necesito más ayuda con _____

*Consulta* MY SCIENCE 5 COACH *en línea para obtener ayuda en inglés sobre este tema.*

# Fuerza electromagnética

**DESCUBRE LA PREGUNTA PRINCIPAL**

🔑 ¿Cuál es la relación entre las corrientes eléctricas y los campos magnéticos?

🔑 ¿Cómo es un campo magnético producido por una corriente?

🔑 ¿Cuáles son las características de los solenoides y electroimanes?

## mi DiaRio DeL planeta

### Mucho más que un simple plástico

¿Cómo funcionan las tarjetas de plástico con bandas magnéticas, como la que te dan en la biblioteca? La banda negra del dorso de la tarjeta contiene pequeñas partículas magnéticas y allí se registra la información. Cuando se pasa la tarjeta por un dispositivo lector, la información del titular de la tarjeta se transmite a la computadora o se envía a un lugar para verificarla.

Si la tarjeta se ubica cerca de un material magnético, la organización de las partículas magnéticas de la banda puede alterarse. Si sucede esto, la tarjeta ya no sirve porque no conserva más la información del titular. Si alguna vez te dan una tarjeta de crédito, asegúrate de dejarla lejos de imanes porque puedes salir de una tienda ¡con las manos vacías!

## DATOS CURIOSOS

**Comunica ideas** Comenta la pregunta con un compañero. Luego, escribe tu respuesta en el espacio que sigue.

Haz una lista de los tipos de tarjetas que tienen una banda magnética.

_____

_____

_____

_____

_____

_____

> **PLANET DIARY** Consulta *Planet Diary* para aprender más en inglés sobre la fuerza electromagnética.

**Zona de laboratorio** Haz la Indagación preliminar *Electromagnetismo*.

## Vocabulario
- electromagnetismo
- solenoide
- electroimán

## Destrezas
- Lectura: Relaciona causa y efecto
- Indagación: Predice

# ¿Cuál es la relación entre las corrientes eléctricas y los campos magnéticos?

Ya sabes que un imán tiene un campo magnético. Pero, ¿sabías que una corriente eléctrica produce un campo magnético? En 1820, un científico danés llamado Hans Christian Oersted descubrió esto por casualidad. Mientras daba una clase en la Universidad de Copenhague, produjo una corriente en un cable igual a la de una linterna que funciona con pilas. Al acercar una brújula al cable, observó que la aguja cambiaba de dirección.

**El experimento de Oersted** Oersted podría haber supuesto que su instrumento funcionaba mal pero, en cambio, decidió seguir investigando. Ubicó diferentes brújulas alrededor del cable. Sin corriente en el cable, todas las agujas apuntaban hacia el Norte. Cuando dio corriente al cable, observó que las agujas de las brújulas apuntaban a distintas direcciones y formaban un círculo. Oersted concluyó que la corriente había producido un campo magnético alrededor del cable. Sus resultados demostraron que existe una relación entre el magnetismo y la electricidad.

| Causa | Efecto |
|-------|--------|
| Cable sin corriente. | |
| | Las agujas de las brújulas apuntaron en distintas direcciones y formaron un círculo. |

**Relaciona causa y efecto**
Usa la información sobre el experimento de Oersted para completar la tabla.

**Corriente eléctrica y magnetismo** El experimento de Oersted demostró que siempre que hay electricidad, hay magnetismo. 🔑 **Una corriente eléctrica produce un campo magnético.** La relación entre la electricidad y el magnetismo se denomina **electromagnetismo.** Si bien no puedes ver el electromagnetismo directamente, puedes ver sus efectos. Es decir, la aguja de una brújula se mueve cuando está dentro del campo magnético producido por una corriente eléctrica, como puedes ver en la **ilustración 1.**

ILUSTRACIÓN 1 ·······················

**Agujas de brújula en movimiento**

Estas fotos muestran cómo una corriente eléctrica produce un campo magnético.

✎ **Interpreta fotos En los recuadros, explica lo que sucede con las agujas de las brújulas cuando el cable tiene corriente y cuando no.**

Sin corriente

Con corriente

🔺 Zona de laboratorio  Haz la Actividad rápida de laboratorio *La corriente y el magnetismo.*

## 🔑 Evalúa tu comprensión

**1a. Explica** ¿Qué conclusión sacó Oersted?

_____

_____

_____

**b.** 🔄 **Relaciona causa y efecto** ¿Qué efecto produce la corriente en una brújula?

_____

_____

_____

**¿comprendiste?** ·····················································································

○ **¡Comprendí!** Ahora sé que una corriente eléctrica produce _____

○ Necesito más ayuda con _____

*Consulta* MY SCIENCE ⑤ COACH *en línea para obtener ayuda en inglés sobre este tema.*

# ¿Cómo es un campo magnético producido por una corriente?

🔑 **El campo magnético producido por una corriente tiene una intensidad y una dirección. El campo puede estar activo o inactivo, invertir su dirección o cambiar su intensidad.** Para activar o desactivar un campo magnético, debes encender o apagar la corriente. Para cambiar la dirección del campo magnético, debes invertir la dirección del flujo de corriente.

Existen dos formas de cambiar la intensidad de un campo magnético. Primero, puedes aumentar la cantidad de corriente del alambre. Después, puedes agregar una vuelta o bobina en el alambre. El campo magnético que rodea el alambre forma un círculo. Cuando agregas una vuelta en el alambre, las líneas del campo magnético se agrupan dentro de ese círculo. Eso intensifica el campo magnético. Cuantas más vueltas hay, mayor es la intensidad del campo magnético. En la **ilustración 2** se muestran tres maneras diferentes de cambiar las propiedades de un campo magnético.

ILUSTRACIÓN 2 ·······························

## Cambiar las propiedades de un campo magnético

✏️ **Interpreta diagramas** Describe cómo se cambiaron los campos magnéticos en los diagramas A y B. En el diagrama C, dibuja una tercera forma de cambiar el campo magnético y descríbela.

A

Alambre     Campo magnético     Corriente

B

Líneas del campo magnético agrupadas

C

**Zona de laboratorio** ® Haz la Actividad rápida de laboratorio *Campos magnéticos a partir de la corriente eléctrica.*

## 🔑 Evalúa tu comprensión

¿comprendiste? ·····························································

○ **¡Comprendí!** Ahora sé que el campo magnético producido por una corriente puede modificarse si _____

_____

○ Necesito más ayuda con _____

*Consulta* MY SCIENCE 💬 COACH *en línea para obtener ayuda en inglés sobre este tema.*

# ¿Cuáles son las características de los solenoides y electroimanes?

Ya sabes que puedes aumentar la intensidad del campo magnético que rodea un alambre con corriente al agregarle vueltas o bobinas. 🗝 **Los solenoides y los electroimanes se valen de una corriente eléctrica y bobinas de alambre para producir campos magnéticos intensos.**

**Solenoides** Si la corriente pasa a través de un alambre con varias vueltas, aumenta la intensidad del campo magnético en el centro de la bobina, como se muestra en la **ilustración 3.** Una bobina de alambre con una corriente se denomina **solenoide.** Los dos extremos de un solenoide actúan como los polos de un imán. Sin embargo, los polos norte y sur cambian cuando cambia la dirección de la corriente.

**Electroimanes** Si colocas un material con propiedades magnéticas de gran intensidad dentro de un solenoide, la intensidad del campo magnético aumenta. Eso sucede porque el material, denominado núcleo ferromagnético, se convierte en imán. Un solenoide con un núcleo ferromagnético recibe el nombre de **electroimán.** Tanto la corriente que está en el alambre como el núcleo imantado producen el campo magnético de un electroimán. Por lo tanto, a grandes rasgos, el campo magnético de un electroimán tiene una fuerza mucho mayor que la de un solenoide. Un electroimán se activa o se desactiva al encender o apagar la corriente.

ILUSTRACIÓN 3 ·······························································

> **REAL-WORLD INQUIRY** **Un solenoide y un electroimán**
Un electroimán es un solenoide con un núcleo ferromagnético.

✎ **Interpreta diagramas Explica cómo se muestra en el diagrama que la fuerza del campo magnético de un electroimán es mayor que la de un solo solenoide.**

_____

_____

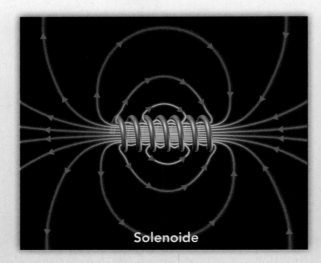

Solenoide

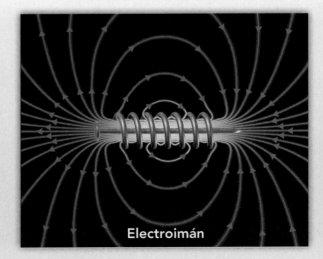

Electroimán

**Regulación de la intensidad** Puedes aumentar la intensidad de un electroimán de cuatro maneras diferentes. Primero, puedes aumentar el flujo de corriente del solenoide. Segundo, puedes agregar más lazos de alambre al solenoide. Tercero, puedes enrollar la bobina del solenoide de manera que queden más juntas unas con otras. Finalmente, puedes usar un material con mayor magnetismo que el hierro para formar el núcleo. Ese material es el alnico.

**Vocabulario** Usar el contexto para determinar el significado
Subraya en el texto las pistas que te ayuden a determinar el significado de *alnico*.

**Uso de electroimanes** Los electroimanes son muy comunes. Se usan en motores eléctricos, audífonos y muchos otros objetos cotidianos. Los electroimanes se usan incluso en los depósitos de chatarra para levantar automóviles viejos u otros objetos pesados de acero.

# ¡aplícalo!

Un electroimán hace que suene un timbre. Al pulsar un botón, se cierra el circuito y se activa el electroimán. La corriente fluye por el electroimán y produce un campo magnético intenso.

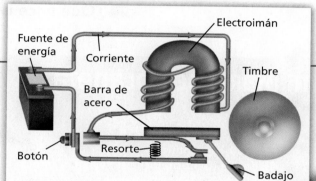

**1 Predice** ¿Qué efecto tendrá el campo magnético en la barra de acero y en el badajo de la campana?

_____

_____

_____

**2 DESAFÍO** ¿Cómo se desactiva el electroimán?

_____

**Zona de laboratorio** Haz la Actividad rápida de laboratorio *Electroimanes*.

## 🔑 Evalúa tu comprensión

**2a. Define** ¿Qué es un solenoide?

_____

_____

**b. Aplica conceptos** ¿De qué cuatro formas diferentes puedes aumentar la intensidad de un electroimán?

_____

_____

_____

### ¿comprendiste?

○ **¡Comprendí!** Ahora sé que los solenoides y los electroimanes _____

_____

_____

_____

○ Necesito más ayuda con _____

*Consulta* my science **COACH** *en línea para obtener ayuda en inglés sobre este tema.*

# Electricidad, magnetismo y movimiento

🔑 **¿Cómo se convierte la energía eléctrica en energía mecánica?**

🔑 **¿Cómo funciona un galvanómetro?**

🔑 **¿Qué hace un motor eléctrico?**

## mi DiaRio DeL pLaneta

## DESCUBRIMIENTO

### Motor en miniatura

En 1960, el científico y profesor del Instituto Tecnológico de California (Caltech) Richard Feynman ofreció públicamente un premio de $1,000 a la persona capaz de construir un motor eléctrico de no más de 0.3969 milímetros cúbicos. Un egresado de Caltech llamado William McLellan aceptó el reto. Usó un palillo, un portaobjetos, pelos de pincel muy delgados y alambres de tan sólo 1/80 milímetros de ancho para construir el motor más pequeño del mundo. McLellan le mostró su diminuto motor a Feynman y se llevó el premio de $1,000. En la actualidad, los científicos han encontrado muchos usos para los motores en miniatura en diversos productos, entre ellos, televisores de alta definición, automóviles e impresoras de inyección de tinta.

**Comunica ideas** Trabaja con un compañero para responder la pregunta.

¿Qué otros usos podrían tener los motores diminutos?

_____
_____
_____
_____
_____
_____

▷ **PLANET DIARY** Consulta *Planet Diary* para aprender más en inglés sobre los motores eléctricos.

El micromotor ganador de McLellan mide tan solo 0.5 mm de ancho.

**Zona de laboratorio** Haz la Indagación preliminar *¿Cuál es la relación entre la electricidad, los imanes y el movimiento?*

## ¿Cómo se convierte la energía eléctrica en energía mecánica?

¿Qué tienen en común los trenes, los ventiladores, los hornos de microondas y los relojes? La respuesta es que todos esos objetos, entre muchos otros objetos cotidianos, funcionan con electricidad. Además, todos ellos se mueven o tienen partes que se mueven. ¿Cómo se produce el movimiento a partir de la electricidad?

## Vocabulario
• galvanómetro • motor eléctrico

## Destrezas
Lectura: Sigue la secuencia
Indagación: Haz una gráfica

## La energía y el movimiento

Como ya sabes, la fuerza magnética puede producir movimiento. Por ejemplo, los imanes se acercan o se alejan cuando se aproximan. Además, sabes que una corriente eléctrica que pasa por un alambre produce un campo magnético. Por eso, un imán puede hacer que un alambre con corriente se mueva de la misma forma en que lo haría con otro imán. La dirección del movimiento depende de la dirección de la corriente, como se ve en la **ilustración 1.**

La capacidad para mover un objeto una cierta distancia se denomina energía. La energía asociada con las corrientes eléctricas se denomina energía eléctrica. La energía que tiene un objeto debido a su movimiento o posición se denomina energía mecánica.

## Transformación de la energía

La energía puede convertirse de una forma a otra. **Cuando se coloca un alambre con corriente en un campo magnético, la energía eléctrica se convierte en energía mecánica.** Esa transformación se genera cuando el campo magnético producido por la corriente causa el movimiento de partículas a lo largo

ILUSTRACIÓN 1 ....................

### Generar movimiento
Un imán puede producir el movimiento de una corriente a través de un alambre.

✏ **Completa las actividades.**

1. **Identifica** ¿Qué afecta la dirección del movimiento de una corriente?

_____

_____

2. **Clasifica** En cada recuadro, escribe el tipo de energía que se señala.

**La corriente se dirige hacia abajo**

**La corriente se dirige hacia arriba**

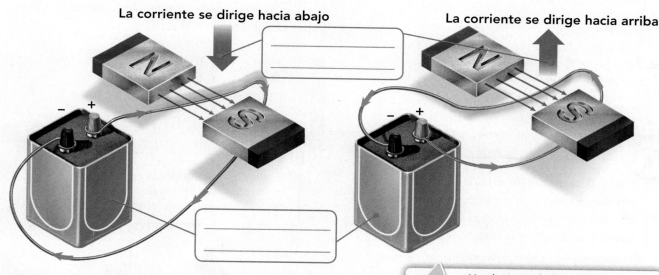

Zona de laboratorio
Haz la Actividad rápida de laboratorio *¿Puede un imán mover un conductor de alambre?*

## 🔑 Evalúa tu comprensión

¿comprendiste? ...................................................................

○ **¡Comprendí!** Ahora sé que, cuando se coloca un alambre con corriente en un campo magnético, la energía eléctrica _____

○ Necesito más ayuda con _____

*Consulta* MY SCIENCE 🔑 COACH *en línea para obtener ayuda en inglés sobre este tema.*

# ¿Cómo funciona un galvanómetro?

Sabes que, cuando se coloca un alambre recto con corriente en un campo magnético, se genera movimiento en el alambre. Pero, ¿qué sucede si colocas un lazo de alambre con corriente en un campo magnético? Mira la **ilustración 2.** La corriente de un lado del lazo fluye en la dirección opuesta a la corriente del otro lado del lazo. La dirección de la corriente determina la dirección en que pasa por el alambre. Por lo tanto, cada uno de los lados del lazo lleva corriente en dirección contraria. Después de que la corriente sube o baja tanto como puede en cada uno de los lados, se detiene. Como resultado, el lazo sólo puede rotar media vuelta.

## Interior de un galvanómetro

La rotación de un lazo de alambre en un campo magnético es la base de un galvanómetro. Un **galvanómetro** es un instrumento que detecta la intensidad de corrientes pequeñas. 🔑 **La aguja de un galvanómetro responde a una corriente eléctrica.** En un galvanómetro, un electroimán queda suspendido entre los polos opuestos de dos imanes permanentes. La aguja indicadora está sujeta a una bobina electromagnética, como en la **ilustración 2.** Cuando una corriente pasa por esta bobina, produce un campo magnético, que interactúa con el campo magnético permanente del imán y provoca la rotación de la bobina y la aguja indicadora. El grado de rotación de los lazos y la aguja depende de la cantidad de corriente que pasa por el alambre.

✏️ **Sigue la secuencia** En el segundo párrafo de esta página, subraya y enumera los pasos que explican cómo funciona un galvanómetro.

---

ILUSTRACIÓN 2 ·············································
## Funcionamiento de un galvanómetro
✏️ **Responde las preguntas siguientes.**

1. **Predice** ¿Qué sucedería si la corriente fluyera en la dirección contraria?

   _____

   _____

2. **Interpreta diagramas** ¿Hacia dónde apunta la aguja cuando no hay corriente?

   _____

**A** Como la corriente de cada lado del lazo de alambre fluye en direcciones diferentes, un lado del lazo baja mientras que el otro sube. Esto produce la rotación del lazo.

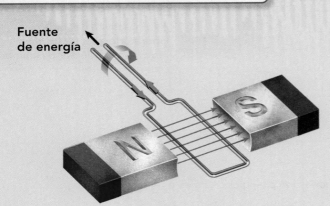

Fuente de energía

**B** Un electroimán activa la aguja indicadora que señala la cantidad de corriente presente.

## Usos de los galvanómetros

Un galvanómetro tiene una escala marcada para mostrar la intensidad de corriente conocida. Puedes usar el galvanómetro para medir una corriente desconocida. Los galvanómetros son útiles en la vida diaria. Por ejemplo, los electricistas los usan en su trabajo. Algunos automóviles los usan como indicadores del nivel de combustible. Los galvanómetros también se usan como detectores de mentiras, porque miden la cantidad de corriente presente en la piel de las personas. Las personas estresadas sudan más, y el agua es conductora de la electricidad. Por lo tanto, la piel húmeda conduce más corriente eléctrica.

# ¡Usa las matemáticas!

Estos datos de un galvanómetro muestran la corriente que conduce la piel de una persona. La corriente se mide en microsiemens, una unidad que se usa para medir cantidades pequeñas de electricidad.

| Minutos | 0 | 4 | 8 | 12 | 16 | 20 |
|---|---|---|---|---|---|---|
| Microsiemens | 5 | 7 | 3 | 1 | 8 | 10 |

**1** ⚠️ **Haz una gráfica** Usa los datos de la tabla para marcar puntos en la gráfica.

**2** [DESAFÍO] ¿Qué indicaría sobre la persona un punto en (24, 12)?

_____

_____

_____

_____

_____

**Corriente en la piel**

(gráfica: eje vertical "Corriente (microsiemens)" de 2 a 12; eje horizontal "Tiempo (minutos)" de 0 a 24)

---

 **Zona** de laboratorio

Haz la Actividad rápida de laboratorio *¿Cómo funciona un galvanómetro?*

## 🔑 Evalúa tu comprensión

**1a. Repasa** ¿Qué mide un galvanómetro?

_____

**b. Relaciona causa y efecto** ¿Qué provoca el movimiento de la aguja de un galvanómetro?

_____

**¿comprendiste?**

○ **¡Comprendí!** Ahora sé que un galvanómetro funciona cuando _____

_____

○ Necesito más ayuda con _____

Consulta **my science COACH** en línea para obtener ayuda en inglés sobre este tema.

# ¿Qué hace un motor eléctrico?

¿Te has preguntado alguna vez cómo se mueve un automóvil a control remoto? Las ruedas de un automóvil a control remoto giran en torno a una varilla, o eje, que está conectada a un motor eléctrico. Un **motor eléctrico** es un instrumento que se vale de una corriente eléctrica para hacer girar un eje. 🔑 **Un motor eléctrico convierte la energía eléctrica en energía mecánica.**

Observa la **ilustración 3** para leer acerca de las partes de un motor.

Si la corriente fluyera en una única dirección a través de la armadura, ésta sólo podría dar media vuelta. Sin embargo, las escobillas y un conmutador permiten que la corriente que pasa por la armadura cambie de dirección. La corriente siempre fluye desde el terminal positivo de una pila hasta el negativo. La corriente que hay en la armadura cambia de dirección cada vez que el conmutador hace contacto con una escobilla diferente. Esto hace que baje el lado de la armadura que subió. El lado que bajó, subirá. La armadura rota de forma continua, como se muestra en la **ilustración 4.**

ILUSTRACIÓN 3 ·····································
### Partes de un motor
Un motor eléctrico simple contiene cuatro partes.

✏️ **Observa ¿Qué parte de un motor eléctrico debe tener contacto directo con la fuente de energía?**

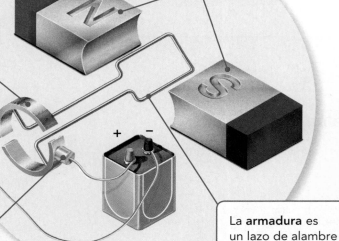

Los **imanes permanentes** producen un campo magnético que hace que gire la armadura.

El **conmutador** consiste en dos piezas de metal semicirculares. Conduce corriente desde las escobillas hasta la armadura.

Las **escobillas** conducen corriente al resto del conmutador, pero no se mueven.

La **armadura** es un lazo de alambre por el cual fluye la corriente.

ILUSTRACIÓN 4 ·······································

> **INTERACTIVE ART** Funcionamiento de un motor

El campo magnético que rodea la armadura interactúa con el campo del imán permanente, lo que permite que la armadura gire de forma continua. La dirección de la corriente determina hacia qué lado girará la armadura.

✎ Infiere **A partir de la dirección en que gira la armadura en cada diagrama, dibuja flechas que muestren la dirección de la corriente.**

La corriente de cada uno de los lados de la armadura toma una dirección diferente; por lo que mientras un lado sube, el otro baja.

El conmutador rota junto con la armadura. La dirección de la corriente se invierte con cada media vuelta, lo que hace que la armadura gire en forma continua.

Zona de laboratorio® Haz la Actividad rápida de laboratorio *Las partes de un motor eléctrico.*

🔑 **Evalúa tu comprensión**

**2a. Define** ¿Qué es un motor eléctrico?

_____
_____
_____
_____

**b. Resume** ¿Qué hace que la armadura gire de forma continua?

_____
_____

**¿comprendiste?**

○ **¡Comprendí!** Ahora sé que un motor eléctrico convierte _____

_____
_____
_____

○ Necesito más ayuda con _____

Consulta **MY SCIENCE ⓢ COACH** *en línea para obtener ayuda en inglés sobre este tema.*

# Electricidad a partir del magnetismo

DESCUBRE LA PREGUNTA PRINCIPAL

🔑 **¿Cómo se puede producir una corriente eléctrica en un conductor?**

🔑 **¿Cómo funciona un generador?**

🔑 **¿Qué hace un transformador?**

## mi Diario Del planeta

**PROFESIONES**

### Técnico en IRM

¿Te interesa trabajar en el área de la medicina? ¿Eres bueno para manejar aparatos? ¿Tienes una habilidad especial para tranquilizar a las personas? Si respondiste que sí a las preguntas anteriores, podrías ser técnico en Imágenes por Resonancia Magnética (IRM).

Cuando un paciente ingresa a una máquina de IRM, las ondas de radio y los campos magnéticos crean imágenes de las estructuras internas del paciente. Los médicos usan esas imágenes para determinar cuál es el problema del paciente. Las responsabilidades de un técnico en IRM incluyen manejar la máquina de IRM, tranquilizar a pacientes que están nerviosos y garantizar absoluta discreción. Puedes ser técnico en IRM si completas un programa de licenciatura, diplomatura o tecnicatura.

**Lee la pregunta siguiente. Escribe tu respuesta en el espacio que sigue.**

¿Qué crees que sucedería con una imagen por resonancia magnética si llevas puestos accesorios de metal al entrar en la máquina de IRM? ¿Por qué?

_____

_____

_____

▶ PLANET DIARY Consulta *Planet Diary* para aprender más en inglés sobre la electricidad generada por electromagnetismo.

**Zona de laboratorio**

Haz la Indagación preliminar *Corriente eléctrica sin pilas.*

## Vocabulario

- inducción electromagnética
- corriente alterna
- corriente directa
- generador
- transformador

## Destrezas

Lectura: Pregunta

Indagación: Haz modelos

# ¿Cómo se puede producir una corriente eléctrica en un conductor?

Un motor eléctrico se vale de la energía eléctrica para producir movimiento. Pero, ¿el movimiento puede producir energía eléctrica? En 1831, los científicos descubrieron que, al mover un alambre en un campo magnético, podía producirse una corriente eléctrica. Esa corriente permite que se proporcione energía eléctrica a hogares, escuelas y comercios en todo el mundo.

Para comprender cómo tu compañía de energía eléctrica puede proporcionarte energía eléctrica, primero debes saber cómo se produce una corriente. Un imán puede generar, o inducir, corriente en un conductor, por ejemplo, un alambre, siempre y cuando haya movimiento.  Una corriente eléctrica se induce en un conductor cuando este conductor se mueve por un campo magnético. El proceso por el cual se genera una corriente eléctrica a partir del movimiento de un conductor por un campo magnético se conoce como **inducción electromagnética.** La corriente que se genera de esta forma se denomina corriente inducida.

**Pregunta** Lee el párrafo. Luego, escribe dos preguntas que no hayas podido responder sobre cómo generar una corriente eléctrica.

## Inducción de corriente eléctrica

Michael Faraday y Joseph Henry descubrieron que el movimiento en un campo magnético induce una corriente. Tanto el conductor como el imán pueden moverse por el campo magnético. En la **ilustración 1,** un conductor, en este caso una bobina de alambre, está conectado a un galvanómetro y forma un circuito cerrado. Si la bobina y el imán no se mueven, la aguja del galvanómetro no se mueve. Sin embargo, cuando se mueve la bobina de alambre o el imán, el galvanómetro registra una corriente. El movimiento producido por la bobina o el imán induce una corriente sin ninguna fuente de voltaje. La dirección de una corriente inducida depende de la dirección en que se mueve la bobina o el imán. Cuando se invierte el movimiento, también se invierte la dirección de la corriente.

ILUSTRACIÓN 1 ·······························

### El movimiento produce una corriente

Se induce corriente eléctrica en un alambre cada vez que cambia el campo magnético que lo rodea. El campo cambia cuando se mueve el imán o el alambre.

✎ **Completa las actividades.**

1. **Describe** Debajo de cada diagrama, rotula la dirección de la corriente y escribe *"en el sentido de las agujas del reloj"* o *"en sentido contrario a las agujas del reloj"*.

2. [ DESAFÍO ] Haz un enunciado general que establezca una relación entre el movimiento del circuito (hacia arriba o hacia abajo) y la dirección de la corriente (en el sentido de las agujas del reloj o en sentido contrario a las agujas del reloj).

_____
_____
_____
_____
_____
_____
_____
_____
_____
_____

### Bobina en movimiento

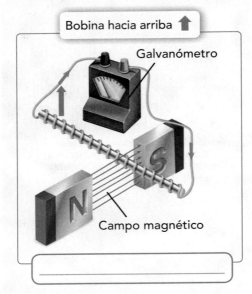

Bobina hacia arriba ⬆

Galvanómetro

Campo magnético

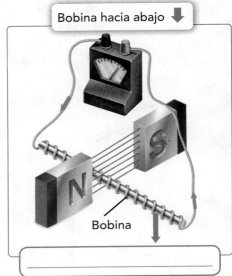

Bobina hacia abajo ⬇

Bobina

### Imán en movimiento

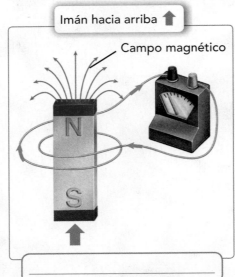

Imán hacia arriba ⬆

Campo magnético

N

S

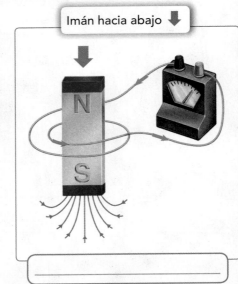

Imán hacia abajo ⬇

N

S

## Corriente alterna y corriente directa

Una corriente con cargas que fluyen en una sola dirección se denomina **corriente directa,** o CD. Una batería produce corriente directa cuando se coloca en un circuito y las cargas fluyen en una dirección. Las cargas se mueven desde un extremo de la batería, pasan por el circuito y llegan hasta el otro extremo de la batería.

Si el alambre de un campo magnético cambia de dirección repetidamente, la corriente inducida también lo hace. Una corriente que cambia de dirección de forma continua se denomina **corriente alterna,** o CA. Puedes inducir una corriente alterna al mover la bobina o el imán hacia arriba y abajo varias veces como se muestra en el circuito de la **ilustración 1.**

La corriente alterna tiene una ventaja fundamental sobre la corriente directa. Un voltaje de CA puede aumentarse o disminuirse con facilidad. Esto significa que se puede usar un alto voltaje para enviar energía eléctrica a grandes distancias. Además, se puede disminuir el voltaje a un nivel seguro para el uso cotidiano. La corriente eléctrica usada en los circuitos de hogares, escuelas y otros lugares es corriente alterna. Observa la **ilustración 2** para aprender más sobre cómo ha cambiado la electricidad con el tiempo.

**1882**
Corriente directa
Thomas Edison abre una central de energía eléctrica en Nueva York. Abastece un área de alrededor de 2.6 kilómetros cuadrados.

1860

**1888**
Corriente alterna
Nicola Tesla recibe patentes para un sistema de distribución de corriente alterna.

1880

**En la actualidad**
Corriente directa y alterna
Un automóvil eléctrico usa corriente directa generada por su batería. Sin embargo, necesita corriente alterna para cargar la batería.

En la actualidad

ILUSTRACIÓN 2 ·······················

**Historia de la electricidad**

El trabajo de muchos científicos llevó la electricidad del laboratorio a los usos de la vida cotidiana.

✎ **Saca conclusiones** ¿Por qué crees que se usa corriente alterna en la actualidad?

_____

**Zona** de **laboratorio** Haz la Actividad rápida de laboratorio *Inducir una corriente eléctrica.*

## 🔑 Evalúa tu comprensión

**1a. Describe** ¿De qué manera se puede inducir una corriente eléctrica?

_____

_____

**b. Clasifica** Da un ejemplo de un aparato electrónico que funcione con una CA y de otro que funcione con una CD.

_____

_____

¿comprendiste?·······················································

○ **¡Comprendí!** Ahora sé que se induce una corriente eléctrica cuando _____

_____

○ Necesito más ayuda con _____

*Consulta* MY SCIENCE ⬤ COACH *en línea para obtener ayuda en inglés sobre este tema.*

# ¿Cómo funciona un generador?

Un **generador** eléctrico es un instrumento que convierte la energía mecánica en energía eléctrica. 🗝 **Un generador se vale del movimiento que hay en el campo magnético para producir corriente.**

En la **ilustración 3** se muestra cómo funciona un generador de CA: se hace girar el cigüeñal y la armadura rota en el campo magnético. Con la rotación de la armadura, uno de los lados se mueve hacia arriba y el otro, hacia abajo. Ese movimiento induce una corriente en la armadura. Los anillos colectores giran con la armadura. Ese movimiento circular de los anillos colectores permite a la corriente fluir hacia las escobillas. Cuando se conectan las escobillas a un circuito, el generador se convierte en una fuente de energía.

Las compañías de energía eléctrica usan generadores gigantes para producir la mayor parte de la energía que usas a diario. Enormes turbinas hacen girar las armaduras de los generadores. Las turbinas son aparatos con forma circular y muchas paletas que giran cuando corre agua, vapor o gas caliente a través de ellas. Al girar las armaduras, se genera energía eléctrica.

ILUSTRACIÓN 3 ·······························

> **INTERACTIVE ART**

## Funcionamiento de un generador

En un generador, una armadura rota en un campo magnético e induce una corriente.

✏ **Describe** Escribe en los recuadros la función de cada parte del generador.

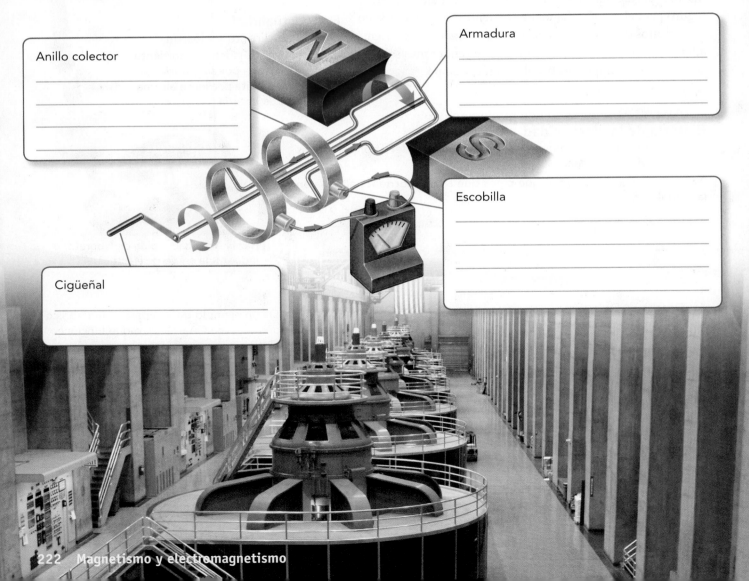

Anillo colector
_____
_____
_____

Armadura
_____
_____
_____

Escobilla
_____
_____
_____

Cigüeñal
_____
_____

EXPLORA LA PREGUNTA PRINCIPAL

**¡ZAP!**

## ¿Cuál es la relación entre la electricidad y el magnetismo?

ILUSTRACIÓN 4 ·················

Los cargadores de batería de teléfonos celulares a cuerda son pequeños generadores que te permiten cargar tu teléfono celular en cualquier lugar.

✎ **Analiza modelos y sistemas** Completa las actividades que siguen.

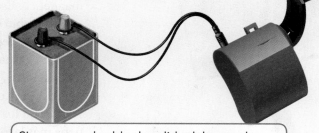

Cuando giro el cigüeñal del cargador a cuerda del teléfono, o generador, hago girar una armadura por _____ . Eso genera _____ en el alambre y hace que el teléfono funcione nuevamente.

Si conectas el cable de salida del cargador a una batería, circulará _____ por la armadura y producirá _____ . De esa manera, el imán permanente que hay en el cargador hará _____ la armadura. Dibuja lo que tendrías que ver para saber que eso es lo que está sucediendo.

**Zona de laboratorio** Haz la Actividad rápida de laboratorio ¿*Cómo funcionan los generadores?*

## 🔑 Evalúa tu comprensión

**2a. Repasa** ¿De qué forma puedes inducir una corriente eléctrica?

_____
_____
_____

**b.** RESPONDE LA PREGUNTA PRINCIPAL ¿Cuál es la relación entre la electricidad y el magnetismo?

_____
_____
_____

## ¿comprendiste? ·······································································

○ **¡Comprendí!** Ahora sé que se induce una corriente eléctrica cuando _____
_____

○ **Necesito más ayuda con** _____

*Consulta* MY SCIENCE **COACH** *en línea para obtener ayuda en inglés sobre este tema.*

# ¿Qué hace un transformador?

Las compañías de electricidad generan energía eléctrica y la transmiten a voltajes muy altos y a lugares muy distantes. Sin embargo, en tu casa, los voltajes de la energía eléctrica son mucho más bajos. Los transformadores cambian el voltaje de manera que puedas usar la electricidad.

🔑 **Un transformador es un aparato que aumenta o disminuye el voltaje.** Un **transformador** consta de dos bobinas de alambre aislado, que envuelven un núcleo de hierro. La bobina primaria está conectada a un circuito con una fuente de voltaje y una corriente alterna, y la bobina secundaria, a un circuito independiente sin fuente de voltaje. El cambio de corriente en la bobina primaria produce un cambio en el campo magnético. Ese cambio induce una corriente en la bobina secundaria.

El cambio de voltaje desde la bobina primaria a la bobina secundaria depende del número de lazos que hay en cada bobina. En los transformadores elevadores de voltaje, como el de la **ilustración 5,** la bobina primaria tiene menos lazos que la bobina secundaria. Los transformadores elevadores de voltaje aumentan el voltaje. En los transformadores reductores de voltaje, la bobina primaria tiene más lazos. Por eso el voltaje disminuye. Cuanto mayor es la diferencia entre el número de lazos que hay en las bobinas primarias y secundarias de un transformador, mayor es el cambio en el voltaje. La relación es proporcional.

$$\frac{\text{voltaje}_{\text{primario}}}{\text{voltaje}_{\text{secundario}}} = \frac{\text{bobinas}_{\text{primarias}}}{\text{bobinas}_{\text{secundarias}}}$$

$$\frac{120\ v}{6\ v} = 20$$

En este transformador, el voltaje de la bobina primaria es veinte veces mayor que el voltaje de la bobina secundaria. Eso significa que hay veinte veces más lazos en la bobina primaria que en la bobina secundaria. Si la bobina primaria tiene cuarenta lazos, entonces la bobina secundaria tiene dos.

ILUSTRACIÓN 5 ·······························

### Transformadores
Un transformador elevador de voltaje, como el de la ilustración que sigue, se usa para transmitir electricidad desde las centrales eléctricas. Los transformadores reductores de voltaje se usan en cables de alimentación para aparatos electrónicos pequeños.

✏️ **Haz modelos** Dibuja **lazos de alambre para mostrar las bobinas primarias y secundarias de este transformador reductor.**

Este tipo de enchufe contiene un transformador reductor de voltaje.

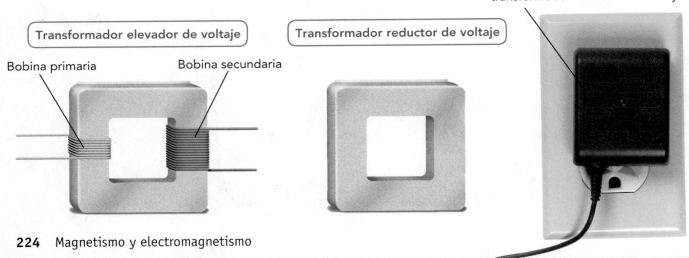

Transformador elevador de voltaje

Bobina primaria    Bobina secundaria

Transformador reductor de voltaje

# ¡Usa las matemáticas!

## Transformación de electricidad

En la ilustración se muestra cómo los transformadores cambian el voltaje entre la central eléctrica y tu casa. Para cada transformador de la ilustración de abajo, identifica si se trata de un transformador elevador o reductor de voltaje.

En los recuadros, calcula la razón de lazos en la bobina primaria respecto de los lazos de la bobina secundaria.

Transformador

Transformador

Transformador

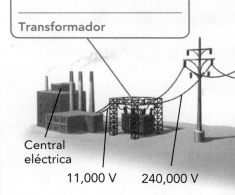

Central eléctrica

11,000 V    240,000 V    Cables de transmisión de alto voltaje    2,400 V    120 V

**Zona de laboratorio** Haz la Actividad rápida de laboratorio *¿Cómo funcionan los transformadores?*

## Evalúa tu comprensión

**3a. Identifica** ¿Qué bobina tiene más lazos en un transformador reductor de voltaje?

_____

_____

_____

**b. Infiere** ¿Por qué algunos electrodomésticos contienen transformadores reductores de voltaje?

_____

_____

_____

## ¿comprendiste? ................................................

○ **¡Comprendí!** Ahora sé que un transformador es un aparato que se usa para _____

_____

○ Necesito más ayuda con _____

*Consulta* MY SCIENCE COACH *en línea para obtener ayuda en inglés sobre este tema.*

# 7 Guía de estudio

_____ que pasa por un alambre

produce _____ y el movimiento de un alambre

por _____ produce _____ .

## LECCIÓN 1 ¿Qué es el magnetismo?

🔑 Los imanes atraen hierro y materiales que contienen hierro. Los imanes atraen o repelen otros imanes. Además, uno de los extremos del imán siempre apunta hacia el Norte si lo dejan girar libremente.

🔑 Los polos magnéticos que son diferentes se atraen y los polos magnéticos que son iguales se repelen.

**Vocabulario**
- imán
- magnetismo
- polo magnético
- fuerza magnética

## LECCIÓN 2 Campos magnéticos

🔑 Las líneas del campo magnético se extienden desde un polo, rodean al imán y llegan al otro polo.

🔑 Al igual que una barra imantada, la Tierra tiene un campo magnético a su alrededor y dos polos magnéticos.

**Vocabulario**
- campo magnético
- líneas del campo magnético
- brújula
- declinación magnética

## LECCIÓN 3 Fuerza electromagnética

🔑 Una corriente eléctrica produce un campo magnético.

🔑 El campo magnético producido por una corriente puede estar activo o inactivo, invertir su dirección o cambiar su intensidad.

🔑 Los solenoides y los electroimanes se valen de una corriente eléctrica y bobinas de alambre para producir campos magnéticos intensos.

**Vocabulario**
- electromagnetismo  • solenoide  • electroimán

## LECCIÓN 4 Electricidad, magnetismo y movimiento

🔑 Cuando se coloca un alambre con corriente en un campo magnético, la energía eléctrica se convierte en energía mecánica.

🔑 La aguja de un galvanómetro responde a una corriente eléctrica.

🔑 Un motor eléctrico convierte la energía eléctrica en energía mecánica.

**Vocabulario**
- galvanómetro  • motor eléctrico

## LECCIÓN 5 Electricidad a partir del magnetismo

🔑 Una corriente eléctrica se induce en un conductor cuando éste se mueve por un campo magnético.

🔑 Un generador se vale del movimiento que hay en el campo magnético para producir corriente.

🔑 Un transformador es un aparato que aumenta o disminuye el voltaje.

**Vocabulario**
- inducción electromagnética  • corriente directa
- corriente alterna  • generador  • transformador

# Repaso y evaluación

## LECCIÓN 1 ¿Qué es el magnetismo?

**1.** Un imán atrae una lata de sopa porque la lata tiene

   **a.** un polo sur.     **b.** un polo norte.

   **c.** un campo magnético.     **d.** hierro.

**2.** Todos los imanes, sin importar su forma, tienen dos extremos. Cada uno de ellos se denomina

_____

**3. Predice** ¿Qué le sucederá a una barra imantada suspendida de un cordel si se deja balancear libremente?

_____

_____

**4. Interpreta diagramas** ¿Qué representan las flechas del diagrama? Explica tu respuesta.

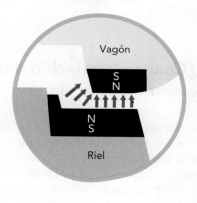

Vagón

Riel

_____

_____

_____

**5. Diseña experimentos** Si los polos de dos imanes no están rotulados, ¿cómo puedes identificar los polos que son iguales y los que son diferentes?

_____

_____

_____

## LECCIÓN 2 Campos magnéticos

**6.** Una brújula funciona debido a que su aguja magnética

   **a.** apunta hacia el Este.

   **b.** apunta hacia el Oeste.

   **c.** gira libremente.

   **d.** repele imanes.

**7.** _____ representan el campo magnético que rodea a un imán.

**8. Haz modelos** ¿Por qué la Tierra es como un gran imán?

_____

_____

_____

**9. Saca conclusiones** Observa el diagrama que sigue. El polo magnético de la izquierda, ¿es el polo norte o el polo sur? Explica tu respuesta.

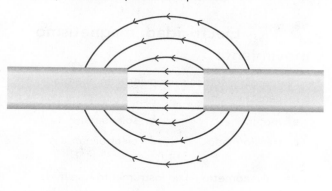

_____

_____

_____

_____

_____

**10.** **Escríbelo** Imagínate que eres el inventor de la brújula. Escribe un anuncio publicitario de tu producto que explique a los exploradores cómo funciona.

# 7 Repaso y evaluación

## LECCIÓN 3 Fuerza electromagnética

**11.** La relación que existe entre la electricidad y el magnetismo se denomina

   **a.** energía eléctrica.   **b.** corriente inducida.

   **c.** electromagnetismo.   **d.** ferromagnetismo.

**12.** Una bobina de alambre con corriente se

denomina _____

**13.** **Relaciona causa y efecto** Si tienes un campo magnético producido por una corriente, ¿qué puedes hacer para cambiar la dirección y aumentar la intensidad del campo?

_____

_____

_____

_____

_____

_____

## LECCIÓN 4 Electricidad, magnetismo y movimiento

**14.** La energía eléctrica se convierte en energía mecánica en un

   **a.** motor.   **b.** solenoide.

   **c.** transformador.   **d.** electroimán.

**15.** Un galvanómetro es un instrumento que mide

_____

**16.** **Compara y contrasta** ¿En qué se parecen y en qué se diferencian un motor y un galvanómetro?

_____

_____

_____

_____

_____

_____

_____

## LECCIÓN 5 Electricidad a partir del magnetismo

**17.** El instrumento que cambia el voltaje de una corriente alterna es un

   **a.** transformador.   **b.** motor.

   **c.** generador.   **d.** galvanómetro.

**18.** _____ genera una corriente eléctrica a partir del movimiento de un conductor en un campo magnético.

**19.** **Escríbelo** Imagínate que eres un corresponsal de televisión y estás cubriendo la inauguración de un nuevo dique que generará energía eléctrica. Escribe un breve informe sobre cómo el dique transforma la energía mecánica en energía eléctrica a partir del movimiento del agua.

## ¿Cuál es la relación entre la electricidad y el magnetismo?

**20.** A veces, las grúas de los depósitos de chatarra tienen un electroimán que levanta objetos pesados de metal. Explica cómo la electricidad y el magnetismo actúan juntos en un electroimán para que la grúa pueda levantar objetos pesados de metal.

_____

_____

_____

_____

_____

_____

_____

_____

_____

# Preparación para exámenes estandarizados

## Selección múltiple

**Encierra en un círculo la letra de la mejor respuesta.**

En esta gráfica se muestra cómo los lazos de un solenoide afectan la intensidad de su campo magnético. Usa la gráfica para responder la pregunta 1.

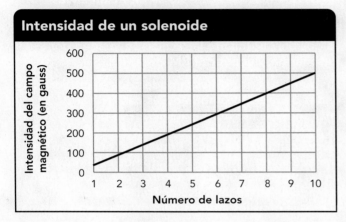

**Intensidad de un solenoide**

*(Eje Y: Intensidad del campo magnético (en gauss); Eje X: Número de lazos)*

**1.** Predice la intensidad de un solenoide de 12 lazos.

**A** 300 gauss     **B** 600 gauss

**C** 700 gauss     **D** 1200 gauss

**2.** Puedes aumentar el voltaje de un transformador elevador de voltaje con

**A** una fuente de energía conectada a la bobina primaria.

**B** una fuente conectada a la bobina secundaria.

**C** una mayor cantidad de lazos en la bobina primaria.

**D** una mayor cantidad de lazos en la bobina secundaria.

**3.** ¿Qué instrumento necesitaría un científico para medir la corriente inducida al mover un alambre por un campo magnético?

**A** un galvanómetro

**B** un transformador

**C** un alambre aislado

**D** un LED

**4.** ¿Qué sucede cuando un imán se mueve por una bobina de alambre?

**A** El imán pierde magnetismo.

**B** Se induce una corriente en el alambre.

**C** Se induce una corriente en el imán.

**D** La energía eléctrica se convierte en energía mecánica.

**5.** ¿Cómo podrías modificar un solenoide para que pueda producir un campo magnético más intenso?

**A** Eliminaría lazos del solenoide.

**B** Convertiría el solenoide en un electroimán al añadir un núcleo ferromagnético.

**C** Separaría más los lazos.

**D** Disminuiría la corriente del solenoide.

## Respuesta elaborada

**Usa el diagrama que sigue y tus conocimientos de ciencias para responder la pregunta 6. Escribe tu respuesta en una hoja aparte.**

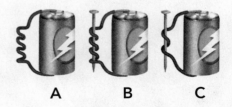

A     B     C

**6.** En el diagrama anterior se muestran tres electroimanes. Por comparación, ¿cuál de los electroimanes producirá un campo magnético más intenso? ¿El A respecto del B o el B respecto del C? Explica tus respuestas.

# IMÁGENES MAGNÉTICAS

En la actualidad, los médicos usan imanes, en lugar de rayos X, para examinar los detalles de las estructuras internas del cuerpo. ▼

Los médicos pueden mirar dentro del cuerpo para detectar infecciones, hemorragias o tumores en el encéfalo, sin recurrir a cirugías ni a altas dosis de radiación que podrían dañar los tejidos. Pueden obtener imágenes muy detalladas que revelan heridas en los ligamentos, los tendones y los músculos. Pueden encontrar tumores en los senos que muchas veces no se detectan en las mamografías, y pueden identificar áreas con bajo flujo de sangre después de un infarto. ¿Cómo es posible? Mediante la técnica de Imagen por Resonancia Magnética (IRM).

Las máquinas de IRM usan poderosos electroimanes, ondas de radio y computadoras para tomar imágenes del interior del cuerpo. Ese proceso es posible debido a que el cuerpo humano tiene mucha cantidad de agua. Primero, el gran imán de la máquina de IRM alinea los átomos de hidrógeno de las moléculas de agua dentro del campo. Luego, la máquina emite un pulso de frecuencia de radio que hace girar los átomos de hidrógeno en la misma dirección. Los átomos de hidrógeno liberan energía en forma de señal de radio al regresar a su posición normal y las computadoras pueden transformar esa señal en imágenes. Los tejidos sanos responden a este imán de forma diferente que los tejidos enfermos o dañados.

**Investígalo** Las salas de IRM tienen reglas estrictas sobre lo que se permite tener dentro de ellas. Los objetos metálicos no están permitidos porque pueden resultar mortales. Investiga las recomendaciones para el uso seguro de IRM en seres humanos. Luego, escribe un folleto para compartir lo que aprendiste.

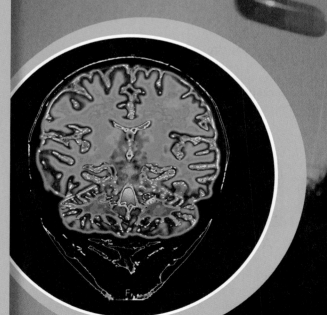

▲ Esta IRM de un encéfalo saludable muestra los dos hemisferios en fucsia y el cerebelo en verde.

# MENSAJES
# RUIDOSOS

En la década de 1830, antes de que se inventara el teléfono, las personas experimentaban con diferentes formas de comunicación para grandes distancias. Samuel Morse y Alfred Vail descubrieron que se podía usar un electroimán para enviar señales a través de un simple alambre barato.

El electroimán es parte de un circuito eléctrico. En un extremo del alambre hay un interruptor de telégrafo. Al pulsar el interruptor se cierra el circuito y la corriente pasa a través del alambre. Pero si se pulsa el interruptor para abrir el circuito, se corta la corriente. Del otro extremo del alambre está el telégrafo con un electroimán, una llave de metal y una placa metálica. Cuando la corriente fluye por el electroimán se forma un campo magnético.

**Transmítelo** Con un compañero, descubre recursos que te ayuden a construir tu propio telégrafo electromagnético. Predice qué materiales transmitirán mejor una señal y luego comprueba tus predicciones tras construir tu modelo.

La placa metálica atrae la llave de metal. El emisor puede pulsar rápido el interruptor para abrir y cerrar el circuito, lo que produce un sonido breve, o chasquido, que el receptor recibe como un "punto" en el otro extremo. O bien, el emisor puede mantener el circuito cerrado y crear un sonido más largo, que el receptor recibe como "raya". Si se deja el interruptor abierto por un momento se percibe un "espacio", o una pausa, entre los sonidos.

Ese patrón de puntos, rayas y espacios se convirtió en una nueva herramienta de comunicación sin usar la voz humana: el código Morse. Los operadores de telégrafos podían formar palabras y frases. En código Morse, por ejemplo, tres puntos seguidos de tres rayas y éstas seguidas de tres puntos es la señal de auxilio conocida como SOS.

# APÉNDICE A

## Símbolos de seguridad

Estos símbolos advierten sobre posibles peligros en el laboratorio y te recuerdan que debes trabajar con cuidado.

 **Gafas protectoras** Usa gafas protectoras durante cualquier actividad en la que trabajes con sustancias químicas, fuego o una fuente de calor, u objetos de vidrio.

 **Delantal** Usa un delantal de laboratorio para protegerte la piel y la ropa.

 **Frágil** Manipula con cuidado los materiales frágiles, como los objetos de vidrio. No toques vidrios rotos.

 **Guantes resistentes al calor** Usa una manopla para horno u otro tipo de protección para las manos cuando manipules materiales calientes, como hornillas u objetos de vidrio calientes.

 **Guantes de plástico** Usa guantes de plástico descartables cuando trabajes con sustancias químicas y organismos dañinos. No te toques la cara y sigue las instrucciones de tu maestro para desechar los guantes.

 **Objetos calientes** Usa una abrazadera o pinzas para sujetar elementos de vidrio calientes. No toques objetos calientes con las manos desprotegidas.

 **Fuego** Antes de trabajar con fuego, sujeta el cabello suelto hacia atrás y asegura tu ropa para que no queden partes sueltas. Sigue las instrucciones de tu maestro sobre cómo encender y apagar el fuego.

 **Prohibido encender fuego** Cuando trabajes con materiales inflamables, asegúrate de que no haya fuego, chispas u otras fuentes de calor expuestas.

 **Químicos corrosivos** Evita que el ácido u otras sustancias químicas corrosivas entren en contacto con la piel, la ropa o los ojos. No inhales los vapores. Lávate las manos después de terminar la actividad.

 **Veneno** No dejes que ninguna sustancia química tóxica entre en contacto con tu piel y no inhales sus vapores. Lávate las manos cuando termines la actividad

 **Gases** Trabaja en un área bien ventilada cuando haya vapores dañinos. Evita inhalar vapores en forma directa. Huele sólo lo que tu maestro te indique y hazlo dirigiendo el vapor con la mano hacia la nariz.

 **Objetos punzantes** Las tijeras, los escalpelos, los cuchillos, las agujas, los alfileres y las tachuelas pueden lastimarte. Siempre apunta un borde o punta filosos en dirección contraria a ti y a los demás.

 **Trato a los animales** Trata con cuidado a los animales o las partes de animales vivos o preservados para evitar hacerles daño o sufrir lastimaduras. Lávate las manos al terminar la actividad.

 **Trato a las plantas** Manipula las plantas sólo como lo indique tu maestro. Si eres alérgico a ciertas plantas, dile a tu maestro y no las uses. Evita tocar plantas peligrosas como la hiedra venenosa. Lávate las manos al terminar la actividad.

 **Descarga eléctrica** Para evitar descargas, no uses equipos eléctricos cerca del agua, o si están mojados o tienes las manos mojadas. Los cables deben estar desenredados y no deben estorbar. Desenchufa los equipos que no estés usando.

 **Seguridad física** Cuando un experimento requiere hacer actividad física, evita lesionarte o lesionar a otros. Dile a tu maestro si hay alguna razón que te impida participar.

 **Residuos** Desecha las sustancias químicas y otros materiales de laboratorio de manera segura. Sigue las instrucciones de tu maestro.

 **Lavarse las manos** Lávate bien las manos al terminar una actividad. Usa jabón y agua tibia. Enjuágate bien.

 **Seguridad general** Cuando veas este símbolo, sigue las instrucciones correspondientes. Si debes desarrollar un procedimiento en el laboratorio, pide a tu maestro que lo apruebe antes de llevarlo a cabo.

# Cómo usar una balanza de laboratorio

La balanza de laboratorio es una herramienta importante en la investigación científica. Puedes usar una balanza para determinar la masa de los materiales que estudies o con los que experimentes en el laboratorio.

En el laboratorio se usan diferentes tipos de balanzas. Uno de esos tipos es la balanza de triple brazo. Es probable que la balanza que uses en tu clase de Ciencias sea similar a la que se muestra en este Apéndice. **Para usar la balanza de manera adecuada, debes aprender el nombre, la ubicación y la función de cada parte de la balanza. ¿Qué tipo de balanza tienes en tu clase de Ciencias?**

## La balanza de triple brazo

La balanza de triple brazo es una balanza de un solo platillo que tiene tres brazos calibrados en gramos. El brazo trasero, de 100 gramos, se divide en diez unidades de 10 gramos cada una. El brazo central, de 500 gramos, se divide en cinco unidades de 100 gramos cada una. El brazo delantero, de 10 gramos, se divide en diez unidades de 1 gramo cada una. A su vez, cada una de las unidades del brazo delantero se subdivide en unidades de 0.1 gramo. ¿Cuál es la mayor masa que podrías medir con una balanza de triple brazo?

**Se puede usar el siguiente procedimiento para hallar la masa de un objeto con una balanza de triple brazo:**

1. Ubica el objeto en el platillo.
2. Mueve la pesa del brazo central una muesca por vez hasta que el indicador, que está en posición horizontal, quede por debajo de cero. Mueve la pesa una muesca hacia atrás.
3. Mueve la pesa del brazo trasero una muesca por vez hasta que el indicador esté nuevamente por debajo de cero. Mueve la pesa una muesca hacia atrás.
4. Desliza lentamente la pesa del brazo delantero hasta que el indicador marque cero.
5. La masa del objeto será igual a la suma de las cantidades que indiquen los tres brazos.

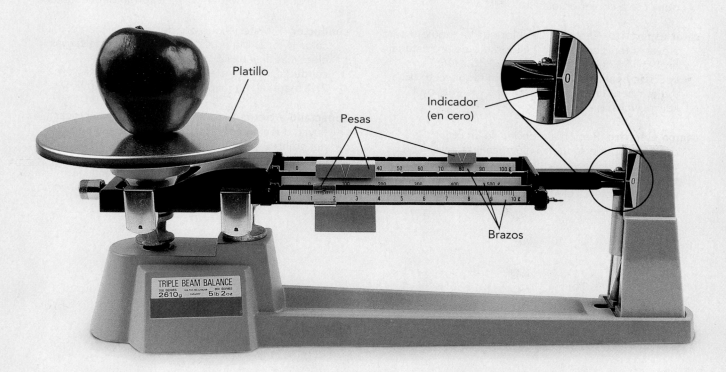

Platillo

Pesas

Indicador (en cero)

Brazos

TRIPLE BEAM BALANCE
700 SERIES    800 SERIES
2610 g    CAPACITY    5 lb 2 oz

# GLOSARIO

## A

**aceleración** Ritmo al que cambia la velocidad. (16)
**acceleration** The rate at which velocity changes.

**aislante 1.** Material que no conduce bien el calor. (145)
**2.** Material que no permite fácilmente que las cargas eléctricas fluyan. (169)
**insulator 1.** A material that does not conduct heat well. **2.** A material that does not easily allow electric charges to flow.

## B

**brújula** Instrumento con una aguja imantada que puede girar libremente; la aguja siempre apunta hacia el norte. (204)
**compass** A device with a magnetized needle that can spin freely; a compass needle always points north.

## C

**caída libre** Movimiento de un objeto que cae cuando la única fuerza que actúa sobre éste es la gravedad. (57)
**free fall** The motion of a falling object when the only force acting on it is gravity.

**calor** Transferencia de energía térmica de un cuerpo más cálido a uno menos cálido. (139)
**heat** The transfer of thermal energy from a warmer object to a cooler object.

**calor específico** Cantidad de calor que se requiere para elevar la temperatura de 1 kilogramo de un material en 1 kelvin, que es equivalente a 1 °C. (146)
**specific heat** The amount of heat required to raise the temperature of 1 kilogram of a material by 1 kelvin, which is equivalent to 1°C.

**campo eléctrico** Región alrededor de un objeto cargado, donde su fuerza eléctrica interactúa con otros objetos cargados eléctricamente. (160)
**electric field** The region around a charged object where the object's electric force is exerted on other charged objects.

**campo magnético** Área alrededor de un imán donde actúa la fuerza magnética. (201)
**magnetic field** The region around a magnet where the magnetic force is exerted.

**cero absoluto** Temperatura a cuyo punto ya no se puede extraer energía de la materia. (137)
**absolute zero** The temperature at which no more energy can be removed from matter.

**circuito eléctrico** Trayecto completo y continuo a través del cual pueden fluir las cargas eléctricas. (168)
**electric circuit** A complete, unbroken path through which electric charges can flow.

**circuito en serie** Circuito eléctrico en el que todas las partes se conectan una tras otra en una trayectoria. (178)
**series circuit** An electric circuit in which all parts are connected one after another along one path.

**circuito paralelo** Circuito eléctrico en el que las distintas partes del circuito se encuentran en ramas separadas. (179)
**parallel circuit** An electric circuit in which different parts of the circuit are on separate branches.

**conducción 1.** Transferencia de energía térmica de una partícula de materia a otra. (141) **2.** Método de transferencia de electricidad que consiste en permitir que los electrones fluyan por contacto directo de un cuerpo a otro. (162)
**conduction 1.** The transfer of thermal energy from one particle of matter to another. **2.** A method of charging an object by allowing electrons to flow from one object to another object through direct contact.

**conductor 1.** Material que puede conducir bien el calor. (145) **2.** Material que permite que las cargas eléctricas fluyan. (169)
**conductor 1.** A material that conducts heat well. **2.** A material that allows electric charges to flow.

**conectado a tierra** Permitir que las cargas eléctricas fluyan directamente del circuito al cable a tierra del edificio y luego a la Tierra en caso de un cortocircuito. (185)
**grounded** Allowing charges to flow directly from the circuit into the building's ground wire and then into Earth in the event of a short circuit.

**conservación de carga eléctrica** Ley que establece que las cargas no se crean ni se destruyen. (162)
**conservation of charge** The law that states that charges are neither created nor destroyed.

**convección** Transferencia de energía térmica por el movimiento de un líquido. (141)
**convection** The transfer of thermal energy by the movement of a fluid.

**corriente alterna** Corriente de cargas eléctricas que se mueven hacia delante y hacia atrás en un circuito. (221)
**alternating current** Current consisting of charges that move back and forth in a circuit.

**corriente de convección** Movimiento de un líquido ocasionado por diferencias de temperatura y que transfiere calor de un área del líquido a otra. (141)
**convection current** The movement of a fluid, caused by differences in temperature, that transfers heat from one part of the fluid to another.

**corriente directa** Corriente de cargas eléctricas que fluyen en una sola dirección en un circuito. (221)
**direct current** Current consisting of charges that flow in only one direction in a circuit.

**corriente eléctrica** Flujo continuo de cargas eléctricas a través de un material. (167)
**electric current** The continuous flow of electric charges through a material.

**cortocircuito** Conexión que permite que la corriente siga el camino de menor resistencia. (185)
**short circuit** A connection that allows current to take the path of least resistance.

**cuña** Máquina simple que consiste de un plano inclinado que se mueve. (86)
**wedge** A simple machine that is an inclined plane that moves.

--------- **D** ---------

**declinación magnética** Ángulo (en una ubicación particular) entre el norte geográfico y el polo magnético ubicado en el hemisferio norte de la Tierra. (205)
**magnetic declination** The angle between geographic north and the north to which a compass needle points.

**descarga estática** Pérdida de la electricidad estática cuando las cargas eléctricas se transfieren de un cuerpo a otro. (164)
**static discharge** The loss of static electricity as electric charges transfer from one object to another.

**distancia** Medida del espacio entre dos puntos. (7)
**distance** The length of the path between two points.

--------- **E** ---------

**eficiencia** Porcentaje del trabajo aportado que se convierte en trabajo producido. (82)
**efficiency** The percentage of the input work that is converted to output work.

**electricidad estática** Acumulación de cargas eléctricas en un cuerpo. (161)
**static electricity** A buildup of charges on an object.

**electroimán** Imán creado al enrollar una espiral de alambre, por la cual fluye una corriente eléctrica, alrededor de un núcleo de material que se magnetiza fácilmente. (210)
**electromagnet** A magnet created by wrapping a coil of wire with a current running through it around a core of material that is easily magnetised.

**electromagnetismo** Relación entre la electricidad y el magnetismo. (208)
**electromagnetism** The relationship between electricity and magnetism.

**energía** Capacidad para realizar un trabajo o producir cambios. (108, 213)
**energy** The ability to do work or cause change.

**energía cinética** Energía que tiene un cuerpo debido a su movimiento. (110)
**kinetic energy** Energy that an object has due to its motion.

**energía elástica potencial** Energía de los cuerpos estirados o comprimidos. (113)
**elastic potential energy** The energy of stretched or compressed objects.

**energía eléctrica** Energía de las cargas eléctricas. (118, 213)
**electrical energy** The energy of electric charges.

**energía electromagnética** Energía de la luz y otras formas de radiación, que viaja a través del espacio en forma de ondas. (119)
**electromagnetic energy** The energy of light and other forms of radiation, which travels through space as waves.

**energía gravitatoria potencial** Energía potencial que depende de la altura de un cuerpo. (112)
**gravitational potential energy** Potential energy that depends on the height of an object.

**energía mecánica** Energía cinética o potencial asociada con el movimiento o la posición de un cuerpo. (114, 213)
**mechanical energy** Kinetic or potential energy associated with the motion or position of an object.

**energía nuclear** Energía potencial almacenada en el núcleo de un átomo. (117)
**nuclear energy** The potential energy stored in the nucleus of an atom.

**energía potencial** Energía que tiene un cuerpo por su posición; también es la energía interna almacenada de un cuerpo, como la energía almacenada en los enlaces químicos. (112)
**potential energy** The energy an object has because of its position; also the internal stored energy of an object, such as energy stored in chemical bonds.

**energía química** Forma de energía potencial almacenada en los enlaces químicos de los átomos. (119)
**chemical energy** A form of potential energy that is stored in chemical bonds between atoms.

**energía térmica** Energía cinética y potencial total de las partículas de un cuerpo. (118)
**thermal energy** The total kinetic and potential energy of all the particles of an object.

**escala Celsius** Escala de temperatura en la que el punto de congelación del agua es 0 °C y el punto de ebullición es 100 °C. (137)
**Celsius scale** The temperature scale on which water freezes at 0°C and boils at 100°C.

**escala Fahrenheit** Escala de temperatura en la que el punto de congelación del agua es 32 °F y el punto de ebullición es 212 °F. (137)
**Fahrenheit scale** The temperature scale on which water freezes at 32°F and boils at 212°F.

**escala Kelvin** Escala de temperatura en la cual el cero es la temperatura a cuyo punto no se puede extraer más energía de la materia. (137)
**Kelvin scale** The temperature scale on which zero is the temperature at which no more energy can be removed from matter.

**expansión térmica** Expansión de la materia cuando se calienta. (147)
**thermal expansion** The expansion of matter when it is heated.

## F

**fricción 1.** Fuerza que dos superficies ejercen una sobre la otra al frotarse. (37) **2.** Transferencia de electrones al frotarse un cuerpo no cargado con otro cuerpo no cargado. (162)
**friction 1.** The force that two surfaces exert on each other when they rub against each other. **2.** The transfer of electrons from one uncharged object to another uncharged object by rubbing.

**fricción de deslizamiento** Fricción que ocurre cuando una superficie sólida se desliza sobre otra. (38)
**sliding friction** Friction that occurs when one solid surface slides over another.

**fricción de fluido** Fricción que ocurre cuando un cuerpo se mueve a través de un fluido. (39)
**fluid friction** Friction that occurs as an object moves through a fluid.

**fricción de rodamiento** Fricción que ocurre cuando un cuerpo rueda sobre una superficie. (39)
**rolling friction** Friction that occurs when an object rolls over a surface.

**fricción estática** Fricción que actúa sobre los cuerpos que no están en movimiento. (38)
**static friction** Friction that acts between objects that are not moving.

**fuerza** Empuje o atracción que se ejerce sobre un cuerpo. (33)
**force** A push or pull exerted on an object.

**fuerza aplicada** Fuerza que se ejerce sobre una máquina. (77)
**input force** The force exerted on a machine.

**fuerza centrípeta** Fuerza que hace que un objeto se mueva circularmente. (59)
**centripetal force** A force that causes an object to move in a circle.

**fuerza desarrollada** Fuerza que una máquina ejerce sobre un cuerpo. (77)
**output force** The force exerted on an object by a machine.

**fuerza eléctrica** Fuerza entre cuerpos cargados eléctricamente. (159)
**electric force** The force between charged objects.

**fuerza magnética** Fuerza que se produce cuando hay actividad entre los polos magnéticos. (199)
**magnetic force** A force produced when magnetic poles interact.

**fuerza neta** Fuerza total que se ejerce sobre un cuerpo cuando se suman las fuerzas individuales que actúan sobre él. (34)
**net force** The overall force on an object when all the individual forces acting on it are added together.

**fulcro** Punto fijo en torno al cual gira una palanca. (88)
**fulcrum** The fixed point around which a lever pivots.

**fusible** Elemento de seguridad que tiene una tira metálica delgada que se derrite si una corriente demasiado fuerte pasa por un circuito. (185)
**fuse** A safety device with a thin metal strip that will melt if too much current passes through a circuit.

---
## G
---

**galvanómetro** Instrumento que usa un electroimán para detectar la intensidad de una pequeña corriente. (214)
**galvanometer** A device that uses an electromagnet to detect small amounts of current.

**generador eléctrico** Instrumento que convierte la energía mecánica en energía eléctrica. (222)
**generator** A device that transforms mechanical energy into electrical energy.

**gravedad** Fuerza que atrae a los cuerpos entre sí; fuerza que mueve un cuerpo cuesta abajo. (41)
**gravity** The attractive force between objects; the force that moves objects downhill.

---
## I
---

**imán** Material que atrae hierro o materiales que contienen el hierro. (197)
**magnet** Any material that attracts iron and materials that contain iron.

**inducción** Método de redistribuir la carga de un cuerpo haciendo uso del campo eléctrico de otro; los cuerpos no están en contacto directo. (163)
**induction** A method of redistributing the charge on an object by means of the electric field of another object; the objects have no direct contact.

**inducción electromagnética** Proceso por el cual se genera una corriente eléctrica a partir del movimiento de un conductor a través de un campo magnético. (219)
**electromagnetic induction** The process of generating an electric current from the motion of a conductor through a magnetic field.

**inercia** Tendencia de un cuerpo de resistirse a cambios de movimiento. (45)
**inertia** The tendency of an object to resist a change in motion

**interruptor de circuito** Interruptor de seguridad reutilizable que corta un circuito cuando la corriente es demasiado alta. (185)
**circuit breaker** A reusable safety switch that breaks the circuit when the current becomes too high.

---
## J
---

**julio** Cantidad de trabajo que se produce al aplicar una fuerza de 1 newton para mover un objeto una distancia de 1 metro. (73)
**joule** The amount of work you do when you exert a force of 1 newton to move an object a distance of 1 meter.

# GLOSARIO

## L

**ley de conservación de la energía** Regla que dice que la energía no se puede crear ni destruir. (124)
**law of conservation of energy** The rule that energy cannot be created or destroyed.

**ley de Ohm** Regla que establece que la resistencia en un circuito es equivalente al voltaje dividido por la corriente. (176)
**Ohm's law** The law that states that resistance in a circuit is equal to voltage divided by current.

**líneas del campo magnético** Líneas que representan el campo magnético alrededor de un imán. (201)
**magnetic field lines** Lines that map out the magnetic field around a magnet.

## M

**magnetismo** Poder de atracción o repulsión de los materiales magnéticos. (197)
**magnetism** The force of attraction or repulsion of magnetic materials.

**máquina** Dispositivo que altera la cantidad de fuerza ejercida, la distancia sobre la que se ejerce la fuerza, o la dirección en la que se ejerce la fuerza. (77)
**machine** A device that changes the amount of force exerted, the distance over which a force is exerted, or the direction in which force is exerted.

**máquina compuesta** Dispositivo que combina dos o más máquinas simples. (96)
**compound machine** A device that combines two or more simple machines.

**máquina simple** Aparatos sencillos que facilitan el trabajo; son los componentes de las máquinas compuestas. (85)
**simple machine** The most basic device for making work easier, these are the smaller building blocks for complex machines.

**masa** Medida de cuánta materia hay en un cuerpo. (43)
**mass** A measure of how much matter is in an object.

**momento** Producto de la masa de un cuerpo multiplicada por su velocidad. (53)
**momentum** The product of an object's mass and velocity.

**motor eléctrico** Instrumento que convierte la energía eléctrica en energía mecánica. (216)
**electric motor** A device that transforms electrical energy to mechanical energy.

**movimiento** Estado en el que la distancia entre un cuerpo y otro va cambiando. (4)
**motion** The state in which one object's distance from another is changing.

## N

**newton** Unidad de medida equivalente a la fuerza necesaria para acelerar 1 kilogramo de masa a 1 metro por segundo cada segundo. (33)
**newton** A unit of measure that equals the force required to accelerate 1 kilogram of mass at 1 meter per second per second.

## O

**onda electromagnética** **1.** Onda formada por la combinación de un campo eléctrico cambiante y un campo magnético cambiante. **2.** Onda que puede transferir energía eléctrica y magnética a través del vacío del espacio. (69)
**electromagnetic wave** **1.** A wave made up of a combination of a changing electric field and a changing magnetic field. **2.** A wave that can transfer electric and magnetic energy through the vacuum of space.

## P

**palanca** Máquina simple que consiste en una barra rígida que gira en torno a un punto fijo. (88)
**lever** A simple machine that consists of a rigid bar that pivots about a fixed point.

**pendiente** Inclinación de una gráfica lineal; la razón del cambio vertical (el ascenso) al cambio horizontal (el avance). (14)
**slope** The steepness of a graph line; the ratio of the vertical change (the rise) to the horizontal change (the run).

**peso** Medida de la fuerza de gravedad que actúa sobre un objeto. (43)
**weight** A measure of the force of gravity acting on an object.

**plano inclinado** Máquina simple que consiste en una superficie plana con pendiente. (85)
**inclined plane** A simple machine that is a flat, sloped surface.

**polarización** Proceso por el cual un campo eléctrico externo atrae o repele a los electrones y hace que éstos se muevan dentro de su átomo. (163)
**polarization** The process through which electrons are attracted to or repelled by an external electric field, causing the electrons to move within their own atoms.

**polea** Máquina simple que consiste en una rueda con un surco en el que yace una cuerda o cable. (93)
**pulley** A simple machine that consists of a grooved wheel with a rope or cable wrapped around it.

**polo magnético** Extremo de un cuerpo magnético, donde la fuerza magnética es mayor. (198)
**magnetic pole** The ends of a magnetic object, where the magnetic force is strongest.

**potencia** Rapidez de la conversión de una forma de energía en otra. (182)
**power** The rate at which one form of energy is transformed into another.

**principio de la conservación del momento** Regla que establece que, en ausencia de fuerzas externas, la cantidad de momento total de los cuerpos que interactúan no cambia. (54)
**law of conservation of momentum** The rule that in the absence of outside forces the total momentum of objects that interact does not change.

**punto de referencia** Lugar u objeto usado como medio de comparación para determinar si un objeto está en movimiento. (5)
**reference point** A place or object used for comparison to determine if an object is in motion.

## R

**radiación** Transferencia de energía por medio de ondas magnéticas. (141)
**radiation** The transfer of energy by electromagnetic waves.

**rapidez** Distancia que viaja un objeto por unidad de tiempo. (9)
**speed** The distance an object travels per unit of time.

**resistencia** Medida de la dificultad de una carga eléctrica para fluir por un cuerpo. (172)
**resistance** The measurement of how difficult it is for charges to flow through an object.

**rueda y eje** Máquina simple que consiste en dos objetos circulares o cilíndricos unidos, de diferente radio, que giran en torno a un eje común. (95)
**wheel and axle** A simple machine that consists of two attached circular or cylindrical objects that rotate about a common axis, each one with a different radius.

## S

**satélite** Cualquier cuerpo que orbita alrededor de otro cuerpo en el espacio. (58)
**satellite** Any object that orbits around another object in space.

**Sistema Internacional de Unidades (SI)** Sistema de unidades que los científicos usan para medir las propiedades de la materia. (7)
**International System of Units (SI)** A system of units used by scientists to measure the properties of matter.

**solenoide** Bobina de alambre con una corriente. (210)
**solenoid** A coil of wire with a current.

## T

**temperatura** Cuán caliente o frío es algo; medida de la energía de movimiento promedio de las partículas de una sustancia; medida de la energía cinética promedio de las partículas de una sustancia. (136)
**temperature** How hot or cold something is; a measure of the average energy of motion of the particles of a substance; the measure of the average kinetic energy of the particles of a substance.

**tercera terminal** Terminal redondeado de un enchufe que conecta cualquier pieza de metal de un artefacto con el cable a tierra de un edificio. (185)
**third prong** The round prong of a plug that connects any metal pieces in an appliance to the safety grounding wire of a building.

**tornillo** Máquina simple que consiste en un plano inclinado enrollado alrededor de un cilindro central para formar una espiral. (87)
**screw** A simple machine that is an inclined plane wrapped around a central cylinder to form a spiral.

**trabajo** Fuerza que se ejerce sobre un cuerpo para moverlo.(70)
**work** Force exerted on an object that causes it to move.

**transformación de la energía** Cambio de una forma de energía a otra; también se le llama conversión de energía. (120)
**energy transformation** A change from one form of energy to another; also called an energy conversion.

**transformador** Aparato que aumenta o disminuye el voltaje, que consiste de dos bobinas de alambre aislado y devanado sobre un núcleo de hierro. (224)
**transformer** A device that increases or decreases voltage, which often consists of two separate coils of insulated wire wrapped around an iron core.

## V

**vatio** Unidad de potencia equivalente a un julio por segundo. (75)
**watt** The unit of power when one joule of work is done in one second.

**velocidad** Rapidez en una dirección dada. (12)
**velocity** Speed in a given direction.

**velocidad instantánea** Velocidad de un objeto en un instante del tiempo. (11)
**instantaneous speed** The speed of an object at one instant of time.

**velocidad media** Índice de velocidad general de un objeto en movimiento; se calcula dividiendo la distancia total recorrida por el tiempo total empleado. (10)
**average speed** The overall rate of speed at which an object moves; calculated by dividing the total distance an object travels by the total time.

**ventaja mecánica** Número de veces que una máquina amplifica la fuerza que se ejerce sobre ella. (80)
**mechanical advantage** The number of times a machine increases a force exerted on it.

**voltaje** Diferencia en el potencial eléctrico que hay entre dos áreas de un circuito. (171)
**voltage** The difference in electrical potential energy per charge between two places in a circuit.

# ÍNDICE

Los números de página de los términos clave están impresos en negrita.

# ÍNDICE

Los números de página de los términos clave están impresos en negrita.

# ÍNDICE

Los números de página de los términos clave están impresos en negrita.

# RECONOCIMIENTOS

## Reconocimientos al personal

Los miembros del equipo de *Ciencias interactivas,* en representación de los servicios de producción, servicios de producción multimedia y diseño digital, desarrollo de productos digitales, editorial, servicios editoriales, manufactura y producción, se incluyen a continuación.

Jan Van Aarsen, Samah Abadir, Ernie Albanese, Gisela Aragón, Zareh MacPherson Artinian, Bridget Binstock, Suzanne Biron, MJ Black, Nancy Bolsover, Stacy Boyd, Jim Brady, Katherine Bryant, Michael Burstein, Pradeep Byram, Jessica Chase, Jonathan Cheney, Arthur Ciccone, Allison Cook–Bellistri, Rebecca Cottingham, Vanessa Corzano, AnnMarie Coyne, Bob Craton, Chris Deliee, Paul Delsignore, Michael Di Maria, Diane Dougherty, Kristen Ellis, Theresa Eugenio, Amanda Ferguson, Jorgensen Fernandez, Kathryn Fobert, Julia Gecha, Mark Geyer, Steve Gobbell, Paula Gogan–Porter, Jeffrey Gong, Sandra Graff, Adam Groffman, Lynette Haggard, Christian Henry, Karen Holtzman, Susan Hutchinson, Sharon Inglis, Marian Jones, Sumy Joy, Sheila Kanitsch, Courtenay Kelley, Marjorie Kirstein, Chris Kennedy, Toby Klang, Greg Lam, Russ Lappa, Margaret LaRaia, Ben Leveillee, Thea Limpus, Dotti Marshall, Kathy Martin, Robyn Matzke, John McClure, Mary Beth McDaniel, Krista McDonald, Tim McDonald, Rich McMahon, Cara McNally, Melinda Medina, Angelina Mendez, Maria Milczarek, Claudi Mimó, Mike Napieralski, Deborah Nicholls, Dave Nichols, William Oppenheimer, Jodi O'Rourke, Ameer Padshah, Lorie Park, Celio Pedrosa, Jonathan Penyack, Linda Zust Reddy, Jennifer Reichlin, Stephen Rider, Charlene Rimsa, Stephanie Rogers, Marcy Rose, Rashid Ross, Anne Rowsey, Logan Schmidt, Amanda Seldera, Laurel Smith, Nancy Smith, Ted Smykal, Emily Soltanoff, Cindy Strowman, Dee Sunday, Barry Tomack, Patricia Valencia, Ana Sofía Villaveces, Stephanie Wallace, Christine Whitney, Brad Wiatr, Heidi Wilson, Heather Wright, Rachel Youdelman

## Fotografía

All uncredited photos copyright © 2011 Pearson Education.

### Cubierta delantera

**Soccer player,** Mike Powell/Allsport Concepts/Getty Images; **grass,** Ilker Canikligil/Shutterstock; **ball,** Carsten Reisinger/Shutterstock

### Cubierta trasera

Carsten Reisinger/Shutterstock

### Páginas preliminares

**Page vi,** Liane Cary/age Fotostock; **vii,** Brian Snyder/Reuters; **viii,** Roland Weihrauch/AFP/Getty Images; **ix,** Max Rossi/Reuters; **x,** Nutscode/T Service/Photo Researchers, Inc.; **xi,** Nick Suydam/Alamy; **xii,** Construction Photography/Corbis; **xiii all,** iStockphoto.com; **xv laptop,** iStockphoto.com; **xvii girl,** JupiterImages/Getty Images; **xx laptop,** iStockphoto.com; **xxii soccer players,** Randy Siner/AP Images; **xxiii,** Darryl Leniuk/Getty Images.

### Capítulo 1

**Pages xxii–1 spread,** Liane Cary/age Fotostock; **3 t,** Ingram Publishing/SuperStock; **3 m1,** Daniel Roland/AP Images; **3 m2,** Medford Taylor/National Geographic Stock; **3 b,** Randy Siner/AP Images; **4 bkgrnd,** Paul & Lindamarie Ambrose/ Getty Images; **4 inset,** *Portrait of Nicolaus Copernicus* (16th century). Pomeranian School. Oil on canvas. Nicolaus Copernicus Museum, Frombork, Poland/Lauros/Giraudon/The Bridgeman Art Library International; **5 r,** Grant Faint/Getty Images; **6 inset,** Ingram Publishing/SuperStock; **6 bkgrnd,** Image 100/Corbis; **7 spider,** Thepalmer/iStockphoto.com; **8 bl,** Jillian Bauer/Newhouse News Service/Landov; **8 br,** Bill Ridder/The Paris News/AP Images; **8 disco ball,** Liz O. Baylen/ Washington Times/Zuma Press; **9,** John Walton/PA Photos/ Landov; **10 t,** Adam Pretty/AP Images; **10 b,** Daniel Roland/ AP Images; **10 map,** Adrian Hillman/iStockphoto.com; **11,** Andres Stapff/Reuters/Landov; **12,** Medford Taylor/National Geographic Stock; **13,** Google Earth Pro; **14,** Iconica/Smith Collection/Getty Images; **16,** Stephen Dalton/Science Source; **17 t,** IMAGEMORE Co.,Ltd./Getty; **17 br,** Randy Siner/AP Images; **17 bl,** The Laramie Boomerang/Barbara J. Perenic/ AP Images; **19,** John Foxx/Stockbyte/Getty Images; **20,** Wig Worland/Alamy; **22 t,** Thepalmer/iStockphoto.com; **22 m,** Andres Stapff/Reuters/Landov; **22 b,** IMAGEMORE Co.,Ltd./ Getty.

### Sección especial

**Page 26 bkgrnd,** Sam Morris/AP Photo; **26 inset,** Neil Munns/ AP Images; **27 bkgrnd,** Ralph Crane/Time & Life Pictures/ Getty Images.

### Capítulo 2

**Pages 28–29 spread,** Max Rossi/Reuters; **31 t,** Mark Humphrey/AP Images; **31 m2,** Darryl Leniuk/Getty Images; **31 b,** David Wall/Lonely Planet Images/Zuma Press; **32,** ColorBlind LLC/Blend Images/Photolibrary New York; **33,** Mark Humphrey/AP Images; **36,** John Lamb/The Image Bank/Getty Images; **37 bkgrnd,** Kate Thompson/National Geographic Stock; **37 l,** Elena Elisseeva/Shutterstock; **37 m1,** Ian Wilson/ Shutterstock; **37 m2,** Jeff Whyte/iStockphoto.com; **37 r,** Ron Sachs/CNP/Newscom; **37 inset l,** KMITU/iStockphoto.com; **37 inset r,** Lijuan Guo/iStockphoto.com; **37 inset m,** Brian Palmer/iStockphoto.com; **40 marbles,** Dorling Kindersley; **40 sandpaper,** Steve Gorton/Dorling Kindersley; **40 oil,** Dorling Kindersley; **40 foil,** Clive Streeter/Dorling Kindersley; **40–41,** Darryl Leniuk/Getty Images; **43,** JPL/NASA; **44,** Georgios Kollidas/Fotolia; **44–45,** David Wall/Lonely Planet Images/ Zuma Press; **46,** David Trood/Getty Images; **47,** Andrea Raso/ Lapresse/Zuma Press; **48 r,** Romilly Lockyer/Cultura Creative (RF)/Alamy; **48 l,** Mark J. Terrill/AP Images; **49 b,** Kim Kyung Hoon/Reuters; **49 t,** Steve Helber/AP Images; **52,** Darryl Bush/ZUMAPRESS/Newscom; **53,** Jeremy Woodhouse/Getty Images; **56,** Tim Platt/Getty Images; **57,** Copyright © 1995 Richard Megna/Fundamental Photographs; **58,** NASA; **59,** UberFoto/Alamy; **60,** Mark J. Terrill/AP Images; **63,** Andrea Raso/Lapresse/Zuma Press.

### Sección especial

**Page 64 bkgrnd,** Rick Fischer/Masterfile; **64 inset,** Car Culture/Corbis; **65 b,** Harry Taylor/Dorling Kindersley; **65 t,** Colin Cuthbert/Photo Researchers, Inc.

### Capítulo 3

**Pages 66–67 spread,** Roland Weihrauch/AFP/Getty Images; **69 t,** Javier Pierini/Getty Images; **69 m2,** Huntstock/ Photolibrary New York; **69 b,** Yiorgos Karahalis/Reuters;

Puedes escribir en el libro.
Es tuyo.

248